Ocho análisis de la economía andaluza

Joaquín Aurioles Martín
Eduardo Cuenca García
Manuel Delgado Cabeza
Francisco José Ferraro García
Juan Antonio Lacomba
Manuel Martín Rodríguez
Carlos Román
Juan Torres López

Instituto de Desarrollo Regional

Diseños cubiertas José F. Oyarzabal
Basado en la Escultura cabeza nº 3 de Chema Lumbreras

Edita: Instituto de Desarrollo Regional, Sevilla.
Composición y diagramación: Muñoz Moya y Montraveta Editores, S. A.

I.S.B.N.: 84-86783-22-4
D.L.: SE-788-1995
Impreso en España

PRESENTACION

En este libro se recogen las intervenciones que tuvieron lugar en el Ciclo de Conferencias que, bajo el título, «Análisis de la situación económica de Andalucía», y organizado por el Departamento de Economía Aplicada II de la Universidad de Sevilla y el Instituto de Desarrollo Regional, se celebró en la Facultad de Económicas de dicha Universidad en la primavera de 1994.

Este Ciclo se organizó con la idea de poder contar con un «balance de situación» de la economía andaluza, en un momento en el que, por una parte, se va teniendo suficiente perspectiva como para analizar y valorar la evolución que en ella ha tenido lugar desde los años 80, y por otra pueden ya apreciarse algunos de los efectos del proceso de reestructuración y de los cambios que la economía mundial experimenta desde la mitad de la década de los 70, sobre la estructura económica de Andalucía.

Un conjunto de profesores de distintas Universidades andaluzas, que tienen como denominador común su experiencia y dedicación al estudio de nuestra economía, exponen aquí, desde sus diferentes perspectivas y enfatizando distintos elementos en el análisis, su visión sobre los problemas, potencialidades y limitaciones que caracterizan el proceso seguido por la economía andaluza. El ánimo es el de tratar de explicar el presente, y contribuir, en la medida de lo posible, a la construcción del futuro en un mundo cada vez más complejo, plural y globalizado.

La diversidad de ópticas desde las que se contempla nuestro panorama económico viene a ser, precisamente, uno de los aspectos que mayor interés puede proporcionar a esta publicación con la que el Instituto de Desarrollo Regional ha querido hacer posible la difusión necesaria para que el trabajo realizado pueda ser de mayor utilidad.

Los editores

RETOS E INCERTIDUMBRES ECONOMICAS EN LA ANDALUCIA DE LOS 90

*Joaquín Aurioles Martín**

Introducción

EL OBJETIVO de mi intervención es plantear una serie de reflexiones sobre los temas que sugieren el título de la misma: *las incógnitas que planean en torno al futuro inmediato de la economía andaluza y los retos a los que debe hacer frente para encarar dicho futuro de la mejor manera posible.*

Los elementos centrales del argumento que voy a desarrollar parten de una idea primaria: la recesión económica que padece Andalucía no difiere de la de otras regiones españolas ni en las causas que la originan ni en la naturaleza de sus efectos, aunque sí en la intensidad con que estos se manifiestan. Si esto es así, cualquier intento de aproximación al estudio de sus características debe comenzar por diferenciar entre el componente cíclico de la misma, que obligaría a considerar los elementos comunes a las restantes regiones, y el componente interior, que exigiría profundizar en las circunstancias específicas de Andalucía que explican el porqué de la mayor intensidad con que sus efectos se están dejando sentir en esta región. Lo que parece evidente, en cualquier caso, es que los vínculos establecidos en los últimos años con nuestros vecinos europeos son tan estrechos que resulta impensable en estos momentos que la economía andaluza pueda caminar por derroteros diferentes a los que marcan el comportamiento de la Unión.

Lógicamente, en torno a este problema general surgen un buen número de cuestiones de interés a las que resulta difícil dar respuestas contundentes. Debo señalar, no obstante, que al aceptar mi participación en este ciclo me planteé

* Departamento Teoría e Historia Económica. Universidad de Málaga

asumir ciertos compromisos en el sentido de intentar ordenar algunas reflexiones que permitieran, si no encontrar respuestas definitivas, construir, al menos, un argumento lo suficientemente consistente como para fijar algunos de los elementos claves en relación con tres tipos de cuestiones que a mi me parecen particularmente trascendentes. *En primer lugar,* porqué aparece la recesión en Andalucía y porqué lo hace de forma tan intensa. *En segundo lugar*, de qué circunstancias depende y cuando será posible el comienzo de la recuperación. Y *en tercer lugar*, qué papel va a jugar Andalucía en el concierto de regiones españolas y europeas cuando comience dicha recuperación. Finalizaré con un apartado de conclusiones entre las que me voy a permitir incluir mi propia valoración acerca de las implicaciones que para la política económica de la Comunidad Autónoma se derivan del análisis que voy a desarrollar.

Para realizar todo esto voy a comenzar por dibujar un cuadro muy general de cómo estamos en estos momentos y cómo hemos llegado hasta aquí. Para ello me apoyaré, en primer lugar, en algunos de los resultados que se obtienen de la Tabla Input-Output de Andalucía de 1990, recientemente presentada por el Instituto de Estadística de Andalucía, para poner de manifiesto algunas de las grandes tendencias que se producen en la economía regional durante la década de los ochenta. En segundo lugar, me centraré en la etapa más reciente para mostrar, también de forma muy breve, cómo ha sido el tránsito desde la fase expansiva del ciclo de finales de los ochenta a la recesiva actual utilizando un número reducido de indicadores. Ambas cuestiones nos servirán de punto de partida para desarrollar otros argumentos posteriores.

Una nota sobre las grandes tendencias económicas en Andalucía a lo largo de la década de los ochenta

Como he indicado, acaban de hacerse públicas las tablas input-output de Andalucía correspondientes a 1990. Los resultados que se obtienen pueden calificarse de normales en el sentido de que las grandes cifras obtenidas no muestran aspectos importantes de la economía de la región sensiblemente diferentes de los que a todos nos resultan familiares. Me refiero a cuestiones tales como:

a. Que el núcleo básico del tejido productivo regional descansa en las relaciones que se establecen en torno a las actividades industriales y que precisamente los principales problemas de desarticulación productiva se relacionan con el reducido peso de la industria en el valor añadido regional;

b. Que la dependencia exterior de la economía andaluza se genera precisamente por la necesidad de satisfacer la demanda de productos industriales, energéticos y de bienes de capital mediante importaciones;

c. Que las actividades en torno a las cuáles se levantan los pilares de la economía andaluza son la construcción, el comercio, los transportes, el turismo, las administraciones públicas, etc.

Sin embargo, lo que entiendo que debe ser destacado en relación con los temas que señalaba al principio es el sentido de los grandes cambios experimentados a lo largo de la década y que se deducen de la comparación de las actuales tablas con las elaboradas para 1980. Una primera aproximación, desde luego no exhaustiva, a ambos documentos permite identificar diferentes cuestiones de interés de las que destacaré las tres siguientes:

• En primer lugar, que la participación del valor añadido en el valor final de los bienes y servicios producidos por la economía regional se reduce en una cuantía muy pequeña. Lógicamente, este tipo de cambios puede explicarse como consecuencia de dos circunstancias. En primer lugar, por cambios ocurridos en la composición sectorial de la producción regional, en el sentido de que una mayor presencia de ramas con coeficientes de valor añadido elevados, como por ejemplo los servicios, deberían haber provocado una elevación del ratio global. En segundo lugar, como consecuencia de los cambios tecnológicos introducidos en los sistemas de producción. En este sentido, una mayor complejidad tecnológica implicaría una elevación de la capacidad transformadora de la economía y por lo tanto avanzar hacia una economía cada vez menos primaria en el que el ratio global debe descender.

Cuando nos aproximamos al análisis del problema con un cierto detalle sectorial se puede apreciar que ambas circunstancias se han producido. Por un lado, se observa con claridad que en la composición del valor añadido es notable el incremento en la participación de las ramas de servicios, especialmente de las que menor complejidad tecnológica presentan (administraciones públicas, servicios a empresas, servicios a las familias y, en general, los servicios no destinados a la venta), mientras que se reduce el peso de las actividades primarias y, en menor medida, el de la industria. Por otro, que el grado de complejidad tecnológica se eleva en el caso de las ramas primarias y de servicios, mientras que se reduce en el caso de la industria (gráfico 1).

Gráfico 1

Coeficiente de valor añadido (pm) por ramas de actividad. Andalucía, 1980 y 1990

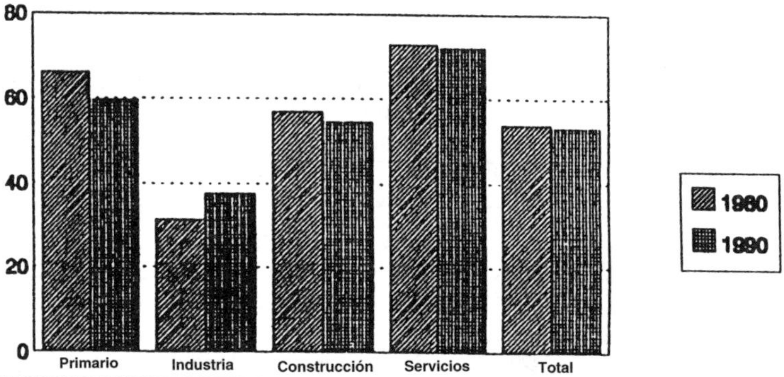

	Primario	Industria	Construcción	Servicios	Total
1980	66,3	31,3	56,9	72,9	53,9
1990	59,7	37,7	54,6	72,2	53,3

FUENTE: Tablas Input-output y de Andalucía 1980-1990.

Una posible explicación a este fenómeno puede encontrarse, en el caso de la agricultura, en el proceso de transformación que ha tenido lugar en cuanto a la introducción de criterios empresariales para la gestión de las explotaciones y a la expansión de los cultivos intensivos, fuertemente consumidores de inputs intermedios. En el caso de los servicios, en el proceso de tecnificación que ha determinado incluso que algunos de ellos se hayan convertido en importantes consumidores de inputs intermedios. Por último, el aumento observado en la industria se explicaría por la profunda reestructuración del sector tras los procesos de reconversión que se ha caracterizado por una mayor presencia relativa de actividades manufactureras, en las que el ratio trabajo/producto es más elevado, en detrimento de la escasa industria pesada existente en la región.

• En segundo lugar, que el grado de ajuste entre la producción interior y la demanda regional se ha reducido a lo largo de la década lo que indicaría una mayor presencia de industrias que comercializan su producción en el exterior y consiguientemente un mayor grado de apertura exterior de la economía regional (gráfico 2). A lo largo de este proceso se mantiene el carácter tradicionalmente deficitario de los intercambios comerciales con el exterior, aunque con algunos matices de interés entre los que destacan la mayor participación de los flujos comerciales con el extranjero y la reducción relativa de los realizados con el resto de las regiones españolas. Estos últimos son, por otro lado, los grandes responsables del déficit comercial de Andalucía.

Gráfico 2

Oferta y demanda de recursos en Andalucía. 1980 y 1990

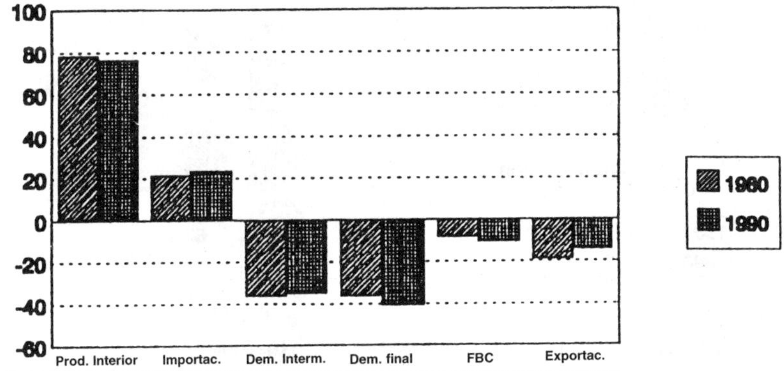

	Prod. Interior	Importac.	Dem. Interm.	Dem. final	FBC	Exportac.
1980	78,3	21,7	-36,1	-36,4	-8,4	-19,1
1990	76,3	23,7	-34,7	-40,6	-10,5	-14,2

FUENTE: Tablas Input-output y de Andalucía 1980-1990.

• En tercer lugar, que en la composición del valor añadido regional se mantiene estable la participación de las rentas de trabajo (en torno al 52 por ciento), mientras que se reducen los excedentes empresariales (aproximadamente 4 puntos porcentuales) y aumenta la participación de las públicas (en los mismos 4 puntos), aunque también la función redistributiva del Estado reflejada en un ligero aumento de las transferencias a empresas en forma de subvenciones a la explotación. Este reajuste en la distribución funcional de la renta refleja adecuadamente el sentido de algunas de las grandes transformaciones que se han producido a lo largo de la década anterior y que resultan mucho más perceptibles cuando se comparan períodos de tiempo lo suficientemente largos. Así la disminución de la participación de los excedentes empresariales y el aumento de las rentas públicas estarían reflejando la desaparición de empresarios autónomos e independientes, especialmente acusado en el caso del sector agrario, que tiene lugar en estos años, así como el incremento en la presión fiscal indirecta que se produce, fundamentalmente, en la etapa final del período.

Gráfico 3

Estructura funcional del PIB. Andalucía, 1980 y 1990

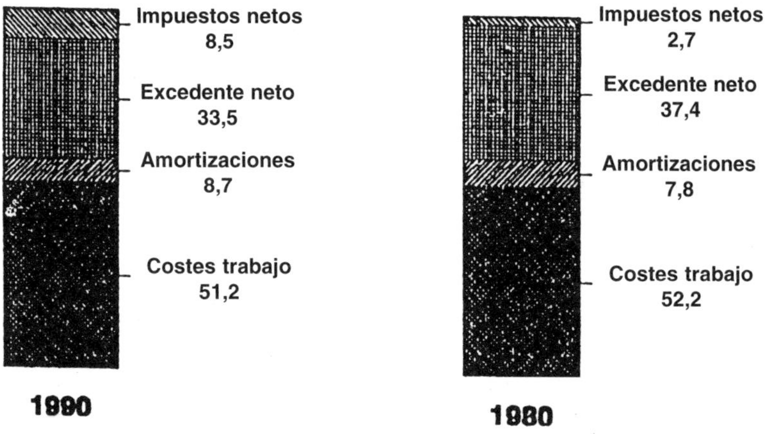

FUENTE: Tablas Input-output y de Andalucía 1980-1990.

El tránsito desde la expansión a la recesión. Ideas generales

Andalucía experimenta un intenso proceso de crecimiento a mediados de la década de los ochenta con tasas de crecimiento que en determinados años se sitúan por encima del 5 por ciento. En 1989 se inicia la desaceleración del mismo, aunque manteniéndose en un tono considerablemente elevado hasta 1991. Durante este período el ritmo de creación de empleos es igualmente intenso y el número de ocupados aumenta cada año. Como dato ciertamente significativo hay que señalar que entre 1986 y 1991 las personas ocupadas aumentaron en más de 400.000.

Cuadro 1

La inflexión cíclica en la economía andaluza. 1986-1993

	1986	1987	1988	1989	1990	1991	1992	1993
PIB (variac.)	2	6,2	6,7	5,1	4	2,7	1,1	-2,5
Ocupados (miles)	1488	1582,7	1693,9	1763,1	1822,5	1834,1	1802,6	1696,7
Ocupados (variac)	1,8	6,42	7,07	4,09	3,37	0,64	-1,72	-5,87
Parados	657,8	705,8	688,6	652,9	626,1	638	706,2	836,6
Tasa de Paro	30,7	30,9	28,9	27,1	25,6	25,8	28,2	33
VAB (tasas reales)								
Primario	-6,2	9,1	9,4	-9,1	6,18	2,67	-1,3	
Industria	1,7	7,1	7,2	8,6	3,72	2,64	-0,8	
construcción	6,2	8,6	16,2	11,21	2,21	-6,4		
Servicios	3,2	5,1	4,9	5,4	2,33	2,7	3,3	
Ppto. J. And.	529,7	672,7	800	1029,9	1215,8	1348,9	1532,8	1643,6
(Ppto/PIB)*100(*)	13,4	15,2	15,6	18	19	19,2	20,4	21,3
Exportaciones			480891	513113	548640	640683	634397	
I. extranj. dirct. (mill.)			65384	141583	100285	123944	101050	
I. extranj. inmbo. (mill.)			64903	141583	68304	44110		
Pas. financ. J.A (%)	2,69	3,17	3,91	6,44	7,54	9,77	9,38	9,13
Depósitos (% r/Esp)	10,34	10,31	10,21	10,18	10,13	9,98	9,93	
Créditos (% r/Esp)	8,98	9,93	10,39	10,92	11,29	11,00	10,92	

FUENTE: Instituto de Estadística de Andalucía, FIES, Consejería de Economía y Hacienda y elaboración propia.

(*) FUENTE: PIB 1993 y 1994, El Presupuesto de la Comunidad Autónoma de Andalucía para 1994. Informe Económico Financiero, pg. 11-13

La caída en los niveles de actividad y en el ritmo de creación de empleo que se registra en los años siguientes constituyen las manifestaciones más evidentes de que la economía andaluza se encuentra en 1991 en una situación de recesión consolidada. En el cuadro 1 se reflejan los valores de las variables de las que dispongo de datos y que, en mi opinión, mejor ayudan a entender lo que ha ocurrido en la misma durante el período 1986-1993. No pretendo extenderme mucho en este tema, pero sí quisiera resumir mi personal interpretación de lo que ha pasado en un par de ideas.

En la parte superior del cuadro se reflejan los datos de evolución del PIB y de algunas variables representativas de la evolución del mercado de trabajo. La interpretación es clara en el sentido de que efectivamente se confirma el agotamiento del proceso de crecimiento al que he hecho referencia, hasta situarse en tasas negativas desconocidas en la historia reciente de esta región. También se puede comprobar que de los 400.000 empleos creados en los años de expansión se pasa a la destrucción de 137.000 (aproximadamente la tercera parte) entre 1992 y 1993. Si se comparan estos datos con los de la economía española e incluso comunitaria se comprueba que el crecimiento, tanto del empleo como del PIB, han sido más intensos en Andalucía, de la misma forma que también lo ha sido en la desaceleración y en la destrucción de puestos de trabajo. Todo lo anterior conduce a la conclusión de que la economía andaluza ha sido más sensible a los impulsos del ciclo que la española y comunitaria.

En la segunda parte del cuadro se presentan algunos detalles adicionales sobre la evolución del PIB, esta vez en términos de valor añadido de los cuatro grandes grupos de actividad. La cuestión a destacar aquí es la importante contribución de la construcción y la industria, en particular de las manufacturas, al perfil del ciclo, así como la mayor estabilidad de las actividades de servicios.

En el tercero de los bloques se muestran indicadores seleccionados por su mayor capacidad explicativa, tanto de la expansión inicial, como de la recesión posterior: sector público y sector exterior. El papel desempeñado por ambos ha sido importante en un doble sentido. Por un lado, porque como componentes de la demanda se han comportado como animadores del tono general de la economía estimulando la producción y el crecimiento en la primera parte del ciclo y el declive en la última. Por otro lado, porque a través de ambos se incorporan a la región recursos financieros extraordinarios sin cuyo concurso habrían sido impensables tasas de crecimiento superiores al 5 %.

A esta última reflexión conviene añadir algunos datos adicionales recogidos en la última parte del cuadro y que vendrían a mostrar como el proceso conduce a la consolidación de una situación financiera bastante delicada que hemos reflejado a través del nivel de endeudamiento de la administración regional

Estos son los hechos que a mi me parecen pilares de un determinado modelo de crecimiento que se derrumba ante la limitada capacidad de reacción que muestra esta economía cuando se producen los primeros embates de la crisis. Anteriormente utilicé la expresión de *mayor sensibilidad* para hacer referencia a la intensidad con que los impulsos cíclicos parecen afectar a algunos de los equilibrios básicos de la economía regional. Después de introducir algunas reflexiones adicionales sobre las causas explicativas a lo que inicialmente no era más que mera interpretación de datos considero que es más apropiado hablar de *fragilidad* de un determinado modelo de crecimiento, cuya estructura se muestra en el gráfico 4.

Gráfico 4

El modelo de crecimiento de la economía andaluza 1986-1993

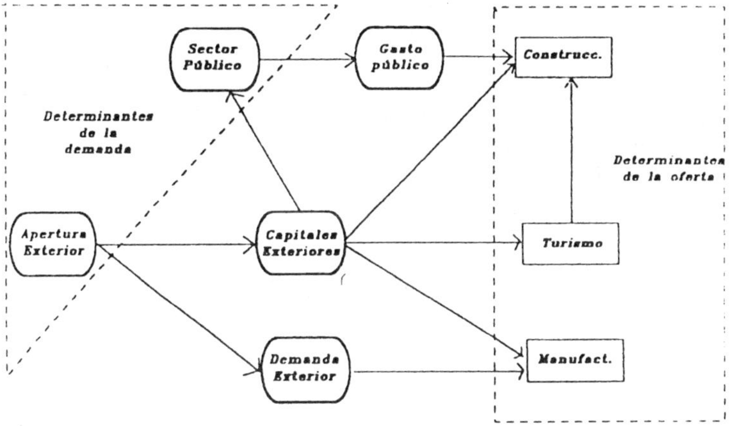

RELACIONES DE SINERGIA ENTRE LOS ELEMENTOS MAS REPRESENTATIVOS DEL MODELO DE CRECIMIENTO DE ANDALUCIA

De todo lo anterior cabría concluir que los problemas actuales de la economía andaluza estarían relacionados con la coincidencia en el tiempo de una creciente dependencia de recursos ajenos y el endurecimiento de las condiciones de financiación exterior, debido más a restricciones de cantidad que de precio. Hay que señalar, sin embargo, que todo esto no es más que una parte del diagnóstico cuyo cuadro obligaría a introducir otros elementos no contemplados hasta ahora. De todas formas, la idea básica que quiero transmitir es que el origen del problema se encuentra en el exterior y más concretamente en una crisis internacional que presenta unos rasgos muy peculiares, pero cuya repercusión sobre la economía andaluza se ha visto considerablemente amplificada como consecuencia de tres circunstancias.

En primer lugar, por la existencia de deficiencias estructurales profundas que limitan el grado de respuesta de nuestra economía a los impulsos recibidos del exterior y que estarían poniendo en evidencia una manifiesta incapacidad de los mecanismos económicos de la región para realizar sus propios ajustes.

En segundo lugar, por la dependencia de recursos exteriores a la que se ha hecho referencia, una de cuyas consecuencias principales, a la que posteriormente me referiré nuevamente, está siendo la consolidación del carácter sucursalista o periférico de la industria debido a una pérdida de capacidad de control por parte de las instituciones regionales sobre el capital productivo que opera en Andalucía.

En tercer lugar, por los problemas financieros aludidos que se estarían manifestando entre, otras formas, en la imposibilidad de imprimir un sesgo decididamente anticíclico a la política económica.

Podemos hablar en consecuencia de una triple vertiente de la crisis que deben ser consideradas conjuntamente para alcanzar una visión ajustada de su trascendencia. En primer lugar, una crisis internacional con unas peculiaridades especialmente trascendentes sobre nuestra economía a la que habrá que referirse con más detalle. En segundo lugar, una crisis estructural, o si se prefiere, unas condiciones estructurales cuyas debilidades se ponen de manifiesto con la crisis. En tercer lugar, una crisis institucional directamente relacionada con los problemas financieros a los que hemos hecho referencia y particularmente del sector público.

Considero que en esta triple manifestación de la crisis se concentran los principales retos e incertidumbres que planean sobre el futuro inmediato de la economía andaluza y a su análisis quisiera dedicar el resto de la intervención. Debo advertir, no obstante, que la complejidad de los dos primeros me obligarán a ser selectivo. En el caso de la crisis internacional me referiré exclusivamente a la revisión de aquellos aspectos que más directamente inciden sobre las perspectivas de recuperación económica en Andalucía. En el caso de las deficiencias estructurales voy a centrarme en el análisis del problema del desempleo por considerar que, en estos momentos, constituye el principal de los desafíos a enfrentar por la Comunidad Autónoma. Dedicaré, no obstante, una parte del tiempo a plantear un conjunto de reflexiones sobre determinadas circunstancias que, desde mi punto de vista, pueden condicionar la posición futura de Andalucía en el sistema español y europeo de regiones[1].

Las incertidumbres y los retos de futuro

No podemos decir que la crisis nos haya cogido por sorpresa. Antes de 1991, los norteamericanos ya atravesaban dificultades, de la misma forma que Gran Bretaña en Europa, y Alemania se enfrentaba a la cruda realidad de una reunificación mucho más costosa en dinero y en desequilibrios de lo que inicialmente era previsible. En España hemos vivido unos años de euforia, aunque eran muchos los que en este tiempo alertaban contra los peligros de los crecientes desequilibrios fiscal y exterior, de la misma forma que en Andalucía se denunciaba una cierta incapacidad para transformar el crecimiento en desarrollo y hacer partícipes de la bonanza económica a los segmentos más marginados de la sociedad -a los parados y al medio rural. Como ha recogido Juan Pérez-Campanero, Paul Krugman escribía el año pasado que *la manifestación de la crisis no es sino el reflejo de la imposibilidad teórica de mantener al mismo tiempo tipos de cambio fijos, libertad de movimientos de capital y políticas económicas descoordinadas. Lo que de verdad sorprende a los economistas teóricos no es la crisis en sí, sino que haya tardado tanto tiempo en producirse.*[2]

Lo cierto es que algunos de los elementos que mayor influencia tuvieron en la intensidad del ciclo expansivo se han convertido en generadores de impulsos negativos en la recesión y, algunos de ellos, son los que plantean las principales incógnitas acerca de cuando y cómo puede tener lugar la reactivación. Las siguientes reflexiones las vamos a dedicar a repasar estos elementos de incertidumbre y las razones últimas que dificultan el proceso de transformación socioeconómica que exige el desarrollo y que, como trataré de argumentar

1. Es evidente que este planteamiento no pretende ser exhaustivo de los problemas estructurales de la Comunidad Autónoma. Las desigualdades internas, los desequilibrios en el medio ambiente, la problemática concreta de los principales sectores de actividad o la problemática del urbanismo, constituyen retos de envergadura a los que no voy a hacer referencia.
2. Pérez-Campanero, J. 1993. *Perspectivas tras la crisis del SME.* Cuadernos de Información Económica. nº 78, set. 1993. Pág. 41. Tomado de Krugman, P., 1993. *What do we need to know about the international monetary system.* Princenton Esaays in International Finance.

posteriormente, sintetizan los grandes retos a los que Andalucía debe hacer frente en la coyuntura política actual.

La crisis económica internacional

Aunque se ha retrasado mucho más de lo previsto, parece ser que el último trimestre de 1993 confirma la consolidación de la recuperación económica norteamericana. El crecimiento real del PIB en este año se va a situar cercano al 3 por ciento y las previsiones para el que viene coinciden en destacar la superación de esta cifra. También existe coincidencia en la identificación de las causas, señalándose la recuperación de la demanda interna (3,6 por ciento en 1993) -especialmente del consumo de los hogares, tras un profundo saneamiento de la posición deudora de las economías domésticas-, la recuperación del crédito al sector privado y un aumento significativo del empleo que se agudizará en 1994. Por otra parte, no parece que hayan finalizado los efectos expansivos del mantenimiento de los tipos de interés en mínimos históricos. En términos parecidos hay que referirse al resto de los países anglosajones de la OCDE (Reino Unido, Canadá y Australia) con un crecimiento medio superior al 2,5 por ciento en el último semestre de 1993 y con perspectivas de crecimiento próximas al 3 por ciento en el Reino Unido y superiores en los otros dos.

Para el conjunto de los países industrializados, sin embargo, se registra una pérdida de tono en el nivel de actividad general en la última parte de 1993, obligando tanto a la OCDE como al FMI a rebajar sus previsiones de crecimiento para 1994 (1,1 por ciento en ambos casos). Esto quiere decir que a la recuperación observada en los países citados anteriormente hay que contraponer el mantenimiento en la recesión de los otros grandes bloques productores: Japón y Europa occidental (ver cuadro 2). En el caso de Japón la caída de la demanda interna, debido a la reducción del gasto de los hogares, la moderación salarial y las restricciones crediticias, unido a la apreciación del yen en la primera parte de 1993, no permiten prever ninguna forma de recuperación más o menos inmediata al comenzar 1994, estableciéndose las previsiones para el conjunto del año en un modesto 0,5 por ciento de crecimiento del PIB (OCDE).

La tónica mayoritaria en el caso de Europa, exceptuando el ya citado del Reino Unido, es el mantenimiento en la recesión a lo largo de 1994. Las previsiones de la OCDE se sitúan en un 1,4 por ciento de crecimiento del PIB, después de avanzar un -0,3 por ciento para 1993. En el análisis del caso europeo hay que distinguir entre los elementos de singularidad que contiene esta crisis y las causas que explican sus dificultades para afrontar la superación de esta situación. *En lo que se refiere a los elementos de singularidad*, esta crisis se caracteriza por su tremenda repercusión sobre el empleo y por la puesta en evidencia de importantes restricciones estructurales que impiden el ajuste automático y eficiente de los mercados y, consiguientemente el inicio de la senda de la recuperación.

Cuadro 2

Evolución del PIB en los principales países industriales. Previsiones para 1994

	1991	1992	1993	1994
Estados Unidos	-1.2	2.6	2.8	3.1
Japón	4.4	1.4	-0.5	0.5
CE	1.5	1.1.	-0.3	1.4
OCDE	0.8	1.7	1.1.	2.1
Alemania	3.7	2.1	-1.5	0.8
Francia	1.2	1.4	-0.9	1.1
Reino Unido	-2.2	-0.6	2	2.9
Italia	1.4	0.9	-0.1	1.7
España	2.2	0.8	-1	0.8

FUENTE: OCDE.

En lo que se refiere al problema del paro, hay que señalar que se trata de un problema exclusiva o fundamentalmente europeo. Mientras que en EE.UU. el número de parados ha comenzado a disminuir y en Japón se mantiene en niveles muy reducidos, en Europa se espera superar la barrera del 12 por ciento en la tasa de paro y de los 18 millones de desempleados a lo largo de 1994 (ver gráfico 5). El perfil del problema del desempleo en Europa se define por una serie de rasgos de entre los cuáles señalaré los siguientes[3]:

a. Ocurre en un contexto de contención de la tasa de actividad, que en los últimos 30 años se mantiene estable entre el 65 y el 67 por ciento.

3. Pérez-Campanero, J. 1993. *Divergencias en la economía mundial: de la sólida recuperación americana a la crisis de empleo europea*. Cuadernos de Información Económica, nº 80/81. Nov./dic. 1993. Pág. 71-81.

Gráfico 5

Tasa de paro en EE.UU., Japón, Europa, OCDE y España. 1990, 1991, 1992, 1993 y previsiones 1994

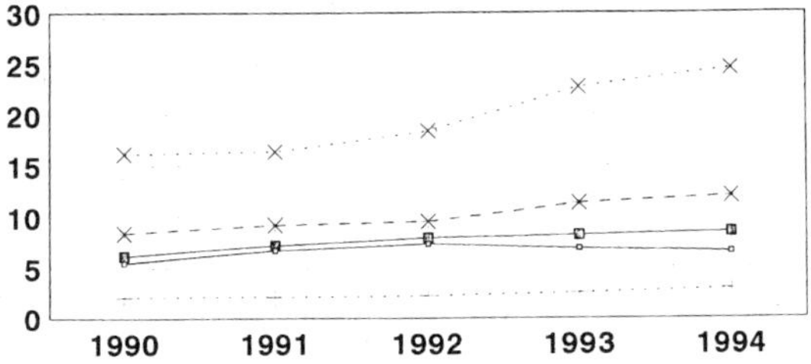

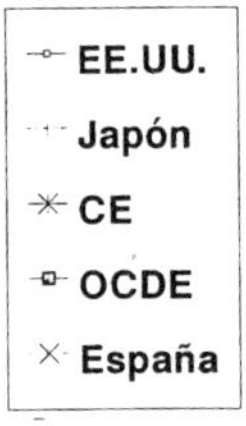

	1990	1991	1992	1993	1994
EE.UU.	5,5	6,7	7,3	6,9	6,5
Japón	2,1	2,1	2,2	2,5	2,9
CE	8,4	9,2	9,5	11,3	12
OCDE	6,2	7,2	7,9	8,2	8,5
España	16,2	16,4	18,4	22,7	24,5

FUENTE: OCDE, INE.

Obsérvese que estamos hablando de cifras superiores en 20 puntos a las andaluzas y españolas.

b. Europa muestra una dramática dificultad para crear empleo. Entre 1980 y 1993 la población activa en Europa aumenta en 11,4 millones de personas y el de parados en 8,2, es decir, el 72 por ciento de los nuevos activos son nuevos parados. Durante el mismo período, los nuevos activos en Andalucía se incrementaron en 616.000, mientras que los parados lo hicieron en 443.000, lo que da como resultado un porcentaje idéntico al europeo y bastante inferior al español que se aproxima al 100 por cien.[4]

c. A los empleos creados entre 1980 y 1993 en Europa el sector público contribuye con el doble que el sector privado. En España se crearon

4. A la hora de valorar estos datos hay que tener en cuenta que la tasa de actividad regional ha experimentado un crecimiento mucho más intenso que los otros dos ámbitos.

550 mil empleos públicos, mientras que se destruyeron 520 mil en el sector privado.

La existencia de deficiencias estructurales ha sido destacada en el último informe de la OCDE (diciembre 1993) como especialmente acusadas en la Comunidad Europea. Los problemas concretos en este sentido son claros y van desde cuestiones generales relacionadas con los niveles de deuda pública, rigideces en los mercados de trabajo o descenso de la competitividad relativa, hasta otras más puntuales como la intervención en los mercados agrarios a través de la PAC. En el caso de España podríamos incorporar algunos específicos como los que recientemente hemos podido observar en forma de limitada repercusión de la caída en los tipos de interés a sus operaciones activas corrientes por parte del sistema financiero, problemas medioambientales, deficiencias de capital público, etc.

En lo que se refiere a las *dificultades para afrontar la superación de la crisis,* también parece existir un cierto grado de consenso en cuanto a la divergencia de intereses entre Alemania y el resto de los países europeos acerca de la orientación de la política macroeconómica. El tono expansivo de la política fiscal alemana en el marco de la reunificación provocó tensiones inflacionistas que obligaron al Bundesbank a adoptar una política monetaria extremadamente rigurosa y, consecuentemente, a mantener elevados tipos de interés. Para el resto de Europa el principal motivo de preocupación reside en la posibilidad de impulsar el proceso de recuperación que frene la caída en el nivel de empleo (hay que tener en cuenta que cuando Alemania experimenta tensiones inflacionistas, en el resto de Europa ocurre lo contrario), sometida a la restricción de una política fiscal contractiva como consecuencia de los déficits estructural y público con que se produce la aparición de la recesión en Europa. Esta situación en el contexto del Mecanismo de Tipos de Cambio del SME, que impone la coordinación de las políticas monetarias, supone una dificultad importante para impulsar la recuperación económica con los elevados tipos de interés existentes en Alemania.

La revisión de todo lo señalado en relación con Europa permite apreciar un considerable número de coincidencias con el tipo de diagnóstico que cabe hacer sobre la forma en que la crisis está afectando a España y Andalucía. Los tres aspectos destacados -la incidencia sobre el empleo, los desequilibrios estructurales y el estrecho margen de maniobra para la política económica- son especialmente acusados en el conjunto del país, aunque también son evidentes los indicios de concienciación sobre la necesidad urgente de abordar algunos de los principales problemas estructurales que se aprecian. En primer lugar, en el amplio debate sobre la reforma del mercado laboral. En segundo lugar, en los Presupuestos Generales del Estado para 1994, en la medida en que parecen efectivamente decididos a enfrentar los problemas financieros del sector público, si no se producen nuevamente desviaciones al alza en la ejecución de los capítulos de gasto o si no se producen graves errores de cálculo en aspectos tales como la previsión de crecimiento del 1,3 por ciento real de PIB establecida en los propios Presupuestos. A pesar de ello, las estimaciones del FMI sitúan el déficit para 1993 en un 6,5 por ciento del PIB y en el 7,1 por ciento en 1994.

A todo lo dicho hasta ahora tan solo habría que añadir un par de cuestiones adicionales para disponer de un marco más o menos completo, pero en cualquier caso provisional, para intentar clarificar el tipo de influencias que cabe esperar del contexto internacional sobre las posibilidades de recuperación para España y, por extensión, de Andalucía.

Hay que señalar, en primer lugar, que la crisis actual no puede ser calificada de mundial, puesto que si bien la economía mundial creció un 1,75 por ciento en 1992, hubo regiones que lo hicieron a ritmos muy elevados (los países asiáticos acusaron un crecimiento del 5,8 por ciento en 1991 y del 7,9 por ciento en 1992 y los de Oriente Medio el 2,1 por ciento en 1991 y el 9,9 en 1992), otras regiones experimentaron crecimientos mucho más reducidas e incluso negativas (países industrializados, africanos y de la Europa del Este). La interpretación que yo me permito realizar de este hecho es que probablemente sería más apropiado hablar de la crisis de un modelo de sociedad que ha pretendido llevar hasta extremos quizás excesivos su propia confianza en su capacidad para sustituir al mercado como asignador de recursos.

En segundo lugar que no hay que depositar demasiadas esperanzas en que la recuperación de las economías europeas pueda verse impulsada, como ocurrió en la crisis anterior, por la expansión norteamericana. Como hace tan sólo unas semanas señalaba un representante de la administración estadounidense en una entrevista concedida a El País, esta opción debe ser descartada en los momentos actuales y esto es debido, por un lado, a que las importaciones norteamericanas no están creciendo como lo hicieron en la recuperación de los años ochenta y, por otro, a que sus exportaciones están ganando cuota mundial de mercado, también a diferencia de lo que ocurrió anteriormente (Pérez-Campanero, enero, 1994).

A la vista de todo lo expuesto hay que concluir que buena parte de las dificultades para salir de la crisis nos vienen impuestas por la existencia de un contexto internacional especialmente hostil a tal eventualidad. Las últimas previsiones de la OCDE son claras en este sentido al señalar que el nivel de desempleo puede situarse en España por encima del 24 por ciento en 1994. También coinciden la mayoría de los analistas en destacar que el proceso de recuperación será lento en el conjunto de Europa y que el inicio de un nuevo ciclo de creación de empleos no va a tener lugar antes de 1995 y ello siempre que se den determinadas condiciones, como el mantenimiento de la tendencia a la baja de los tipos de interés y de los costes laborales unitarios, así como la corrección del déficit fiscal.

En lo que se refiere específicamente a España y por extensión a Andalucía, dentro del restrictivo panorama descrito pueden identificarse, no obstante, otros elementos que operan en el sentido de impulsar la salida de la crisis. Los principales son los siguientes:

• La posición competitiva de la economía española tras la devaluaciones de 1992 y 1993 ha mejorado sensiblemente, dándose la circunstancia añadida de que entre sus efectos no se recoge un impacto sensible sobre los precios. De esta forma, los efectos de las depreciaciones que perduren durante 1994 pueden permitir, bajo ciertas condiciones de aumento de los salarios, un crecimiento de los precios al consumo del orden del 3,5 por ciento (según estimación de la OCDE). Hay que señalar en este sentido que frente a la importante pérdida de cuota de mercado exportador que padecen en 1993 algunas de las economías que han mantenido estable o al alza la paridad de su moneda en los dos últimos años (casos de Japón, Alemania y Francia), España es el país que experimenta un incremento mayor de entre los países industrializados, junto con los países escandinavos, Italia, Gran Bretaña y Portugal, justamente los que ajustaron sus monedas o decidieron salirse de la disciplina del SME[5].

• La ampliación de la banda de fluctuación dentro del SME al 15 por ciento permite pensar en la relajación en el sistema de coordinación de las políticas económicas dentro de Europa. Por un lado, hay que esperar de Alemania el mantenimiento en el tono restrictivo de su política monetaria acompañado de un importante programa de control del gasto público, eliminando fundamentalmente gastos asistenciales, que permita ir corrigiendo los desequilibrios financieros provocados por la reunificación y mantener una tendencia a la baja en el tipo de interés. Por otro, el resto de los países europeos, cuyos principales motivos de preocupación son la recuperación y el empleo, y que gracias a la relajación del Mecanismo de Tipos de Cambio se encuentran ahora con la posibilidad de imprimir a sus políticas monetarias un mayor sesgo expansivo en un contexto de inflación reducida y, consiguientemente, mantener la tendencia a la baja en los tipos interés reales.

---

5. J. P. Morgan. Tomado de Pérez-Campanero, J., 1994. Hacia una débil recuperación. *Cuadernos de Información Económica*. Nº 82, en 1994, pág. 39.

• El proceso de corrección de las deficiencias estructurales está en marcha. Además de la voluntad de afrontar el problema del déficit del sector público que se desprende de los Presupuestos para 1994 y de acometer la reforma del mercado de trabajo, es evidente que se ha avanzado considerablemente en lo que se refiere a equipar al país para afrontar la recuperación en mejores condiciones que con la crisis anterior. El Plan Director de Infraestructuras supone además un compromiso claro de avanzar en esta línea en la que es evidente que todavía quedan bastantes cosas por hacer. Si bien no hay que esperar consecuencias espectaculares en el corto plazo en materia de políticas de reformas estructurales, hay que advertir que a finales de 1993 algunos indicadores han frenado claramente su pendiente de caída e incluso algunos han comenzado a remontar. Esto no podemos interpretarlo como un signo de reactivación pero sí que permite confiar en la proximidad del fondo de la recesión.

• En lo que se refiere al tema del empleo, hay que destacar el compromiso europeo para abordar el problema y que se refleja en el Plan Delors para la creación de 15 millones de puestos de trabajo hasta final de siglo y del que España y Andalucía deben ser principales beneficiarios. En relación con este tema hay que tener en cuenta un hecho adicional. La mayor vulnerabilidad mostrada por Andalucía y España ante la crisis ha sido interpretada como un signo de debilidad estructural, especialmente en lo que se refiere a la destrucción de empleo. Esta valoración, sin embargo, tan sólo es válida para momentos de recesión, puesto que en los años de intenso crecimiento pudo comprobarse como esta sensibilidad se traducía en una mayor capacidad para crear empleo. En concreto, el análisis de los datos correspondientes al período 1986-1993 muestran que la tasa de crecimiento compatible con la creación de empleo en Andalucía se sitúa en torno a 1,8 por ciento, mientras que en España y Europa se sitúan en el 2,2 y 2,5 por ciento respectivamente. Esto significa que la economía andaluza tendría que volver a crecer a tasas del 4-4,2 por ciento si quiere recuperar en dos años los empleos destruidos entre 1992 y 1993.

• Por último, tan sólo señalar que a estas alturas el diagnóstico parece claro, así como también las líneas maestras que deben guiar la estrategia y la instrumentación de la política económica.

Diseñando el futuro. La participación de Andalucía en el crecimiento económico nacional

Los primeros años de la crisis se caracterizan por un cambio radical en lo que han sido características dominantes dentro del país en cuanto a distribución regional del crecimiento. Las regiones menos desarrolladas (Extremadura,

Andalucía, Castilla-La Mancha), junto con Murcia y los archipiélagos, son las que inicialmente parecen defenderse mejor, mientras que los ejes expansivos de los ochenta (Mediterráneo y Ebro) aparecen entre las más afectadas. Algunos expertos interpretaron este comportamiento como un reflejo, en el caso del Mediterráneo y del Ebro, de la mayor repercusión que la crisis está teniendo en la industria, al margen del agotamiento que se produce en la construcción, y, en el caso de Andalucía, por el fenómeno EXPO y por la recuperación del turismo en las zonas de litoral (Andalucía es la región cuyos servicios experimentan un mayor crecimiento entre finales de 1990 y mediados de 1992). Lo cierto es que a partir del segundo trimestre de 1992 los indicadores económicos de Andalucía comienzan a caer en picado y en 1993 vamos a experimentar el mayor crecimiento negativo de toda España.

No hay que concluir de estos hechos que se haya agotado ni mucho menos el potencial expansivo de los ejes citados ni que la industria vaya a dejar de ser en el futuro el principal soporte de la dinámica de los mismos. Por el contrario, existen algunas pistas claras acerca de los factores que mayor influencia pueden tener en la participación relativa de las distintas regiones en el crecimiento del conjunto del país. Algunas de ellas las proporcionan recientes investigaciones empíricas elaboradas en España a partir del trabajo original de Barro y Sala[6] (Más, M. J.; Maudos, J.; Pérez, F. y Uriel, E, 1993; y Dolado, González-Páramo y Roldán, 1993)[7]. Al margen de mostrar el carácter convergente del crecimiento regional en España a lo largo de los últimos tres decenios, la conclusión de carácter general que conviene traer aquí es que frente a la tesis de la convergencia natural que sugieren los planteamientos teóricos ortodoxos, estas investigaciones han conseguido proporcionar un soporte empírico al enfoque alternativo de que las regiones más desarrolladas pueden seguir creciendo a tasas idénticas o superiores a las peor dotadas de capital, siempre que opere un conjunto de factores que amplifican las diferencias en materia de productividad y entre los cuáles hay que destacar la estructura productiva, la proximidad a Europa, el capital humano y el capital público[8].

---

6. Barro. R. J. y Sala, X., 1991 *Convergence across States and Regions, Brookings Papers on Economic Activity,* 1:1991. Págs. 107-182)
7. Más, M. J.; Maudos, J.; Pérez, F. y Uriel, E, 1993. *Disparidades regionales y convergencia en las CC.AA. españolas.* IVIE.
   Dolado, González-Páramo y Roldán, 1993. *Convergencia económica en las provincias españolas: evidencia empírica (1955-1989) . Vl Simposio de Moneda y Crédito,* Madrid, 17 y 18 de noviembre de 1993
8. Las investigaciones citadas confirman la existencia de un proceso convergente entre 1955 y 1991. Por su parte, el profesor R. Velasco, de la Universidad de Málaga, constata en una investigación todavía no publicada, que el grueso de la convergencia tiene lugar entre 1955 y 1979 a un ritmo del 2 por ciento anual. Sin embargo, a partir de este año, el distanciamiento

En lo que se refiere a la estructura productiva, el peso del sector agrario se muestra especialmente relevante y con signo negativo, lo que significa que las regiones con una estructura productiva con fuerte presencia de actividades primarias limita sus potencialidades de crecimiento. Las discrepancias son mayores en lo que se refiere a la influencia de las dotaciones de capital público y las investigaciones realizadas en España muestran resultados divergentes, mientras que parece clara la existencia de una relación positiva con la disponibilidad de capital humano y la proximidad a Europa. Por otra parte, en un reciente trabajo de Draper y Herce[9] se reproducen las conclusiones de la revisión realizada por Stern[10] acerca de los principales determinantes del crecimiento económico, que se resumen en cinco bloques: a) acumulación de capital y trabajo; b) I+D, innovación y aprendizaje; c) sistemas de gestión y organización de empresas; d) organización y regulación de los mercados interiores y exteriores; y e) infraestructura física e institucional.

No disponemos de estudios empíricos para documentar todas y cada una de las variables señaladas en las distintas regiones españolas, aunque puede encontrarse un intento de sistematización de un conjunto de indicadores relevantes en un trabajo del profesor Mella[11]. Algunas de las conclusiones que se extraen del mismo en relación con Andalucía se resumen en los siguientes puntos:

Infraestructuras, medido a través del indicador general de infraestructuras y de los específicos de infraestructuras económicas (relacionadas con el sistema productivo) y sociales (relacionadas con educación y sanidad, centros asistenciales y culturales) elaborados por Cutanda y Paricio (1992). Dan como resultado una posición favorable en lo que se refiere a infraestructuras sociales (71 frente al 63,5 de promedio nacional) y desfavorable en infraestructuras económicas (52 frente a 56,4 nacional). Otras investigaciones recientes dirigidas al estudio del stock de capital público acumulado en las distintas Comunidades Autónomas coinciden en destacar una posición relativamente favorable

---

entre regiones prósperas y deprimidas se agranda y desde 1985 se reanuda el proceso de convergencia a un ritmo del 0,7 por ciento anual. Con estos datos, el profesor Velasco estima que si se retornara a un ritmo de acercamiento del 2 por ciento, Andalucía tardaría aproximadamente unos 60 años en acercarse al nivel de Madrid o Cataluña y unos 80 en hacerlo a Baleares. Si el ritmo se mantiene en el actual, en torno al 0,7 por ciento anual, Andalucía tardaría cerca de dos siglos en aproximarse al actual nivel de la Comunidad Balear.

9. Draper, M. y Herce, J. A. (1993). *Infraestructuras.* FEDEA. Documento de Trabajo, 93-70.
10. Stern, N. (1991): *The determiunants of economic growth.* Economic Journal 101(404), enero, pp 122-33. Tomado de Draper y Herce, op. cit.
11. Mella, J. M., 1993. *La convergencia de las CC.AA. en el marco de la Comunidad Europea.* Papeles de Economía Española, nº 55. pág. 42-56.

para Andalucía dentro del conjunto nacional (de Frutos, M. A., 1991; Más, M., Pérez, F. Uriel, E., 1993[12]).

Nivel de cualificación de la mano de obra, establecido a partir de la tipificación que realizan Cuadrado y Sáez[13] de las CC.AA. españolas en un total de cuatro categorías. Andalucía aparece clasificada en el cuarto grupo, el de más bajo nivel formativo, junto con Extremadura, Castilla-La Mancha, Canarias y Galicia, excluida Pontevedra.

Capacidad de innovación y desarrollo, medida a través del esfuerzo tecnológico (gasto en I&D/VAB) y en el que Andalucía aparece en un nivel destacado, a pesar de la fuerte concentración de las actividades de I&D en Madrid y Barcelona. Es significativo el texto del autor al señalar que *aunque es la penúltima región en renta percápita del país, parece disponer de un notable potencial científico-tecnológico, centrado especialmente en universidades y centros dependientes de las administraciones públicas. Esta configuración sugiere desde luego, la conveniencia de una mayor integración entre los sistemas económicos y científico-tecnológico, en el que este último debería cumplir un activo papel.* Mella, 1993, pág. 49.

Cuadro 3

Dotación de infraestructuras en Andalucía y España

	Transp.	Común	Energ.	Agua	Med. Amb.	Educ.	Sanidad	Asist. Cultura	Social
Andalucía	72.9	38	22.4	90.2	46.8	68.9	65.3	47.2	77.5
España (media)	57.6	56.2	33	89	61.6	75.5	73.5	34.6	50.9

FUENTE: Cutanda y Paricio. Papeles Ec. Española, n° 51, pág. 85.

12. De Frutos, M. A, 1991. *Una evaluación del stock de capital público.* En Calsamiglia, X., Esteban, J. M. Planas M. A. y Ponsati, C. *La financiación de las Comunidades Autónomas: evaluación del sistema actual y criterios para su reforma.* Generalitat de Catalunya. Dep. d'Economia y Finances.
    Más, M., Pérez, F. Uriel, E., 1993. *Dotaciones de capital público y su distribución regional en España.* IVIE. WP-EC-93-04.
13. Cuadrado, J. R. y Sáez, F. (1991) *Les disparités règionales en formation.* En Guademar, J. P. de; Formation et dévelopment régional en Europe. DATAR. Paris. Pág. 66-73.

A la luz de estos datos cabe señalar que la posición en la que Andalucía puede hacer frente a un proceso de recuperación económica es deficiente en lo que se refiere a capital humano e infraestructuras de apoyo a la actividad productiva, mientras que podríamos calificarla de aceptable en lo que se refiere a potencial técnico productivo y equipamientos sociales. Al mismo tiempo es evidente que partimos de una situación desfavorable en lo que se refiere a nuestra posición con respecto a Europa y en materia de estructura productiva por el fuerte peso de las actividades primarias en la formación del producto regional. Es posible que algunos consideren que los argumentos esgrimidos no son lo suficientemente sólidos como para apoyar una valoración de esta naturaleza. Personalmente estaría de acuerdo con esta crítica e incluso yo mismo me atrevería a cuestionar la consistencia de algunos de los indicadores a los que hecho referencia. En cualquier caso, es obligado admitir que en los últimos años se ha producido un importante proceso de transformación en la región y que estos indicadores, al margen de la precisión con que lo hagan, podrían estar reflejando este hecho. Lo que me interesa destacar, sin embargo, es que en estos momentos Andalucía no parte de posiciones tan desfavorables como en épocas anteriores para intentar incorporarse al proceso de recuperación y crecimiento que, antes o después, tiene que producirse en el conjunto de España y Europa.

Los elementos de incertidumbre que cabe introducir al hilo de esta reflexión se relacionan con los grandes proyectos existentes acerca de la configuración del mapa de regiones de futuro, fundamentalmente el Plan Director de Infraestructuras 1993-2007 y el Plan de Desarrollo Regional 1994-1999, y con las posibilidades que desde la propia Comunidad Autónoma tenemos para influir de alguna manera en la posición que vamos a ocupar en ese esquema futuro.

El mapa de regiones del futuro

PDI y PDR reflejan el modelo de estructuración espacial de España que pretende impulsar el gobierno central en los próximos años mediante la puesta en marcha de un conjunto de actuaciones en las que subyace como estrategia de fondo el aprovechamiento de los ejes expansivos de la economía nacional. En este sentido, se reconoce la existencia de un posible esquema de integración regional en dichos ejes, aunque fragmentado y difuminado por la existencia de importantes discontinuidades que se localizan precisamente en los limites territoriales de Andalucía. En el Mapa 1 se observa que los máximos potenciales se mantienen en los ejes Mediterráneo y del Ebro. Junto a éstos, y en un segundo nivel de potencialidades, aparecen cinco ejes: el Gallego-Portugués,

Mapa 1
Red de corredores de transporte

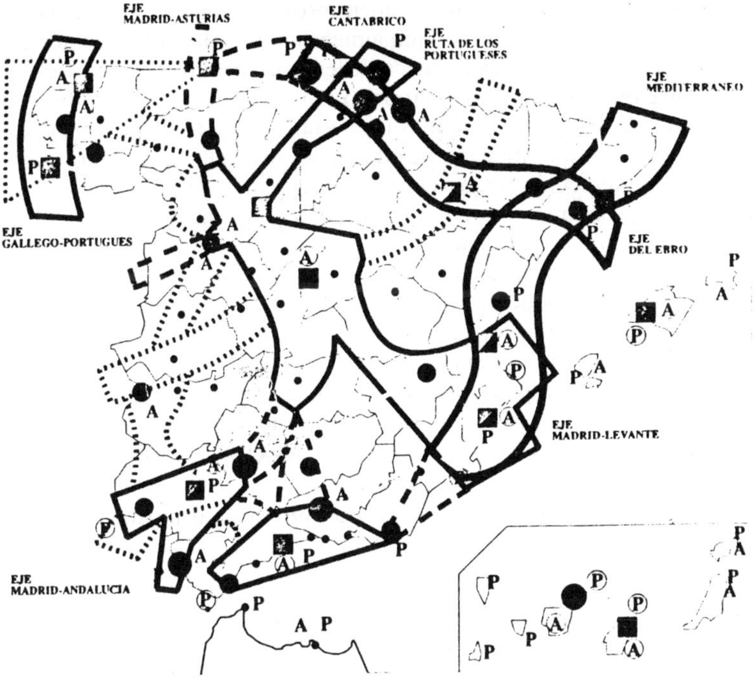

SISTEMA BASICO DE CIUDADES EN EL HORIZONTE DEL PLAN

	Regiones urbanas	▬	Ejes de máximo potencial
■	Areas metropolitanas internacionales	—	Ejes con cierto nivel de consolidación
■	Areas metropolitanas nacionales	- - -	Ejes potenciales
■	Areas metropolitanas regionales	•••••	Ambitos potenciales no consolidados
●	Principales áreas urbanas de desarrollo	—	Ejes complementarios
●	Areas urbanas de alto potencial	Ⓟ	Puertos prioritarios
•	Sistema de reequilibrio en el horizonte del plan	P	Puertos secundarios
		Ⓐ	Aeropuertos prioritarios
		A	Aeropuertos secundarios

FUENTE: MOPT. PDI

la denominada ruta de los portugueses, el eje País Vasco Madrid-Levante y dos andaluces: uno situado en el triángulo Cádiz-Sevilla-Huelva y otro en el litoral mediterráneo. En éstos y en el gallego-portugués son los únicos dónde existen rupturas espaciales evidentes que impiden aprovechar las sinergias expansivas de otros ejes nacionales, si bien se reconocen las posibilidades de mejorar esta situación en tres sentidos concretos: articulación interna, proyección hacia la meseta e integración con el Mediterráneo.

Creo que en la consolidación de estas posibilidades se encuentra buena parte de nuestra futura posición en el concierto español y europeo de regiones y, por lo tanto, me atrevo a identificar en estos puntos campos preferentes de actuación para la política de la Comunidad Autónoma, dando por sentado que estamos hablando de ejes económicos y no solo de ejes de comunicaciones. Insisto en este punto porque a veces se difumina la relación que existe entre la formación de capital público y actividad económica. Como se señala en el propio PDI se *está desplázando la noción clásica de competitividad entre economías nacionales, basada esencialmente en las ventajas comparativas entre empresas, hacia el concepto de competitividad de los territorios...* En este contexto, el papel de las inversiones públicas en infraestructuras y equipamiento no puede desvincularse de la concepción clásica de Meade de las infraestructuras como *factores productivos no remunerados* que alteran las productividades relativas de los distintos espacios y, en definitiva, la competitividad de los territorios a la que hace referencia el PDI.

Las posibilidades del sector público regional

Parece claro que la orientación de las políticas económicas nacionales, con la posible excepción de Alemania, va a discurrir hacia una *mix* de políticas fiscales contractivas orientadas hacia la consolidación presupuestaria y monetarias expansivas. Lo que alcanza a las administraciones autonómicas de esta combinación se limita fundamentalmente a la primera en el sentido de que tendrán que contribuir al saneamiento de las cuentas del Estado aceptando una mayor contención en el gasto.

Si para analizar lo que esto puede significar en estos momentos recurrimos a la historia reciente, observaremos que el diseño del presupuesto de la Comunidad Autónoma de Andalucía hasta 1992 ha sido claramente expansionista y orientado fundamentalmente a *favorecer el desarrollo socioeconómico de Andalucía, avanzando hacia la superación de los problemas estructurales que caracterizan a la economía andaluza y permitiendo el acercamiento a los niveles de desarrollo logrados en los países de nuestro entorno económico más próximo*[14]. Obviamente se trata de un objetivo irreprochable en principio, aunque su realización implica otras cuestiones sobre las que son seguras un menor grado de coincidencias. Por un lado, supone una acción decidida de intervención del sector público en la economía que se plasma en una creciente participación del mismo en la formación del valor del producto regional. Por otro, y dado que en el actual contexto de financiación de las CC.AA. el margen de autonomía financiera de la Junta de Andalucía es reducido (en torno al 20 por ciento como promedio en los últimos años, incluido el endeudamiento), se entra desde finales de la década pasada en una dinámica de endeudamiento creciente que sitúan a las cuentas públicas regionales al borde del colapso financiero a finales de 1992.

En los Presupuestos de 1993 el gobierno regional se ve sometido a la disciplina fiscal diseñada desde el gobierno de la nación y plasmada inicialmente en el paquete de Medidas Presupuestarias Urgentes del verano de 1993 y en los Presupuestos de ese mismo año (aunque posteriormente la relajación en esa disciplina y los errores en la previsión de ingresos hayan determinado nuevamente importantes desviaciones al cierre del mismo). Este mismo comportamiento se aprecia en los Presupuestos de 1994, pudiéndose afirmar que en estos dos últimos años existe una clara voluntad de caminar hacia la consolidación presupuestaria y hacia la corrección de los desequilibrios financieros existentes. Personalmente considero que al adoptar esta estrategia el gobierno camina en la dirección adecuada, aunque no podemos dejar de advertir las importantes consecuencias que de ello se derivan.

En primer lugar, porque el sector público regional tendrá que reducir su presencia en la economía, circunstancia cuyo carácter positivo o negativo será apreciado de diferente manera por unos y otro pero que, en cualquier caso, tiene una consecuencia objetiva: el gobierno se convierte en un factor más de generación de impulsos recesivos sobre la economía en un momento en el que el tono de ésta es, además, muy bajo. Si tenemos en cuenta que en los años de expansión los presupuestos se definen justamente en el sentido opuesto, como también ocurre en España, habría que admitir la posibilidad de que el carácter procíclico de la política presupuestaria haya podido tener una influencia decisiva en lo que anteriormente califiqué como elevada sensibilidad de las economías andaluza y española a los impulsos cíclicos recibidos del exterior.

En segundo lugar, que la carga financiera y la propia magnitud del déficit fiscal obligará a diferir en el tiempo la posibilidad de un cambio de sentido en la definición de los Presupuestos, lo que puede resultar determinante del grado

14. Consejería de Economía y Hacienda (1992). *Análisis del Presupuesto de la Comunidad Autónoma de Andalucía para 1992*. Junta de Andalucía. Sevilla. Pág. 31.

de corrección que podamos imprimir a los desequilibrios estructurales para encarar la recuperación.

El mercado de trabajo

Los datos son de sobra conocidos y se resumen en el gráfico 6, donde se comprueba como tras una etapa de estrechamiento de la banda de desequilibrio, se produce una ampliación muy acusada a partir de 1992. De los 2,53 millones de andaluces que durante 1993 quisieron trabajar, sólo 1,7 lo consiguieron, quedando apartados de esta posibilidad un total de 840.000 a lo largo del año.

Gráfico 6

La senda del desequilibrio en el mercado de trabajo Andalucía, 1986-1993

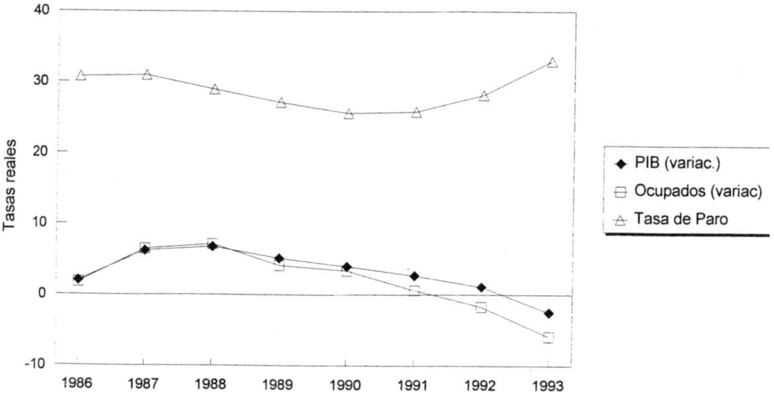

FUENTE: EPA, FIES y estim. propia (PIB, 1993).

Como en Europa y en España, se trata del más importante de los problemas que afectan a la sociedad andaluza y, como tal, sus diferentes manifestaciones son objeto permanente de estudio por los especialistas y ampliamente conocidas por todos. A pesar de ello quisiera insistir en algunos aspectos concretos que me parecen de especial interés:

• En primer lugar que, aunque adquiere magnitudes desproporcionadas en Andalucía, ni las raíces del mismo ni las soluciones de alcance pueden abordarse desde la Comunidad Autónoma. Se trata de un problema cuya dimensión es, como mínimo, nacional y, por lo tanto, es desde este ámbito desde dónde deben partir las grandes líneas de solución. Esto no quiere decir que la Comunidad Autónoma deba adoptar una posición pasiva, por el contrario, tiene que participar activamente en el diseño de la política nacional y, sobre todo, debe poner en marcha sus propias estrategias, especialmente en lo que se refiere al tratamiento de los aspectos más específicamente andaluces del desempleo, como es el caso del desempleo agrario, al que me refiero más adelante.

• En segundo lugar que, precisamente como consecuencia del mayor nivel de desempleo, Andalucía es sin lugar a dudas uno de los ámbitos europeos más perjudicados por la orientación de las políticas económicas nacionales como consecuencia del sesgo contractivo que impone la política monetaria alemana y la disciplina del Mecanismo de Tipos de Cambios del SME.

• En tercer lugar que, a pesar de lo señalado en el punto anterior, la historia reciente demuestra que la vuelta a la senda del crecimiento acelerado en modo alguno garantiza la corrección del problema hasta niveles aceptables. En el período 86-91, la tasa de desempleo en Andalucía nunca estuvo por debajo del 25 por ciento, lo que significa que existen otros muchos factores que deben ser contemplados al analizar el desempleo en la región.

• En cuarto lugar, que la intensidad del proceso de destrucción de empleo desde 1992 (el número de ocupados disminuye en más de 130.000 personas en tan sólo dos años) es consecuencia, entre otras cosas, del famoso ajuste vía empleo de la economía ante la imposibilidad de hacerlo vía precios, como consecuencia del entorno de competitividad creciente que impone el Mercado Unico, o tecnología, ante el deterioro de las expectativas empresariales y la consiguiente caída de la inversión.

• En quinto lugar, que el proceso de deterioro es especialmente acusado en la industria y en la construcción, aunque en 1993 alcanza también, por primera vez, a los servicios (ver cuadro 4). Este último caso es especialmente significativo por cuanto la distancia había funcionado como barrera de protección efectiva de los mercados locales hasta 1992, consiguiendo defender los excedentes empresariales vía precios (hay que recordar que la inflación de los tres primeros años de la década es alimentada fundamentalmente por los precios de los servicios) y evitando el recurso al ajuste por la vía del empleo, como en el caso de la industria.

• Por último, que existen elementos potenciales de tensiones adicionales sobre el mercado de trabajo como consecuencia de dos circunstancias fundamentalmente. En primer lugar, debido a que la tasa de actividad todavía se encuentra muy por debajo de los estándares europeos (en torno a 20 puntos). En segundo lugar, por cuanto que la tasa de fecundidad de la población andaluza no comienza a descender, como ocurre en el resto de España, en la década de los setenta, sino que se mantiene elevada incluso en los comienzos de la década posterior. Esto significa que la amplitud de los estratos más jóvenes de población en los primeros ochenta suponen un elemento de presión añadido a las actuales tensiones de cara a los próximos años.

Cuadro 4

Evolución del número de ocupados por sectores económicos. Andalucía 1991-1993

	Agricultura	Industria	Construcción	Servicios	Total
1991	272.8	286.5	210	1064.8	1834.1
1992	248.3	272	185	1097.3	1802.6
1993	223.4	228.7	160	1084.6	1696.7

FUENTE: EPA. INE.

Los puntos señalados constituyen algunas de las manifestaciones, no exhaustivas[15], del problema en las que podríamos admitir un cierto grado de consenso entre los especialistas, que también existe en lo que se refiere a la necesidad de corregir las deficiencias que impiden un mejor funcionamiento de los mecanismos de ajuste del mercado. En un articulo reciente del profesor Jiménez Serrano[16] se recogen los elementos que integran un cuadro elemental de regulación institucional de las relaciones laborales: a) sistema de contratos; b) sistema de protección a los parados; c) sistema de fijación de los salarios; y d) mecanismos de colocación de los trabajadores. De todos ellos, al menos los

15. En realidad, la diversidad de variables de segmentación del mercado permite una casuística mucho más amplia del problema (parados de larga duración, primer empleo, mayores de 45 años, etc.). Aquí nos hemos limitado a destacar algunos aspectos que se relacionan con las ideas que se desarrollan a continuación.

16. Jimeno Serrano, J. F., 1993. *La reforma del mercado de trabajo: caminando (lentamente) en la dirección adecuada.* Cuadernos de Información Económica, 80-81, dic-1993. Pág. 31-39.

tres últimos padecen de graves deficiencias, especialmente en Andalucía. El sistema de protección, porque desincentiva la búsqueda activa de empleo y, de esta forma, interfiere en la asignación eficiente de un recurso fundamental. El sistema de fijación de los salarios, basado en la negociación colectiva, es a menudo ajeno a las condiciones de productividad. Por último, los mecanismos institucionales de intermediación entre la oferta y la demanda son con frecuencia evitados como vías de acceso al mercado de trabajo.

Aunque es habitual la introducción de criterios de segmentación a la hora de estudiar el mercado de trabajo, no es frecuente la distinción entre las dimensiones rural y urbana del desempleo, a pesar de los elementos de singularidad que presentan y de su trascendencia en esta región.

Andalucía y Extremadura son las únicas regiones españolas donde la figura del asalariado campesino-jornalero es importante en términos cuantitativos y, consiguientemente, el desempleo agrario. Las deficiencias en los mecanismos de autoregulación que inciden sobre el problema pueden relacionarse con dos aspectos de los anteriormente señalados. En primer lugar, en lo que se refiere a la intermediación de los mecanismos institucionales (INEM) como vía de acceso al mercado de trabajo, frecuentemente evitada en el medio rural como consecuencia de la abundancia de actividades irregulares y de la extensión de lo que se conoce como *cultura de multiplicidad de fuentes de renta* (ocupación estacional en actividades diferentes a lo largo del año)[17]. En segundo lugar, porque la oferta de empleo es particularmente reducida en el medio rural y el acceso a un empleo implica habitualmente emigración. El coste que esto representa y la existencia de fórmulas alternativas de supervivencia (por ejemplo, el PER), justifican sobradamente la permanencia en el desempleo.

Hay que admitir, en consecuencia, que el PER cumple una función social evidente consistente en satisfacer unas condiciones mínimas de subsistencia a la población campesina desempleada. El problema es que en modo alguno proporciona soluciones al problema de fondo que no es otro que la falta de oportunidades de trabajo en el medio rural. Visto desde una perspectiva exclusivamente económica, no cabe duda de que el PER es un instrumento incentivador de la permanencia en el paro y, por tanto, un mecanismo que interfiere negativamente en la corrección de los desequilibrios laborales. La no existencia del PER, por otro lado, no dejaría otra salida que la emigración por lo que su eliminación tendría consecuencias no deseables desde un punto de vista social. Planteado en estos términos el problema, lo que parece claro es que la solución óptima del problema no puede limitarse a lo hecho hasta ahora, es

---

17. ESECA, 1987. *Situación Socioeconómica de Andalucía 1987.* Monte de Piedad y Caja de Ahorros de Córdoba. Pág. 45-61.

decir, a la cobertura del problema social y permanecer ajeno a la cuestión de fondo que es la creación de oportunidades de empleo. Entiendo que es necesario ampliar el alcance de las intervenciones complementando las acciones de tipo asistencial con programas complementarios específicamente diseñados para el medio rural, como puede ser el anunciado Plan de Desarrollo Rural de Andalucía y, en general, las Iniciativas Locales de Empleo.

En relación con el desempleo urbano tan sólo una referencia a la consolidación de zonas marginales en las grandes ciudades (Sevilla, Málaga, Campo de Gibraltar,...) en las que, al amparo de lo que podríamos denominar una *economía ilegal,* subsiste un colectivo cada vez más alejados de los circuitos de acceso a mercado de trabajo. Se trata de un problema que excede la dimensión estricta de este mercado y que se integra en una problemática distinta que alcanza al urbanismo y al papel de las ciudades en la satisfacción de las necesidades sociales.

Conclusiones

De todo lo expuesto se puede extraer un conjunto de ideas básicas en torno a las cuáles construir un cuadro final de conclusiones. Me referiré a algunos de los elementos que integran lo que podríamos llamar el diagnóstico de problemas y tendencias entre los que intercalaré algunas reflexiones muy breves sobre las implicaciones de política económica que se derivan de los mismos

1. Andalucía, España y Europa se enfrentan a dos grandes tipos de problemas. Por un lado, iniciar el proceso de recuperación económica como fórmula más inmediata de comenzar a dar soluciones al problema del desempleo. Por otro, abordar de forma decidida la corrección de los desequilibrios estructurales que erosionan la competitividad de sus respectivas economías. En el caso de Andalucía, sin embargo, la recuperación de la senda del crecimiento en modo alguno garantiza la solución al problema del desempleo.

Como se ha señalado, las reglas de funcionamiento del mercado de trabajo están diseñadas a nivel nacional y es desde este nivel desde donde deben partir las líneas maestras de la reforma. No obstante, el componente estructural del desempleo presenta matices singulares en esta región localizados fundamentalmente en el medio rural y en el urbano marginal.

En lo que se refiere al desempleo rural, hay que insistir en que abordar su tratamiento exclusivamente a través de mecanismos como el PER probablemente se esté contribuyendo más a la profundización el problema de fondo que a su solución. Es necesario complementar el componente asistencial de la política de empleo con otras políticas activas para las que Plan de Desarrollo Rural de Andalucía, actualmente en estudio, podría proporcionar un marco adecuado. Conviene recordar, en este sentido, la discriminación que hasta ahora ha sufrido el medio rural en materia de capital público y su posible influencia en el distanciamiento respecto de las principales ciudades en materia de productividad relativa de los distintos espacios.

En cuanto al desempleo en las grandes ciudades el problema se plantea en términos parecidos por cuanto en su tratamiento predominan las acciones de tipo asistencial, echándose en falta el encuadramiento del problema en el contexto de la política urbana.

2. Las estrechas relaciones de dependencia que se establecen con Europa tras la integración de España en la CE y la escasa autonomía para las políticas económicas nacionales como consecuencia de la disciplina que impone la permanencia en el Mecanismo de Tipos de Cambio, han obligado a diferir en el tiempo el comienzo de la recuperación. Si medimos el coste de esta dependencia en términos de consecuencias de la recesión, habría que admitir que Andalucía ha sido uno de los territorios comunitarios más perjudicados por la misma.

De cara al futuro inmediato, no obstante, pueden encontrarse algunos elementos para el optimismo. La ampliación de la banda de fluctuación de las monedas permite pensar en un mayor grado de autonomía política, una de cuyas consecuencias serían los recientes movimientos que estamos observando en los tipos de interés. También hay que esperar que los tipos de interés norteamericanos comiencen a elevarse moderadamente a corto plazo y, en definitiva, la progresiva consolidación de un contexto mas proclive a la recuperación. No hay que olvidar, en cambio, que la mayoría de los especialistas coinciden en destacar que el proceso será lento y que el crecimiento en el empleo se demorará, al menos, hasta el año próximo.

3. Las líneas generales del futuro mapa español de regiones están trazadas en el Plan Director de Infraestructuras y en el Plan de Desarrollo Regional 1993-1999. La estrategia subyacente en el mismo descansa sobre dos pilares claramente perceptibles. En primer lugar, se concede un importante valor estratégico a lo que se denomina *competitividad de los territorios,* directamente relacionadas con las dotaciones de capital público y las infraestructuras en general. En segundo lugar, las opciones regionales en el sistema de futuro están definidas por su proximidad a Europa y por el papel de la industria en sus respectivas estructuras productivas.

La posición de Andalucía dentro del esquema global es ambigua. Por un lado, son evidentes las dificultades como consecuencia de su periferícidad respecto de los principales ejes expansivos y de su estructura productiva. Por otro, se reconoce la existencia de ejes de considerables potencialidades económicas, aunque deficientemente integrados entre sí y con respecto a zonas nacionales de expansión, fundamentalmente los corredores manchego y mediterráneo.

4. Hay que descartar la posibilidad de que la economía andaluza pueda discurrir por senderos diferentes de la europea y la española, al menos en lo que a grandes tendencias se refiere. Carece de sentido, en consecuencia, establecer las prioridades de la política económica andaluza en la superación de la recesión y en tratar de impulsar el inicio de la recuperación. Es incuestionable, por otro lado, que cuando comience la recuperación en Europa también lo hará en España y en Andalucía.

De acuerdo con estas premisas, el sentido de la política económica de Andalucía debería dirigirse fundamentalmente hacia la corrección de los desequilibrios estructurales actuando de acuerdo con algunas de las orientaciones que han sido apuntadas. Podríamos afirmar incluso que la recuperación económica sería un pobre resultado si no conseguimos, al mismo tiempo, acabar con la manifiesta incapacidad de esta región para crear empleo, para corregir los patrones de desigualdad, para reconducir las relaciones entre el sistema productivo y el medio ambiente acabando con la sobreexplotación de recursos naturales o para que definitivamente pueda tener lugar un desarrollo industrial en Andalucía.

Personalmente considero que estos son los grandes retos que están planteados y hacia ellos debe dirigirse prioritariamente la política económica. Algunas ideas han sido apuntadas, como la necesidad de atender el problema del desempleo agrario en el marco de una auténtica política de desarrollo rural.

Quisiera finalizar con dos puntualizaciones muy breves relacionadas con estos temas. La primera, sobre el proyecto tantas veces frustrado de desarrollo industrial de Andalucía; la segunda, sobre las dificultades que conlleva la puesta en marcha de políticas de reformas estructurales.

En relación con las políticas de desarrollo industrial, doy por sentado el reconocimiento al papel de la pequeña y mediana industria como principal núcleo estable de nuestro sistema industrial y como prestadora de empleo, circunstancias que justifican por sí solas una atención preferente en el contexto de la política económica. Hay que reconocer, sin embargo, que no existe ninguna economía industrial consolidada que se levante exclusivamente sobre pequeñas industrias y considero que es justamente aquí, en la inexistencia de una gran industria regional no sucursalista, donde se encuentra la principal debilidad del sector en Andalucía. Desde mi punto de vista, es muy difícil que en Andalucía pueda existir un auténtico desarrollo industrial si no es sobre la base de uno o más grandes grupos industriales andaluces que, dada la escasez de grandes capitales locales que operen en el sector, exigiría además de la existencia de un soporte financiero complementario en forma de banca también regional.

En relación con las políticas de reforma estructural señalar tan sólo dos cuestiones destacadas en el último informe de la OCDE al advertir de la resistencia de los gobiernos para acometer actuaciones cuya necesidad e incluso urgencia parecen evidentes, como consecuencia de dos hechos:

- En primer lugar, la asimetría entre el número de beneficiados y perjudicados por las reformas. Los primeros son, en principio, el conjunto de la sociedad, lo que determina que la cuota de beneficio individual pueda resultar reducida. Los segundos son colectivos relativamente pequeños, lo que determina que el coste de la reforma deba ser soportado en cuotas *per-cápita* relativamente elevadas.
- En segundo lugar, que la percepción de los beneficios se difiere en el tiempo mientras que los costes deben ser soportados desde el comienzo del proceso.

De ambas cuestiones se deduce que la puesta en marcha de programas de reformas estructurales exigen una considerable fortaleza política (tienen un coste político elevado) y deben estar acompañadas, cuando sea pertinente, de un sistema claro de compensación a los colectivos perjudicados.

ANDALUCIA EN EL NUEVO ORDEN ECONOMICO MUNDIAL

*Eduardo Cuenca García**

Los cambios en la economía mundial

LA OLEADA de liberalismo que planea sobre la economía mundial, las transformaciones políticas y sociales que se están produciendo en esta última fase del siglo XX, y el proceso de internacionalización cada vez mayor de la economía, nos obliga a intensificar el seguimiento de las variables externas que más inciden en nuestro nivel de competitividad.

Por estas, y otras razones, las autoridades económicas se esmeran en el control de la evolución de los costes de producción, en la búsqueda de nuevas actividades, y en el desarrollo de las capacidades de innovación tecnológica, que permitan adaptarse a las exigencias y los gustos del mercado.

Se acepta, casi sin vacilaciones, que las ventajas del proteccionismo sólo son temporales, provocando durante su aplicación una pérdida de bienestar y eficacia productiva.

Los engranajes del sistema se desajustan, mientras que los esquemas tradicionales de funcionamiento y organización se derrumban a una velocidad difícil de reemplazar.

Los compromisos adquiridos por España en la Unión Europea están abriendo cada vez más nuestra economía al exterior, haciéndola más dependiente de las variables exógenas. Aunque está previsto que los resultados globales de este proyecto serán positivos, nadie duda que el reparto de las ventajas no será equitativo entre todos los países y regiones.

---

* Catedrático de Organización Económica Internacional. Universidad de Granada.

Para los más perjudicados, tampoco existen alternativas claras fuera de este marco. Las fuerzas en acción son demasiado fuertes para, utilizando políticas propias, poder mantenerse al margen de esta corriente. Un posible aislamiento terminaría provocando efectos, probablemente, más graves.

En estos momentos en que la crisis económica se ha instalado entre los países industrializados, y que los Doce se esmeran por sacar adelante sus compromisos, se debería definir, con claridad y realismo, un plan económico que amortiguara los problemas de la región a corto plazo y recogiera las principales directrices que modernizaran su aparato productivo a medio y largo plazo.

Aunque este tipo de ejercicio tiene sus limitaciones a nivel regional, es el único camino para apartarse de todo lo que sean iniciativas improvisadas y de impulsos.

Andalucía parte de una situación bastante desfavorable: una economía débil y alejada de los centros de mayor actividad en la Unión Europea, su condición de región fronteriza, y una deficiente red de infraestructuras la colocan como una de las regiones más atrasadas de la Unión. A todo esto hay que añadir los grandes problemas surgidos de las reformas en la agricultura europea (que pasan por el desmantelamiento del sistema de apoyo a las exportaciones y la apertura a la competencia externa), los recientes acuerdos sobre productos industriales firmados en el GATT (textiles y automóviles especialmente), y el inicio en el planteamiento de la liberalización de los servicios (que afectarán, no sólo a algunas empresas industriales instaladas en la región, sino también al turismo, los transportes, las telecomunicaciones e, incluso, a los profesionales liberales).

En este contexto, las soluciones se complican. Con una tradición y cultura que no ha favorecido la actividad mercantil y ha dado lugar a un sistema productivo debilitado y poco modernizado, resulta difícil canalizar determinadas corrientes inversoras.

Las ayudas estructurales europeas no constituyen fuentes inagotables de recursos financieros, ni serán la panacea que alivie todos los males económicos de la región. El débil porcentaje que representan respecto al PIB de la UE, nos inclina a pensar que sus efectos correctores sobre la coyuntura de las regiones menos avanzadas, no va a ser determinante.

A pesar de todo, se hace necesario emprender las reformas precisas que transformen el sistema productivo andaluz y lo hagan más eficaz.

Cada vez será menos sostenible aplazar la recuperación hasta ver lo que ocurre en la coyuntura internacional, o mantener la concentración de la actividad en sectores de demanda débil, muy expuestos a la competencia de los países con mano de obra más barata. La economía andaluza crecerá y creará empleo sólo si es capaz de ganar competitividad frente a nuestros socios comerciales.

Por último, y no por ello menos importante, no hay que olvidar las dificultades derivadas del estrecho margen de maniobra con el que cuentan las autoridades regionales para resolver sus problemas, muy condicionadas por las políticas impuestas desde Madrid o Bruselas.

La dinámica económica en Andalucía

En una economía como la andaluza, donde los problemas tienen un profundo carácter estructural, seguir con el actual modelo, sin cambios profundos, significaría agudizar los desequilibrios y acrecentar la heterogeneidad estructural del sistema productivo, acelerando su desarticulación y manteniendo un esquema de crecimiento subordinado y dependiente.

La coyuntura actual ha agudizado los problemas. En 1993 Andalucía tuvo el peor balance económico de la última década. El PIB cayó en un 2,3% (el doble de la media nacional); la agricultura fue el sector más afectado con un descenso del 8,5%, seguido de la industria (- 4,5%), y los servicios (-0,4%), que bajaban por primera vez. Esta situación trajo consigo una destrucción de 105.000 puestos de trabajo.

a) La agricultura

El sector agrícola ha sido el que ha debido afrontar las transformaciones más radicales para mejorar su grado de mecanización, la especialización, el aumento de la superficie de regadío, y su adaptación a las directrices de la Política Agrícola Común (PAC).

Su producción está muy concentrada. El sector hortícola ocupa cerca del 30% (40% si le añadimos frutales y viñedo), seguido del olivar (17%), y los cultivos industriales (girasol, remolacha, algodón,.. etc, con el 16%).

Sus condiciones de acceso a la PAC fueron muy duras, motivo por el cual, las exportaciones se vieron perjudicadas. Con un calendario de adaptación de hasta diez años para los productos en los que se partía de una situación ventajosa (semillas oleaginosas, aceite de oliva, y frutas y hortalizas), no se consiguió la equiparación hasta el quinto. Hasta entonces, los envíos procedentes de España tenían, casi, tratamiento de país tercero, con aplicación de tasas compensatorias al tomate, el pepino y los limones, entre otros.

Posteriormente, la situación se ha visto perjudicada por la competencia que terceros países han introducido a través de acuerdos preferenciales con la UE (especialmente Marruecos, Israel, Argelia).

Con los recientes acuerdos del GATT, en los 6 años próximos, no sólo se reducirán un 20% las ayudas a los agricultores (cambiando el sistema de ayudas a precios por el de complemento y sostenimiento de rentas), sino que los mercados se deberán abrir al grupo de países exportadores que han defendido esta posición en el seno del GATT (CAIRNS).

Los puntos más relevantes de la aplicación de estas medidas en Andalucía son:

- el mantenimiento del nivel de protección en frontera para los cereales, lo que permite la arancelización, siempre que la diferencia entre los precios de importación y de intervención no sobrepase el 155%.
- las oleaginosas no se verán afectadas por las reducciones de los apoyos internos, ni de las restituciones.
- los ganaderos de leche, carne de vacuno, ovino y caprino tampoco se verán afectados, ya que Andalucía no exporta a terceros.
- las frutas y hortalizas, sector muy importante en la región, conserva el sistema de precios de referencia, así como la ampliación de los calendarios para el tomate, el pepino y el calabacín.

Por otra parte, hay que tener en cuenta que las reducciones arancelarias varían según los productos, y que la disminución de las subvenciones a las exportaciones será mínima, ya que éstas van dirigidas a países de la Unión Europea o a algunos de la EFTA que están en fase de integración.

- el aceite de oliva debe aumentar su competitividad para incrementar el consumo interior y las exportaciones. La reducción del apoyo interno será del 20% y afectará de forma muy desigual.

Las exportaciones andaluzas a países terceros se benefician en su mayor parte de restituciones. La reducción de las mismas, en los próximos cinco años, no será traumática si tenemos en cuenta que estas exportaciones van destinadas fundamentalmente a países de la Unión (Francia, Italia, Grecia y Portugal).

- el arroz, se verá afectado por la arancelización, que impedirá que el precio de importación exceda del 180% del «indica». Las medidas que afectan a la exportación no tendrán mucha incidencia, ya que sus mercados están en la Unión. Quedan algunas incógnitas que despejar con la futura reforma de la OCM de este producto.

- la aceituna de mesa tampoco va a cambiar su situación, ya que las exportaciones se llevan a cabo sin restituciones ni otro tipo de apoyos internos.
- el azúcar ha conseguido un incremento del precio de entrada que defiende la producción interna. La reducción de las ayudas a la exportación serán de escasa importancia, habiéndose previsto medidas compensatorias vía precios o cuotas.
- para el algodón se reducirá el apoyo interno, limitándolo a ayudas coyunturales a la producción. Existen razones para pensar que este cultivo no se verá muy perjudicado al estar muy localizado geográficamente (Grecia y España), y con un importante peso económico y social en las regiones productoras.

Concluyendo, además de las escasas posibilidades de crecimiento del sector, muy limitadas por su caída en la renta y los precios relativos (se trata de un sector que experimenta una demanda decreciente a medida que se incrementa el nivel de desarrollo), los retos planteados y la pérdida de capacidad en la generación de empleo del sector, imponen una transformación basada en la tecnificación y las buenas redes de comercialización.

El nuevo Plan de Desarrollo Rural, con unas inversiones de 500.000 millones de pesetas en seis años, parece recoger esta preocupación.

De la UE se pretende que, además de asumir la mitad de esta cantidad, tenga en cuenta los intereses regionales en la renegociación del nuevo acuerdo pesquero con Marruecos, y que considere las particularidades de Andalucía en las próximas reformas de las organizaciones comunes de mercado del vino, frutas y hortalizas, aceite, algodón y arroz.

Partiendo de este razonamiento, no hay que olvidar tampoco que el mundo rural encierra mayores potencialidades que la agricultura. Tradicionalmente, al mundo rural y a la agricultura se les asignó el papel de productor de alimentos y proveedor de mano de obra para la industria. Este ciclo se ha cerrado, las nuevas perspectivas del mundo rural deben enfocarse hacia la industria agroalimenticia, políticas forestales, turismo rural, artesanía, y equilibrio medio ambiental.

b) La industria

Tradicionalmente, la industria ha sido el sector más débil de la economía andaluza. En la actualidad, sin la construcción, representa sólo el 20% del PIB, muy por debajo de la media nacional, y con un progresivo descenso relativo en la inversión y el empleo durante la última década.

El triángulo Sevilla - Cádiz - Huelva es el de mayor actividad, con una gran participación de empresas públicas. En Sevilla, donde se da la mayor concentración industrial, la crisis se está manifestando con el inicio de expedientes de reducción de empleo en CASA, Santa Bárbara y Tabacalera (las tres públicas) así como en Renault, Cruzcampo, la textil Hytasa, y Gillette.

En Huelva, la minería se va agotando (Río Tinto Minera), y la industria química y de fertilizante (Fertiberia), resisten como pueden.

Por último, en Cádiz, Astilleros Españoles (en la capital), y Deletra y Migsa (campo de Gibraltar) atraviesan serias dificultades.

Por subsectores, el textil, calzado y cuero, madera y muebles, son los que están soportando una mayor competencia, mientras que las preferencias en la inversión se centran en la electrónica, material de transporte y maquinaria.

Las empresas multinacionales que se han ido instalando recientemente, atraídas por las perspectivas del nuevo mercado europeo (Fujitsu, Alcatel, Mashusita, y Hughes Microelectrónica), comienzan a denunciar como la rigidez de la legislación laboral española les ha impedido hacer un ajuste más drástico para afrontar la competencia internacional, amenazando que si no se producen cambios en este sentido, se cuestionan nuevas inversiones, e incluso su retirada.

El panorama es poco halagüeño. La competencia internacional es cada vez más intensa y obliga a un replanteamiento de estrategias en el sector.

Andalucía debería reforzar su industria en el contexto de la globalización económica que vivimos, atenuando la desconexión entre los centros de investigación y el sistema productivo.

Paralelamente, la inversión extranjera debe jugar un papel importante a corto plazo, aportando capitales y tecnología. Esta internacionalización de las empresas andaluzas contribuirá a generar empleo y a asegurar un mayor dinamismo de sus exportaciones.

c) Los servicios

Los servicios en Andalucía no han evolucionado en sincronía con el resto de los sectores, tal y como explican los modelos clásicos de crecimiento. Un despegue tan espectacular de los servicios, paralelo a un retroceso industrial como el que se acaba de señalar, no se puede interpretar como algo positivo. Su comportamiento es el de un sector residuo cuyo crecimiento se ha debido a la incapacidad del sistema productivo para crear empleo y nuevas actividades.

Como en el resto del país, se trata de un sector protegido y poco renovado, cuya ineficacia está contribuyendo, de forma muy especial, a la persistencia de las presiones inflacionistas.

Entre 1964 y 1992, el precio de los servicios se mutiplicó por 25, mientras que el de los productos agrarios lo hacía por 7, y el de los industriales por 10. Con la protección, los incrementos de los costes variables se han podido trasladar directamente a los precios finales.

Es necesario fomentar la competitividad y el asesoramiento a las empresas, para que mejoren sus posiciones en el nuevo mercado y se anticipen a los competidores.

Hay que privatizar algunos servicios públicos, modificar la legislación que los regula, y eliminar las trabas legales y administrativas que impiden la modernización del sector..

Como condicionantes externos a la política futura del sector, no podemos olvidar que la Unión Europea abre, no sólo el mercado de productos, sino también el de servicios públicos y privados. Con menor intensidad, pero a nivel internacional, el GATT ha comenzado también a desmantelar los cercos que impedían la liberalización de los servicios a nivel mundial.

El comercio exterior en Andalucía

Un indicador que tradicionalmente se ha utilizado para medir la apertura económica de un país, o región, ha sido su volumen de comercio desarrollado con el exterior.

El comercio exterior en Andalucía ha estado condicionado por las directrices generales de la política comercial del país, por su división interna del trabajo, fruto de las características regionales, y por los intereses locales y nacionales.

El estudio de este sector a nivel regional, nos proporciona una información básica para el conocimiento de la realidad andaluza.

El análisis por secciones de las exportaciones y las importaciones, nos permite identificar: las ramas de la actividad económica en las que se especializan los distintos sectores, la existencia de ventajas comparativas, la capacidad que dichos sectores tienen de penetración en otros mercados, y su dependencia de los mercados internacionales.

Ultimamente, en el contexto de la política comercial que afecta a la región se han producido importantes transformaciones, que van a incidir en esta actividad. Entre ellas destacamos:

- la integración total en la Unión Europea.
- la eliminación de aranceles y obstáculos fiscales entre sus países miembros.
- la adopción de una política comercial única respecto a terceros.
- la necesidad de asumir los compromisos contraídos en el seno del GATT.
- la estabilidad de los tipos de cambio en el sistema monetario europeo, frenando las tentaciones de las devaluaciones competitivas.
- la liberalización de los movimientos de capitales.
- y , por último, las repercusiones indirectas de los cambios en otras políticas comunitarias, especialmente, la agrícola.

El grado de apertura comercial en Andalucía es uno de los más bajos del país, sólo por encima de las regiones del interior y Galicia. Incluso, si del volumen total registrado descontásemos el de los productos energéticos destinado a los complejos petroquímicos existentes, su posición se alejaría aún más de la media nacional.

La participación de Andalucía en el volumen total del comercio exterior del país supone tan sólo un 10%, y está perdiendo cada vez más peso. Sólo algunos productos agrícolas y alimenticios, en contra de la tendencia general, han incrementado sus exportaciones.

Las características de este comercio son:

- la debilidad del sistema industrial andaluz, que plantea desequilibrios entre oferta y demanda interior.
- balanzas de servicios y de productos agrarios y pesqueros, con saldos positivos.
- la industria agroalimenticia (salvo cárnicas y lácteos), vinos y licores, grasas y aceites vegetales, es la que más exporta.
- marcados déficits en el comercio de maquinarias.
- exportaciones enviadas en un 82,4% al resto del país, un 6,23% a la UE, y un 11,27% al resto del mundo.
- importaciones procedentes en un 71,1% del resto del país, un 17% de la UE, y un 11,8% del resto del mundo.
- aunque la distribución de las exportaciones regionales se asemeja mucho a la del conjunto nacional, existen algunas peculiaridades en el caso

andaluz, donde destacan las exportaciones de productos alimenticios y bebidas, grasas y aceites, joyería y bisutería, productos minerales, y productos químicos.

- el número de empresas que participan en este comercio es muy reducido.

En resumen, la estructura del comercio exterior de Andalucía corresponde a la de una región con un despegue industrial débil y dependiente, que importa bienes de equipo, e inputs intermedios, y que alcanza, un índice de cobertura del 52% con el resto de España, del 166% con la UE, y del 64% con otros países.

Por ramas de actividades, según los datos de la Tabla Input-Output de la economía regional para 1990, la balanza es deficitaria en productos industriales y servicios (65% y 22% de cobertura, respectivamente), mientras que para los productos primarios es positiva (140%).

Comparando los datos con los de 1980, se observa como la participación de las importaciones en el PIB aumenta (del 49% al 54%), mientras que las exportaciones disminuyen (del 45% al 34%), debido a la apertura económica y a la baja competitividad de las exportaciones ya referida.

De la Tabla Input-Output de 1990 se desprende también el grado de ajuste entre la producción interna y la demanda interior (72%), que expresa la parte de la demanda de bienes y servicios de los residentes, cubierta con la oferta regional. Se distinguen también, cuatro grupos de actividades:

- las que dirigen la mayor parte de su producción al mercado interior: los servicios, la construcción, las actividades energéticas y las agroalimentarias.
- las que van al mercado exterior y registran una baja dependencia respecto a las importaciones: aceites y grasas, piedras naturales, refino de petróleo, construcción naval, frutas y hortalizas, química, ..etc
- las que presentan una gran actividad exportadora, pero con necesidades de importar para satisfacer la demanda final: vino, textil, tabaco, azúcar, joyería, .. etc.
- las que importan mucho, con poca actividad regional: vehículos, calzado, pesca, productos lácteos y cárnicos, productos químicos finales,.. etc.

a) Importaciones

Como consecuencia de la debilidad del sector industrial y la estructura productiva general de la región, el volumen de las importaciones y las partidas afectadas por el comercio exterior es poco relevante.

La mayor parte de las compras al exterior son productos energéticos, destinados a los complejos petroquímicos de Huelva y del Campo de Gibraltar. Le siguen los productos industriales (sobre todo los agroalimenticios), metálicos, y maquinaria y material eléctrico.

Al margen del petróleo, las compras regionales se concentran fundamentalmente en la Unión Europea (26%), con una clara tendencia a aumentar.

Por provincias, Málaga, Cádiz, Sevilla y Huelva importan más del 90% del total; destaca nuevamente el petróleo destinado a los complejos petroquímicos de Cádiz y Huelva, y el enviado desde Málaga a Puertollano.

b) Exportaciones

La principal característica de las exportaciones andaluzas es su concentración en productos agrícolas (con bajo grado de elaboración y valor añadido) y agroalimenticios.

Los productos industriales, todavía lejos de este primer grupo, van ganando posiciones lentamente; entre ellos destacan los químicos, petroquímicos y transformados metálicos.

El resto lo componen las máquinas eléctricas, vehículos, y confecciones. Las exportaciones tradicionales de minerales, se encuentran en claro retroceso.

Cádiz, Sevilla y Huelva concentran más del 80% de la actividad exportadora. La primera, destaca con el acero laminado, vinos de Jerez, petróleo y derivados, productos químicos, bienes industriales elaborados en las factorías de General Motor, y buques de Puerto Real.

Sevilla, con conservas de pescado, productos fabricados en CASA, los accesorios para turismos de FASA-Renault, y productos agroalimenticios del Valle del Guadalquivir.

Del resto de las provincias cabe destacar lo siguiente: minerales de cobre y plata, productos derivados del petróleo, ácido fosfórico y colorantes en Huelva; los productos agrícolas en Almería y Málaga; los ordenadores de Fujitsu, el material eléctrico de Standard, y textiles también en Málaga; aceite de oliva en Jaén y Córdoba; mineral de hierro en Granada; joyería en Córdoba; y por último vehículos en Jaén.

Por zonas geográficas, la Unión Europea, ganando posiciones, es también el principal destino de las exportaciones andaluzas. Francia, el Reino Unido, Italia, los Países Bajos y Alemania, son los principales clientes. La ampliación de la Unión Europea, especialmente con Suecia y Noruega, incrementará aún más este porcentaje.

Pese a los vínculos especiales con América Latina, el total de las ventas a México, Cuba y Colombia, las más destacadas, no sobrepasan el 1% del volumen total.

Desde un enfoque microeconómico, las empresas que intervienen en el comercio exterior son pocas y, en su mayor parte, están controladas desde fuera de la región, siguiendo así una estrategia más en consonancia con el proceso de internacionalización de la economía mundial que con los intereses andaluces.

Esta concentración de las exportaciones en pocas empresas se manifiesta en el hecho de que las diez primeras de cada provincia absorban más del 70% del total de las importaciones, y un número igual lleven a cabo el 60% de las exportaciones.

La escasa dimensión, las dificultades en la comercialización en mercados exteriores, su situación periférica, las infraestructuras deficientes, y un capital humano sin los niveles de cualificación adecuados, son las causas de esta escasa proyección hacia el exterior.

En el apartado de asesoramiento, el nuevo mercado europeo y la necesidad de ir articulando las acciones de los agentes económicos para que puedan beneficiarse de sus ventajas, están potenciando las redes de información y enlaces. Entre ellas destaca, la BC-NET (Business Cooperation Network), que se compone de una red de consejeros de empresas a través de la que se identifican socios potenciales de pequeñas y medianas empresas en otros países, en respuesta a una oferta o demanda específica de cooperación. Instrumentos como este serán necesarios para potenciar una estrategia de apertura.

De todas formas, no queremos dejar de subrayar que aunque el comercio exterior sea un indicador del grado de internacionalización de las economías, no es el único. La movilidad de la mano de obra, los capitales, los servicios y la información, son también elementos definitorios de este fenómeno.

El apoyo de la política regional europea a Andalucía

Una de las consecuencias del crecimiento económico en un sistema de mercado, es que la distribución de la renta se realiza de forma desigual, en función de la asignación de los factores en el espacio, dando lugar a la coexistencia de zonas con un gran dinamismo frente a otras menos favorecidas. Aunque conseguir una distribución homogénea de la actividad es muy difícil, si se puede amortiguar.

Esta tarea se ha venido haciendo con transferencias presupuestarias e incentivando la movilidad de los factores de producción.

En un proceso de construcción supranacional como el europeo, en el que los países y las regiones intentan integrarse no sólo en un clima de relaciones de competitivas, sino también de cooperación, se trabaja por reducir sus diferencias.

La lentitud en los cambios culturales, sociales, tecnológicos y económicos, así como la débil integración de las regiones menos desarrolladas en su entorno, plantea la necesidad de mejorar la información y la capacidad técnica para la elaboración de programas adecuados.

Las políticas económicas puestas en marcha por los Gobiernos Centrales son, en ocasiones, insuficientes. La búsqueda del equilibrio general del país y su sincronización con la política de convergencia puesta en marcha desde Bruselas, inciden de forma muy distinta en las regiones.

Si a esta limitación añadimos las escasas competencias que las autoridades regionales tienen en políticas como la monetaria o la fiscal, se reduce aún más su maniobrabilidad, obligando así a hacer un esfuerzo imaginativo cada vez mayor.

La falta de instrumentos adecuados y de planes realistas, se han unido a una redundancia burocrática que ha distorsionado los comportamientos microeconómicos, estimulando más las iniciativas orientadas a la búsqueda de ayudas externas, que las destinadas a conseguir un desarrollo sostenido.

En 1987, con la aprobación del Acta Unica, y de cara al Mercado Unico, las ayudas europeas se orientaron hacia una mayor eficacia y coordinación de sus intervenciones. De esta manera se pretendía contribuir más eficazmente en la cohesión económica y social.

La reforma se produjo en enero de 1989 y se centraba en cinco objetivos prioritarios: crecimiento y reajuste de las regiones menos desarrolladas, apoyo a las regiones afectadas por el declive industrial, lucha contra el desempleo de larga duración, inserción profesional de los jóvenes, adaptación de las estructuras agrarias, y desarrollo rural ante las reformas de la PAC.

Las medidas estructurales, planteadas por objetivos, se han concretado en los Marcos Comunitarios de Apoyo (MCA), elaborados en colaboración con los Estados miembros y con financiación nacional y comunitaria.

Las financiaciones incluidas en los MCA se llevan a cabo bajo la forma de programas operativos, con la novedad de que la Comisión actúa de forma independiente a través de las Iniciativas Comunitarias, que completan los

MCA. De esta manera, la Comisión inicia una verdadera política comunitaria en sectores que considera prioritarios.

Los fondos estructurales están destinados a regiones que tienen una renta del 75%, o inferior a la comunitaria. En el contexto de la Unión Europea, Andalucía ocupa una de las últimas posiciones entre las regiones, lo que le permite acceder a un volumen importante de estas ayudas, que pretenden mejorar su posición frente a sus socios competidores.

La alta tasa de paro existente, el desfase tecnológico, la escasez de capitales, la leve apertura a los mercados exteriores, el reforzamiento de las fronteras externas de la Comunidad, y su cercanía a Africa, son temas que pesarán especialmente en los planteamientos futuros, con los que la Unión se tendrá que sensibilizar.

Según se aprecia en los datos, la cantidad recibida por la región en el MCA 1989-1993 ascendía a cerca de 150.000 millones de pesetas (cuadro 1), distribuidas según se indica en los cuadros 2, 3 y 4.

Destacan las aportaciones del FEDER al plan de infraestructuras, las del FEOGA Orientación destinadas a acciones horizontales que mejoren la competitividad del sector, y las del FSE para la revalorización de los recursos humanos.

En las Iniciativas Comunitarias, los Programas INTERREG y STRIDE han despegado con fuerza, acometiendo objetivos muy concretos pero de gran interés (ver Anexo).

Para el futuro, aunque los fondos estructurales y de cohesión alcancen los cinco billones para el sexenio 1994-99, se trata de una ayuda modesta.

Frente a las cantidades netas recibidas por España (395.000 millones en 1991, 331.000 en 1992, y 365.000 previstos para 1994), y las ya mencionadas para Andalucía, ¿qué representa eso para un gobierno con 4 billones de déficit público?, sin olvidar, además, los enfrentamientos entre Autonomías a que pueden dar lugar los repartos.

En las próximas semanas estará aprobado el nuevo Marco Comunitario de Apoyo. A partir de ese momento se comenzarán a recibir las primeras anualidades, con la novedad de que si bien en el MCA 1988-93 gran parte de los fondos se destinaron a infraestructura de transporte, el nuevo se orientará a la creación de suelo industrial, proyectos energéticos y , sobre todo, medidas de apoyo a las empresas.

Asimismo, se incrementa para España la tasa media de cofinanciación, pasando en el nuevo Marco del 52% al 62% .

Cuadro 1

Marco comunitario de apoyo. 1989-1993

(millones de pesetas)

I. Plurirregional.	
Gasto Público Total	517.489
	FEDER
II. Regional	
Gasto Público Aprobado	177.320
Ayuda FEDER Aprobada	96.228
	FEOGA-O
Gasto Público Aprobado	71.003
Ayuda FEOGA-O Aprobada	35.035
	FSE
Gasto Público Aprobado	28.672
Ayuda FSE Aprobada	18.637
TOTAL GASTO PUBLICO	276.995
TOTAL AYUDA FONDOS	149.900

FUENTE: Junta de Andalucía. Consejería de la Presidencia. Dirección General de Asuntos Comunitarios.

Cuadro 2

Fondo social europeo (MCA regional)

(cifras en millones de pesetas)

Programas Operativos	Coste total	Aportación FSE
Acciones de valorización de los recursos naturales.	14.955	9.721
Ayudas mayores de 25 años Parados de larga duración en materia de formación y colocación.	3.329	2.164
Ayudas menores de 25 años en materia de colocación y Formación Profesional	10.388	6.752
TOTAL	28.672	18.637

FUENTE: Junta de Andalucía. Consejería de la Presidencia. Dirección General de Asuntos Comunitarios.

Cuadro 3

FEOGA - O (MCA regional)

(cifra en millones de pesetas)

Programas Operativos	Coste total	Aprobación FEOGA-O
Programa Operativo Integrado Mejora de las infraestructuras agrarias	11.894	6.065
Programa Operativo Integrado Plan Forestal Andaluz	5.168	2.599
Racionalización Medios de Producción	3.341	1.838
Reglamento 1118	17.860	8.925
Acciones horizontales (retirada de tierras, modernización explotaciones, transformación y comercialización de productos agrarios, etc)	32.740	20.624
TOTAL	71.003	35.035

FUENTE: Junta de Andalucía. Consejería de la Presidencia. Dirección General de Asuntos Comunitarios.

Cuadro 4

FEDER (MCA regional)

(cifra en millones de ptas.)

	Coste total	Aportación FEDER
Proyectos individuales único compromiso.	41.515	20.911
Proyectos individuales plurianuales	31.110	17.289
Programas Operativos		
PNIC Almería-Levante	9.961	4.952
Málaga	19.315	10.875
Jaén-Granada	14.342	8.500
Bajo Guadalquivir	22.601	12.399
Norte de Huelva	6.829	3.896
POI Plan Forestal	5.940	3.267
POI Mejora Infraestructura Agrarias	9.254	5.089
Medio Ambiente	4.489	2.693
Subvención Global	11.916	6.353
TOTAL	177.320	96.228

FUENTE: Junta de Andalucía. Consejería de la Presidencia. Dirección General de Asuntos Comunitarios.

Cuadro 5

Fondo de cohesión para Andalucía

INFRAESTRUCTURA Y TRANSPORTE

Todos los proyectos aprobados figuran en los programas de redes transeuropeas. La autovía Bailén - Granada tiene como objetivo:

- Mejorar las comunicaciones entre el sudeste y el resto de la península.
- Prolongar el eje Madrid-Bailén-Granada-Málaga.
- Mejorar las comunicaciones en el interior de Andalucía.
- Facilitar el acceso a zonas turísticas muy desarrolladas (Granada, Sierra Nevada, Costa del Sol).

MEDIO AMBIENTE.

Las inversiones se llevarán a cabo en parques Nacionales de Canarias, Aragón, Asturias, Baleares, Castilla - La Mancha y Andalucía. En el caso andaluz se centrarán en el coto de Doñana, con acciones en la ordenación de senderos de marcha, equipamiento didáctico, oficina de información, restauración de edificios históricos.

FUENTE: Junta de Andalucía. Consejería de la Presidencia. Dirección General de Asuntos Comunitarios.

Cuadro 6

Iniciativas comunitarias

(proyectos competencia de la Junta de Andalucía)
(cifras en millones de ptas.)

	Coste total	Aportación Fondos comunitarios
ENVIRREG Mejorar el medio ambiente y favorecer el desarrollo económico	3.791	2.653
PRISMA Iniciativas en favor de las empresas de las regiones menos favorecidas	1.004	702
TELEMATICA Fomentar servicios avanzados de telecomunicaciones en regiones poco avanzadas	374	893
STRIDE Aumentar capacidad de y desarrollo tecnológico	5.805	3.930
INTERREG Orientado a regiones fronterizas en el Mercado Unico	6.917	4.842
LEADER Enfoque integrado del desarrollo rural		2.841
NOW Mejor acceso de la mujer en el empleo y tecnología	273	178
HORIZON Para minusválidos y otros grupos desfavorecidos	598	389
EUROFORM Desarrollo de nuevas cualificaciones	539	350

FUENTE: Junta de Andalucía. Consejería de la Presidencia. Dirección General de Asuntos Comunitarios.

Por último, es necesario subrayar que aunque, de acuerdo con el enfoque tradicional, las transferencias de las regiones más prósperas han sido el instrumento más utilizado para defender a las más desfavorecidas (y lo seguirá siendo), esta política está siendo cada vez más cuestionada, ya que a la larga crean serios conflictos de competencia, contrarios a la formalización del Mercado Unico (y en contra de aquellos que defienden estas fórmulas distributivas y de incremento de los fondos).

Otras zonas de interés fuera de la Unión Europea

Pasado el aluvión de inversiones de los primeros momentos de la integración en Europa, y una vez que las multinacionales han tomado posiciones de cara a nuestra participación en el Mercado Unico, el desafío andaluz se deberá centrar en el montaje de una estrategia económica capaz de ilusionar a los inversores, igualando las condiciones que ofrecen nuestros socios y vecinos más próximos.

En el contexto europeo, la nueva ampliación de la Unión, aprobada ya por el Parlamento Europeo, también debe centrar la atención de los andaluces. Una Unión de 16 países, prevista para principios de 1995, hace necesario una valoración adecuada de sus efectos, y de como van a repercutir en la región.

Los países del Este de Europa abren nuevas perspectivas de mercado. Del mismo modo, su estrategia en la captación de inversiones, con mano de obra barata y cualificada, son atractivos muy fuertes con los que habrá que aprender a convivir y competir.

La cercanía al continente africano podría considerarse como una posible alternativa al margen de la Unión Europea. Sin embargo, salvando algunas actividades y países concretos, no hay que olvidar que este continente supone sólo un 2,6% en el comercio mundial y que, según el Banco Mundial, en el año 2002, cuando se hayan aplicado la totalidad de los acuerdos de la Ronda Uruguay, Africa habrá perdido más del 4% de su volumen de intercambio.

Si nos ceñimos a los países del Norte, los más próximos y desarrollados, nos encontramos que las actividades que allí se realizan, más que complementarias, son competitivas. Además, los esquemas a través de los cuales observan su futuro ambas partes, rara vez coinciden.

Por último, los proyectos futuros que se puedan articular deberán ajustarse por un lado, a los esquemas de la política exterior de la Unión Europea, muy sensibilizada con esta zona, y por otro, a las preferencias de la región en el diseño del nuevo orden económico mundial, a la evolución del Islam, y a la Política Exterior y de Seguridad Común (PESC), descrita en Maastricht.

Conclusiones

De lo expuesto hasta aquí podemos sacar las siguientes conclusiones:

- La economía andaluza está demasiado ligada a sectores tradicionales, algunos de ellos sin mucho futuro.
- Nos encontramos con una región cerrada al comercio con otros países, con sus exportaciones e importaciones muy concentradas en un número muy reducido de productos que, en ocasiones, no responden a las necesidades de un tejido de relaciones intersectoriales típico de economías industrializadas.
- El mejor aprovechamiento del capital humano debe ser un objetivo que tendrá repercusiones en todos los sectores, desvinculando cada vez más la actividad económica de sectores en crisis, y atrayendo a los emergentes, muy vinculados al desarrollo científico y técnico.
- La incorporación de España a la Unión Europea ha sido el acontecimiento económico más importante al que se ha tenido que enfrentar la región. Los cambios están obligando a un proceso de modernización que habrá que aprovechar para sentar unas bases sólidas que sostengan la construcción del futuro andaluz.
- La exportación debe ser uno de los objetivos claves si se quiere participar en una de las ventajas del nuevo mercado que se abre. Al mismo tiempo esta actividad será un reflejo de la buena salud, el cambio de mentalidad, y la competitividad de nuestras empresas.
- La situación económica y social de la que parte la región, nos permite contar con la solidaridad de nuestros socios, a través de los fondos comunitarios.

Cortar esta dependencia de la sensibilidad de nuestros socios a la hora de concedernos las ayudas es una labor en la que, desde dentro, todos tenemos una responsabilidad.

Bibliografía

AURIOLES, J. «La economía Andaluza en 1991. Nuevo cambio de rumbo hacia un futuro incierto». *Papeles de Economía.* Nº 51.

DELGADO CABEZA, M. «La dinámica económica en Andalucía» en *Interdependencia e identidad andaluza ante la integración europea.* Fundación Encuentro, 1991.

EUROPA-JUNTA. Consejería de la Presidencia. Junta de Andalucía. Varios números.

GARCIA VELASCO, M. «La base productora de Andalucía y la Comunidad Europea». Ponencia presentada en el IX Conferencia del Programa Conjunto de Estudios Regionales en el Sur de Europa. Valladolid, 1993.

INSTITUTO DE ESTADISTICA DE ANDALUCIA.- *Tablas Input - Output de Andalucía. 1990.* Sevilla, 1994.

ANEXO I

INICIATIVAS COMUNITARIAS

INTERREG (para cooperación transfronteriza)

Antes de 1989 se llevaba a cabo a través del FEDER. En julio de 1990 la Comisión puso en marcha el programa INTERREG para apoyar a las regiones afectadas por la desaparición de las fronteras interiores y el reforzamiento de las exteriores (donde España y Portugal ocupa una atención especial). Dentro de los programas en marcha existe uno especial que afecta a Andalucía con inversiones destinadas a la construcción de la vía longitudinal que une el Algarve con nuestra región.

- C-443 Santa Bargara-Rosal. H-142 Calañas- Cabeza Rubia, H-511 Valverde - La Palma. C- 439 Ensinasol-Portugal
- Estación de Tratamiento de Agua Potable (ETAP) de Lepe. Emisario Piedras (La Antilla). ETAP Aljaraque (Punta Umbría). EDAR Huelva. Saneamiento Isla Cristina.

NOW

Para que las mujeres se beneficien, en igualdad de condiciones, de los efectos positivos del crecimiento económico y el desarrollo tecnológico. En el marco de la Iniciativa NOW, se contempla la realización del programa VIVEM, destinado a mejorar la situación laboral de la mujer que crea su propia actividad, y del programa MAREP, cuya finalidad es la inserción profesional de mujeres que quieren integrarse en el mundo del trabajo después de un largo periodo de paro o incorporación tardía.

EUROFORUM

Iniciativa comunitaria para la formación profesional y el fomento del empleo, favoreciendo la movilidad profesional y geográfica de los trabajadores. En Andalucía la gestiona la Consejería de Trabajo.

- Astilleros. Formación nuevas cualificaciones, tecnología y organización de los astilleros públicos de Andalucía.
- Bazán. Adecuación da la factoría naval de San Fernando de la Empresa Nacional Bazán.
- Operador técnico subacuático. Formación de técnicos subacuáticos de bajo y alto fondo.
- Vigilance. Dirigido a la formación de directivos de PYMES para mejorar su capacidad ante los cambios económicos.
- Fecoaga. Nuevas técnicas de producción en los sectores hortofrutícola y de los cítricos.

LEADER

En la Sierra Norte promueve iniciativas para la movilización de los recursos de zonas, hasta ahora consideradas marginales, y a crear una estructura productiva basada en pequeñas empresas con fuerte vinculación al medio.

- En la Loma de Jaén, el Programa está consiguiendo movilizar al tejido empresarial con los consiguientes beneficios para la comarca. Las actividades claves son el turismo, la artesanía y la agricultura.
- Las funciones que desempeña el Centro de Desarrollo Rural de la Auxarquía se centran en: la promoción y financiación de inversiones para la dinamización económica de los pueblos del interior y en recoger y canalizar la voluntad de los agentes económicos y sociales de la comarca.
- El Plan de actuación de la Alpujarra orientado a mejorar la situación causada por el deterioro de las actividades tradicionales, el despoblamiento, y la desatención que tradicionalmente ha sufrido por parte de los Organismos Públicos.
- En la Cuenca minera de Riotinto, se intenta potenciar el desarrollo de actividades de política socioeconómica como respuesta a la crisis, ofreciendo financiación y recuperando y potenciando los recursos endógenos.
- Iniciativas Subbética S.A. es una entidad creada para concurrir al programa LEADER y promover el desarrollo territorial. La política del programa se apoya en soportes como el turismo, la agroalimentación, la formación de recursos humanos, y el desarrollo de infraestructuras.
- Para la Sierra de Cádiz se ha planteado un programa para la potenciación de la producción agroalimenticia, la creación y modernización de la infraestructura turística, la pequeña y mediana empresa, la artesanía, y la especialización de agentes de desarrollo local.
- La actuación en la Serranía de Ronda se sustenta en tres pilares básicos: industrias artesanales, las industrias agroalimenticias, y el turismo rural.
- Iniciativas Comunitarias de Desarrollo Estepa-Sierra Sur, S.A. es la sociedad encargada de gestionar los fondos LEADER para fomentar la colaboración entre empresarios, crear empleo, introducir innovación, incrementar la competitividad y la diversificación de productos.

ENVIREG

Estación Depuradora de Aguas Residuales (EDAR) en Puerto Santa María. EDAR Torrox y Frigiliana. Pretratamiento y emisario submarino en Punta Umbría. Recuperación lagunas El Adalario en Doñana. Elaboración inventario focos tóxicos y peligrosos en Andalucía y regeneración ría de Huelva.

TELEMATIQUE

Red informática para las Unidades de Promoción de Empleo (UPES) de Andalucía.

- Red de datos que integra los parques naturales y los servicios Centrales de la Agencia de Medio Ambiente.
- Sistema telemático de alerta en salud pública. Centro servidor videotex. Servicio informático de servicios sociales comunitarios en Andalucía (SISSCA).
- Base de datos contenido tecnológico industrial. Servicio de mensajería electrónica X-400 .Seminario y jornadas SAT.
- Centro Integrado de Telecomunicaciones avanzadas y ejecución de TELECO II.
- Creación de OSIT para FUCA.
- Desarrollo PYMES de los Sistemas de Aplicación Telemática (SAT) y prestación de sus servicios por empresarios del sector agroalimentario.
- Instalación de dos oficinas Oficina de Seguimiento Integrado de Telecomunicación (OSIT) en Sevilla y Antequera y lanzamiento de un programa SAT.
- Promoción de uso de las PYMES de SAT (línea de ayudas).
- Red de telecomunicaciones entre centros de profesores.
- Sistema de información municipalizada de Andalucía (SIMA).
- Control de reservas y ampliación del sistema de información turística en Andalucía.
- Estudio de necesidades en materia de telecomunicaciones a nivel autonómico.

PRISMA

Proyecto e instalación de laboratorios de metrología y ensayos industriales.

- Instalación centro de control y asesoramiento de calidad para empresas de economía social en Andalucía.
- Subvención a empresas para la realización de estudios y proyectos para mejoras en procesos productivos e industriales
- Centro de calidad comarcal en Estepa.
- Laboratorio de investigación, desarrollo y control de calidad en edificaciones.
- Asesoría para la acreditación de laboratorios de ensayo en Andalucía, promoción sistema de gestión calidad.
- Centro de difusión sobre licitaciones y normativa de calidad europea.
- Proyecto «software» de aseguramiento de calidad.

STRIDE

Mejora de infraestructura y fomento de redes de transferencia de tecnología a las empresas de ámbito europeo.

- Centros científicos y tecnológicos: Cetro de Empresas e investigación (CEIS) y Centro Andaluz de Servicios de telecomunicación Aplicada (CASTA).

- Consolidación de un área de investigación tecnológica en el Instituto de Desarrollo Regional (IDR).
- Centros Científicos y Tecnológicos. Centro de Tecnología de las Telecomunicaciones (CETECOM). Potenciación del Instituto Andaluz de Tecnología (IAT).
- Potenciación de empresas españolas en programas tecnológicos de ámbito europeo.
- Tecnologías ambientales y centro de procesado de láser.
- Creación centro de aceleradores.
- Centro vitivinícola.
- Perfiles de sísmica de reflexión profunda y CIT de Universidad.
- Análisis del territorio y conservación de muestras biológicas.
- Banco de ensayo para sistemas digitales (RSDI).
- Banco de ensayo multiforma para pruebas de acceso a red telefónica conmutada.
- Creación de centro de formación tecnología de comunicación.

HORIZON

- Proyectos dirigidos a facilitar la integración económica, profesional y social de colectivos en situación de riesgo.
- Programa para facilitar la integración social y laboral de inmigrantes en Andalucía.
- Plan de formación en gestión social de centros para minusválidos.

FUENTE: Junta de Andalucía. Consejería de la Presidencia. Dirección General de Asuntos Comunitarios y Elaboración propia.

ANEXO II

Estructura de las importaciones de Andalucía, por grupos de productos (en porcentaje)

	1988	1989	1990	1991
Agricultura y alimentación	13,63	11,62	12,01	14,49
Productos minerales	46,29	54,46	53,87	47,88
Química y plásticos	7,00	5,42	5,37	4,90
Textil y confección	1,94	1,52	1,87	3,91
Madera y sus manufacturas	2,84	3,08	3,06	2,39
Manuf. de piedra, yeso, etc.	0,78	0,70	0,97	1,19
Metales comunes y manufacturas	10,94	9,77	8,52	8,64
Maquinaria y mat. eléctrico	10,29	8,84	9,14	9,74
Material de transporte	4,14	2,91	3,14	3,94
Otros	2,14	1,68	2,03	2,87
Total	100,00	100,00	100,00	100,00

FUENTE: DGA. ESECA

Importaciones de Andalucía. Distribución provincial (en porcentajes)

	1988	1989	1990	1991
Cádiz	44,12	36,88	34,90	34,50
Sevilla	13,10	11,56	14,82	14,24
Huelva	22,17	19,40	16,94	17,94
Almería	2,55	2,48	2,40	3,64
Málaga	12,39	23,88	24,49	22,88
Jaén	1,72	1,51	2,04	2,19
Córdoba	1,63	1,54	1,97	2,05
Granada	2,32	2,75	2,43	2,57
Total	100,00	100,00	100,00	100,00

FUENTE: DGA. ESECA

Distribución geográfica de las importaciones de Andalucía (en porcentajes)

	1988	1989	1990	1991
CEE	28,36	24,62	26,51	29,52
EE.UU.	10,37	8,01	7,64	7,10
Resto OCDE	6,57	5,99	5,56	6,42
Este de Europa	5,66	5,27	4,17	2,73
OPEP	26,55	38,65	37,50	34,57
Sudamérica	8,39	5,86	7,53	9,09
Resto del mundo	14,11	11,60	11,10	10,58
Total	100,00	100,00	100,00	100,00

FUENTE: DGA. ESECA

Estructura de las exportaciones de Andalucía, por grupos de productos (en porcentajes)

	1988	1989	1990	1991
Agricultura y alimentación	44,05	35,20	38,76	42,79
Productos minerales	10,74	13,07	12,54	10,49
Química y plásticos	11,28	9,02	6,42	6,80
Textil y confección	2,44	2,84	2,24	1,95
Madera y sus manufacturas	5,13	5,25	3,88	2,97
Manuf. de piedra, yeso, etc.	0,21	0,30	0,26	0,33
Metales comunes y manufacturas	12,03	13,79	11,62	12,16
Maquinaria y mat. eléctrico	1,44	2,91	3,33	2,77
Material de transporte	9,58	12,58	15,60	17,13
Otros	3,10	5,03	5,36	2,56
Total	100,00	100,00	100,00	100,00

53%

FUENTE: DGA. ESECA

Distribución provincial de las exportaciones de Andalucía (en porcentajes)

	1985	1986	1987	1988	1989	1990	1991
Cádiz	35,17	29,02	30,67	31,15	31,89	31,57	33,11
Sevilla	22,85	23,72	23,08	19,88	22,38	22,98	20,14
Huelva	21,91	21,56	21,50	20,41	19,45	17,32	14,35
Almería	5,87	8,55	8,48	9,64	10,47	8,14	9,06
Málaga	3,07	3,90	3,55	3,97	4,91	6,76	4,75
Jaén	4,94	6,03	6,41	7,81	4,56	6,69	9,82
Córdoba	3,75	4,30	4,14	4,99	4,44	4,86	4,16
Granada	2,42	2,92	2,17	2,16	1,90	1,67	4,57
Total	100,00	100,00	100,00	100,00	100,00	100,00	100,00

FUENTE: DGA. ESECA

Distribución geográfica de las importaciones de Andalucía (en porcentajes)

	1988	1989	1990	1991
CEE	61,44	57,93	58,72	64,43
EE.UU.	9,93	8,94	7,04	6,58
Resto OCDE	6,88	7,02	7,75	7,07
Este de Europa	1,76	1,57	1,31	1,16
OPEP	4,98	4,84	5,50	5,73
Sudamérica	2,95	5,20	2,65	2,36
Resto del mundo	12,06	14,50	17,03	12,67
Total	100,00	100,00	100,00	100,00

FUENTE: DGA. ESECA

Saldo comercial de Andalucía por zonas geográficas (en millones de pesetas)

	1988	1989	1990
CEE	165.247	142.333	156.693
EE.UU.	124	-4.576	-9.036
Resto OCDE	2.927	-1.640	7.819
Este de Europa	-17.561	-25.097	-18.847
OPEP	-97.952	-218.294	-203.930
Sudamérica	-24.324	-10.172	-32.417
Resto del mundo	-6.813	1.409	24.195
Total	21.648	-116.037	-75.523

FUENTE: DGA. ESECA

Tasa de cobertura del comercio exterior de Andalucía (en porcentajes)

	1985	1986	1987	1988	1989	1990
Cádiz	50,24	57,95	68,59	73,48	70,54	79,50
Sevilla	266,79	168,89	203,04	151,38	157,97	136,24
Huelva	67,83	85,60	93,79	96,62	81,83	89,85
Almería	380,75	294,40	342,20	386,99	344,81	298,60
Málaga	12,20	11,76	27,80	332,29	16,78	24,28
Jaén	485,14	342,05	3339,69	493,68	245,98	287,45
Córdoba	312,74	194,04	308,09	319,72	234,61	216,99
Granada	236,65	124,12	101,33	100,51	56,55	60,57
Andalucía	72,33	76,19	100,29	104,11	81,60	82,50
España	78,78	73,97	71,23	64,78	63,66	63,60

FUENTE: Morán-Méndez (1991). ESECA

LA ECONOMIA ANDALUZA EN LOS AÑOS 90. RASGOS BASICOS Y PERSPECTIVAS

*Manuel Delgado Cabeza**

EL AGITADO ritmo de la vida diaria deja hoy poco tiempo para la reflexión y el análisis. Si a estas premuras unimos la presencia de mecanismos distorsionadores que velan o camuflan nuestra verdadera situación, cada vez más condicionada por elementos lejanos a nosotros mismos, podemos convenir en que hoy se hace más necesario que nunca identificar colectivamente las fuerzas que en mayor medida modulan los acontecimientos que nos envuelven, si queremos tener alguna posibilidad de modificarlas a nuestro favor.

En Andalucía, la realidad socioeconómica ha evolucionado en la última década en medio de fuertes contrastes vividos con especial intensidad, y esto hace más urgente, si cabe, la tarea de afianzar una interpretación de esa realidad que nos ayude a entender no sólo lo que significa ir más o menos deprisa, sino, sobre todo, hacia dónde vamos.

Este ciclo puede ser una buena ocasión para centrarnos en el análisis de los elementos que en mayor medida explican o condicionan la manera de funcionar de la economía andaluza, con el ánimo de contribuir a esa reflexión tan necesaria.

En este sentido, es preciso subrayar que, como he venido señalando en otros trabajos, más allá de los síntomas y de aspectos coyunturales que podrían distraer nuestra atención y de paso desnortar nuestra brújula[1], para valorar cuál

* Catedrático de Economía Aplicada. Universidad de Sevilla.

1. Los indicadores «sintomáticos» que utiliza la economía convencional, señalan que la economía andaluza continúa en la cola de casi todas las clasificaciones. En 1993, nuestro PIB por habitante se sitúa, aproximadamente en el 55 por ciento de la media europea. Andalucía

es el estado de la economía andaluza, cuáles son sus posibilidades y sus perspectivas, es imprescindible, entender un proceso en el cual juega un papel fundamental la forma en que se produce y se distribuye la riqueza[2] en Andalucía. Las potencialidades y las limitaciones en el ámbito de lo económico, estarán, por tanto, estrechamente vinculadas al camino que siga la denominada desde la economía convencional estructura productiva, que se desenvuelve y se articula en un determinado contexto.

En lo que sigue, se presentan algunos de los que se han identificado como principales rasgos que definen la estructura económica de Andalucía, en su evolución durante la década 1980-1990. Pero en una economía cada vez más «mundializada», parece conveniente dedicar una cierta atención a las tendencias que señalan la dirección hacia la que nos empujan los vientos hoy dominantes en el sistema, y de eso se trata en una segunda parte del trabajo, que se termina con algunas consideraciones en torno a la necesidad de una nueva visión del desarrollo para superar nuestra secular situación.

Características estructurales

Especialización productiva

¿Cómo es la inserción de la economía andaluza en su entorno en cuanto a la utilización de sus recursos? ¿Cuál es hoy su especialización productiva? ¿Hasta qué punto puede decirse que se ha modificado el papel de Andalucía en la división espacial del trabajo en relación con el que hasta ahora venía jugando?. Para tener un perfil suficientemente orientativo de la especialización productiva andaluza se ha elaborado la tabla 1, en la que se tienen los sectores

---

y Extremadura siguen apareciendo en los últimos lugares dentro del Estado Español. Con la particularidad de que la renta que perciben los andaluces se ha venido, progresivamente, separando de la producción, apareciendo la población andaluza, cada vez en mayor medida, como una población asistida. En este sentido, la capacidad para generar renta de la economía andaluza es cada vez más insuficiente. En la publicación de la Fundación FIES *Cuadernos de Información Económica*, nº 84, 1994, «Las economías de las comunidades autónomas en el momento actual», se hace énfasis en este aspecto. Nuestra tasa de paro era en 1993, (30,8 por ciento), la más alta, con diferencia, entre las 1654 regiones que conforman, según Eurostat, (*Statistiques Rapides* nº 12. 1994) la Unión Europea.

2. Aunque aquí se hace referencia al concepto de riqueza utilizado por la economía convencional, que viene a coincidir con el denominado valor añadido expresado en términos monetarios, en el análisis que sigue, se considera la economía como un sistema abierto, centrado en torno a lo social, en el que es imprescindible tener en cuenta los intercambios con el medio físico para evaluar los resultados de la gestión de los recursos.

económicos clasificados según su participación en la producción española equivalente en 1981 y 1990.

Tabla 1
Producción sectorial andaluza
% sobre producción española

Sectores	1981	1990
Minerales metálicos	38,7	63,7
Agricultura	22,8	25,8
Construcción	16,2	18,8
Alimentarias	18,2	18,5
Min. no met. y canteras	16,1	13,7
Servicios	13,7	13,6
Material de transporte	7,2	11,9
Ind. min. no metálicos	12,3	11,7
Industria química	7,2	8,1
Prod. y 1° Tranf. metales	5,4	8,1
Textil y confección	7,3	7,1
Otras manufacturas	6,5	6,8
Madera y corcho	6,3	6,2
Papel y artes gráficas	6,7	6,1
Fab. prod. metálicos	6,1	4,8
Maquinaria y equipo	4,2	3,2
Maquinaria elect. y electr.	3,7	3,2
Calzado y cuero	2,2	2,9
Transformados de plástico	1,8	2,5
V	87,2	108,2

FUENTE: Contabilidad Regional y Encuesta Industrial. (INE)

Si tenemos en cuenta que la población andaluza representa aproximadamente el 18 por ciento de la del conjunto del Estado, puede decirse que la especialización de la economía andaluza, reflejada por las actividades en negrita que están en los primeros lugares, gira en torno al sector agrario, (Agricultura y Agroalimentario), la Pesca y la Minería. Se trata de la misma especialización productiva que se tenía en los años 60[3] y en ella se mantiene el alto grado de polarización alrededor de muy pocas actividades, habiéndose acentuado la especialización agraria.

La agricultura suponía en 1960 alrededor del 19 por ciento de la producción agraria española. En la década de los 80, como puede observarse en la tabla citada, continúa la profundización de esta especialización agraria. Al mismo tiempo, ha perdido peso el sector Agroalimentario, que en 1960 suponía la cuarta parte de la producción española equivalente. La industria Agroalimentaria andaluza, que según la fuente utilizada conserva en la década su cuota de participación, ha perdido en los 80 el 9,3 por ciento del número de establecimientos, con una disminución importante del trabajo no asalariado (autónomos y ayuda familiar), que pasa de representar la mayor parte del empleo (58,1 por ciento) en 1981, al 32,2 por ciento en 1990. Este es un exponente claro de la continuidad de la destrucción de una parte del aparato productivo andaluz ligado a la pequeña y mediana empresa familiar, en un proceso de reestructuración en el que las grandes empresas han pasado a manos del capital exterior.

A continuación, como viene siendo desde hace al menos treinta años, se agrupan los servicios, que sobresalen ante la ausencia de peso de las actividades transformadoras. El conjunto de la industria andaluza, que en 1960 suponía el 9,8 por ciento de la producción industrial española, ha disminuido desde entonces su importancia, manteniéndose prácticamente al mismo nivel entre 1980 y 1990.

Después de los primeros sectores, en la tabla 1 hay un descenso muy rápido en la participación hasta llegar a actividades como Maquinaria y Equipo o Material Eléctrico y Electrónico, que tienen una participación casi simbólica.

Vemos, pues, que estamos ante una clara profundización de la actividad productiva que tradicionalmente ha venido caracterizando a la economía andaluza. Una especialización basada en la explotación de los recursos naturales, cuya gestión, como se verá más adelante, responde a intereses cada vez más lejanos a Andalucía.

---

3. A este respecto puede verse Delgado Cabeza, M. «Las tres últimas décadas de la economía andaluza», en *Estructura Económica de Andalucía*. Espasa Calpe 1993.

Desarticulación

La desarticulación es otro de los rasgos definitorios de la estructura económica de Andalucía, considerada esta característica en un doble sentido. Por una parte como desvinculación entre las distintas actividades económicas que tienen lugar en el espacio andaluz, y por otra, en el sentido que le dio *F. Perroux*, estrechamente relacionado con el anterior, como yuxtaposición de dos partes, «moderna» y «tradicional», que siguen en Andalucía caminos divergentes.[4]

Para analizar las relaciones entre las distintas actividades económicas en Andalucía, se han utilizado aquí las tablas de relaciones intersectoriales, (TIO) elaboradas con referencia a 1980 y 1990[5]. La metodología utilizada en este apartado se tiene, ampliamente desarrollada, en otro trabajo.[6] Para facilitar el análisis y la presentación de los resultados, se han agregado dichas tablas en 28 sectores, representándose en los gráficos 1 y 2 las principales relaciones intersectoriales de la economía andaluza en 1980 y 1990, respectivamente.[7] Se han recogido aquí sólo aquellas relaciones que superan el 1 por ciento del total de transacciones netas (eliminando los reempleos), como relaciones relevantes. En estos gráficos se pueden distinguir cuatro subconjuntos o núcleos de sectores: la agroindustria, la industria, la construcción y los servicios. Las flechas, cuyo grosor trata de ser proporcional al volumen de transacciones, tratan de reflejar el efecto de un impulso dado en un sector a través de sus compras a los demás.

En el gráfico que se refiere a 1980 se observa una fuerte concentración de las relaciones intersectoriales en torno al núcleo agroalimentario y al bloque de servicios. En la industria hay una mayor ausencia de vínculos. No obstante, aparecen relaciones entre la Agricultura y la Industria Química, la industria Textil y la Agricultura. Equipo de transporte demanda a Fabricación de

---

4. Una síntesis del proceso seguido por estas dos partes puede verse en Delgado Cabeza, M. «La economía andaluza en un proceso de integración desigual», estudio preliminar de la reedición de la obra de Cazorla Pérez, J. *Estructura Socioeconómica de Andalucía Oriental.* Universidad de Granada y Caja General de Granada, 1993.
5. *Cuentas Económicas de Andalucía. Tabla input-output y contabilidad regional. 1980.* B. Bilbao 1985 y *Contabilidad Regional y Tablas Input-Output de Andalucía.* Instituto de Estadística de Andalucía. 1994.
6. Véase Morillas Raya, A. y Delgado Cabeza, M. «El funcionamiento de la economía andaluza» en *Decadencia y crisis de la economía andaluza.* Instituto de Desarrollo Regional de la Universidad de Sevilla. 1982.
7. El trabajo informático necesario con las tablas, tanto en este apartado como en los que siguen, lo ha realizado *María del Carmen Rodríguez Morilla*, profesora del Departamento de Economía Aplicada II de la Universidad de Sevilla, a quien quiero agradecer aquí su colaboración.

Gráfico 1

Andalucía. Principales relaciones intersectoriales, 1980

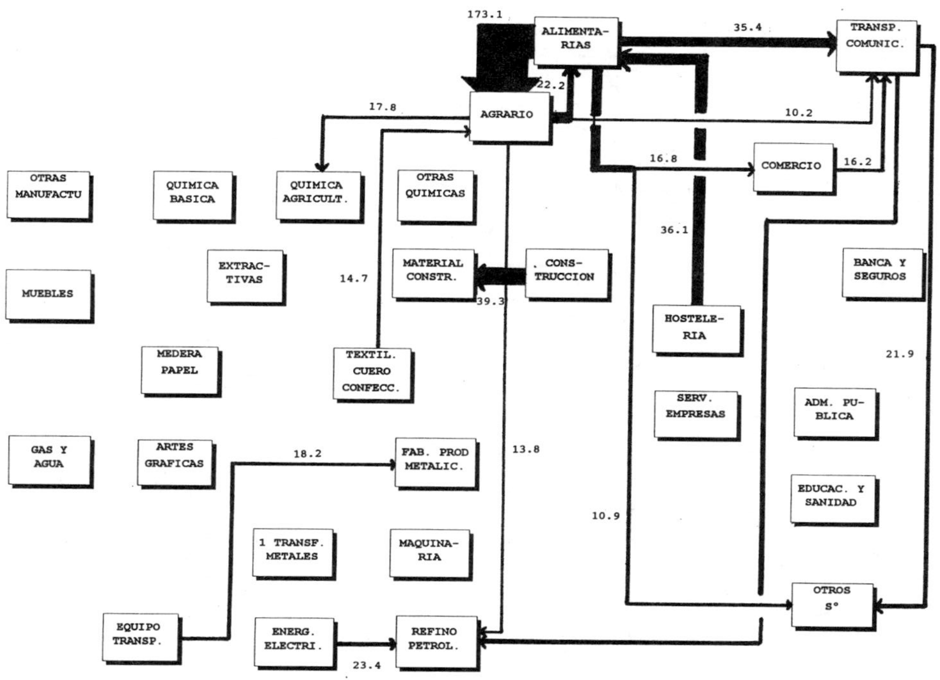

Gráfico 2

Andalucía. Principales relaciones intersectoriales, 1990

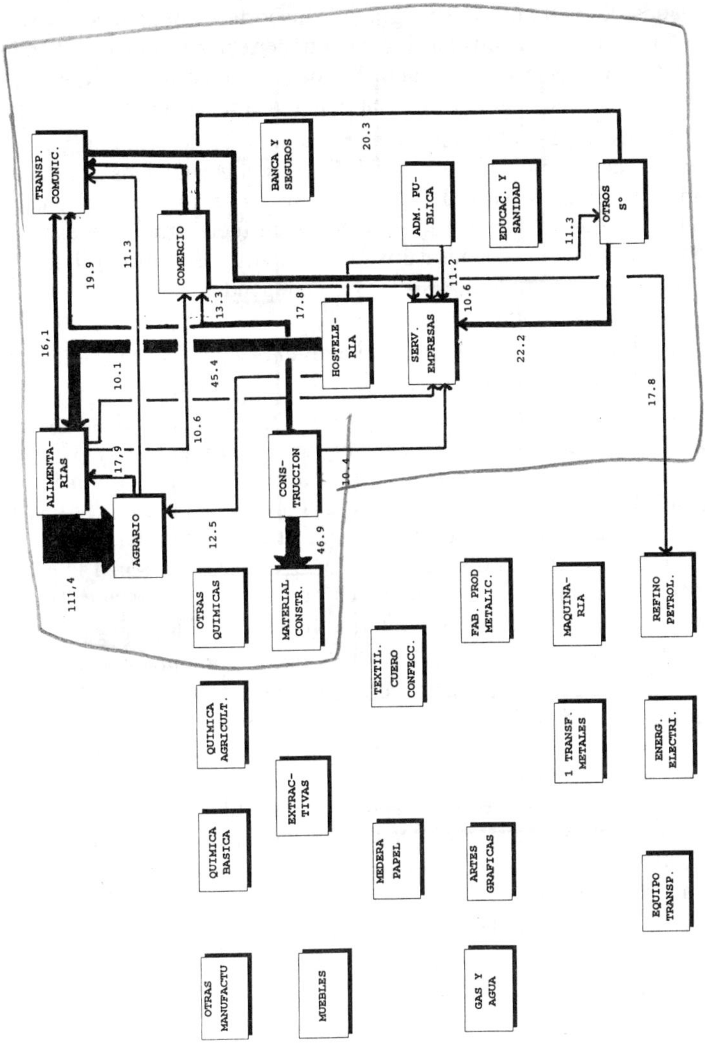

productos metálicos, y el sector Refino de petróleo se ve afectado por la demanda de Agricultura, Energía y Transporte y comunicaciones. La Construcción es un sector con una vinculación fuerte por el lado de la demanda hacia Materiales de construcción, aunque su capacidad de arrastre, como han puesto de manifiesto todos los trabajos en relación con este tema, es muy pequeña. [8]

Esta es la representación de una economía desarticulada en la que la actividad económica gira alrededor de unos pocos núcleos polarizadores que acaparan una gran parte de los intercambios sectoriales, en una estructura económica que, como se ha visto, posee un fuerte grado de especialización productiva y en la que la transmisión de impulsos es muy débil. Estos bloques poseen un fuerte grado de autarquía o independencia entre ellos y una fuerte vinculación con el exterior.

El gráfico relativo a 1990 refleja algunos cambios en relación con el de 1980 que pueden sintetizarse como sigue:

1. Han desaparecido los vínculos entre los sectores industriales y de otras actividades hacia ellos. Sólo queda el que tiene lugar entre la Construcción y Materiales de construcción. En este sentido, en relación con la tradicional escasez de relaciones industriales en la economía andaluza, el gráfico expresa un avance del desierto industrial. La industria andaluza ha sufrido, durante la década de los 80, una disminución de su ya escaso peso en la estructura de relaciones intersectoriales, siendo ahora menor su importancia como núcleo impulsor y transmisor de actividad económica en Andalucía.

2. El sector de la Construcción ha adquirido un mayor relieve en 1990. El paso del valor añadido por este sector del 7,5 por ciento del total de la economía andaluza en 1980 a un 11 por ciento en 1990 se traduce en la aparición ahora de sus relaciones con Transporte y comunicaciones, Comercio y Servicios prestados a las empresas. Hay que decir que ha sido el volumen en términos absolutos que adquiere esta actividad y no un cambio cualitativo en sus relaciones intersectoriales el que lleva a que ahora aparezcan estos vínculos.[9] Incluso con este elevado volumen de actividad, la construcción no se relaciona de manera relevante con ningún otro sector industrial.

3. Hostelería aparece en 1990 como una actividad que ha reforzado también de manera importante su peso en la estructura de relaciones intersectoriales.

---

8. En este sentido puede verse el trabajo de Morillas Raya, A. «Multiplicadores y modelo de empleo en el análisis input-output. El caso de Andalucía» en *Metodología Input Output y su aplicación al caso andaluz.* Instituto de Desarrollo Regional. Sevilla 1982.
9. Así lo ponen de relieve los coeficientes que se han calculado en la tabla input-output de 1990 para determinar la capacidad de arrastre o de sensibilidad ante el crecimiento de otras actividades. (*Contabilidad Regional y Tabla Input-Output de Andalucía 1990.* IAE 1994).

Este es otro síntoma de la profundización en la especialización productiva que tradicionalmente ha venido caracterizando, desde los años 60, a la estructura económica de Andalucía. Dentro de los servicios, Servicios prestados a las empresas es en 1990 un sector sobre el que recae, en mayor medida que antes, una demanda que procede del sector servicios y no de la industria.

4. Si agrupamos las relaciones en cuatro bloques, como se hace en la tabla 2, los núcleos que aglutinan las relaciones intersectoriales en 1990 continúan, básicamente, siendo los mismos que en 1980, aunque se ha pasado de un fuerte predominio del bloque agroindustrial para generar actividad, al sector servicios como mayor impulsor de la economía andaluza, si bien su capacidad para generar actividad se propaga muy poco fuera de sí mismo, permaneciendo en el interior del bloque, reforzándose así el grado de autarquía dentro de los servicios.

Tabla 2

Andalucía.
Distribución de las principales relaciones intersectoriales

Sectores	1980	1990
Agroindustria	61,1	38,7
Industria	11,4	0,0
Construcción	7,9	19,8
Servicios	19,6	41,5
Total	100,0	100,0

FUENTE: Elaboración a partir de las T.I.O. de Andalucía

Ante una capacidad de arrastre de la industria prácticamente inexistente, este predominio de los servicios continúa siendo síntoma de la ausencia de otras relaciones relevantes. Hay que tener en cuenta en este sentido que los servicios han sido durante la década de los 80 quienes, en términos absolutos, más han aportado al crecimiento. Aproximadamente el 60 por ciento del mismo en estos años se debe al aumento del valor añadido en el sector terciario. Al mismo tiempo, se ha acentuado dentro del mismo uno de los rasgos estructurales que le vienen caracterizando: su baja productividad, que ha descendido aún más en esta década. Este descenso de la productividad media, junto al avance de formas modernas de producción en el terciario andaluz (en el Comercio, el avance de las grandes superficies, la mayor importancia de los servicios prestados a las empresas, el nuevo papel de los transportes y comunicaciones en la reestructuración del sistema, etc) nos indican un incremento de la distancia entre lo moderno y lo tradicional, otro de los elementos distintivos de nuestra estructura económica.

5. En 1990 se mantiene el fuerte grado de polarización de las relaciones intersectoriales. Se ha producido en este sentido una disminución de la importancia de la industria agroalimentaria como demandante hacia la agricultura, que ha hecho descender algo el índice de concentración, pero si se elimina esta relación, para el resto el grado de polarización ha aumentado.[10]

Escasa capacidad de generación de empleo

Como se sabe, otra de las características estructurales de la economía andaluza es su escasa capacidad para generar empleo, con una doble causa; de una parte, la destrucción de empleo que tiene lugar en las formas productivas tradicionales. Se trata de la parte de la economía que en mayor medida se puede identificar con el cuerpo económico autóctono, como acabamos de ver que sucede en el sector agroalimentario. El otro factor importante está relacionado con la desarticulación, que conduce a una fuga de empleo de los efectos multiplicadores del empleo fuera de Andalucía. En este sentido, a mediados de los 70, el potencial medio de empleo de la economía andaluza era aproximadamente la tercera parte del potencial medio del conjunto del Estado.[11]

A partir de las tablas de relaciones intersectoriales elaboradas para Andalucía y que se refieren a 1980 y 1990, se han calculado los potenciales de empleo sectoriales (capacidad para generar empleo directo e indirecto ante un incremento de la demanda de la producción de cada sector en una unidad monetaria, en nuestro caso un millón de pesetas de 1990). Estos potenciales, para los sectores considerados, se tienen en la tabla 3 y su representación gráfica en el gráfico 3.[12]

Los resultados se pueden resumir de la manera siguiente:

---

10. Así lo indican los coeficientes de variación de las relaciones relevantes, que pueden ser utilizados como medida de la concentración de las transacciones intersectoriales. En 1980 este coeficientes era de 122,3 por ciento, y en 1990 algo menor, 98,7. Sin embargo, eliminando la relación entre agricultura e industria agroalimentaria, el valor para 1980, 41,1, está por debajo del de 1990, 56,3.

11. Morillas Raya, A. «Los multiplicadores...». *Op. cit.*

12. Para el cálculo de estos potenciales se ha utilizado la expresión $w=e'(I-A)^{-1}$, donde e es el vector empleo/producto y $(I-A)^{-1}$ la inversa de Leontief, por lo que w viene a ser el vector de empleos generados por unidad de demanda final.

Tabla 3

Andalucía. Potenciales de empleo

Sectores	1980	1990
1. S. Agrario	0.834	0.389
2. Extractivas	0.247	0.168
3. Refino petróleo	0.014	0.018
4. Energía eléctrica	0.100	0.070
5. Gas y agua	0.106	0.141
6. Metálicas básicas	0.110	0.047
7. Materiales constr.	0.209	0.151
8. Química básica	0.139	0.061
9. Prod. quim. agric.	0.123	0.094
10. Otros prod. quim.	0.148	0.112
11. Fabricación prod. metal.	0.232	0.193
12. Maquinaria	0.220	0.137
13. Equipo transporte	0.231	0.129
14. Otras manufacturas	0.227	0.135
15. Agroalimentarias	0.412	0.203
16. Textil-cuero-calz.-conf.	0.370	0.256
17. Indust. de la madera	0.381	0.232
18. Pasta-papel-cartón.	0.261	0.136
19. Artes gráficas y edición	0.238	0.170
20. Edificación y obras pub.	0.328	0.228
21. Comercio	0.337	0.253
22. Hostelería	0.250	0.212
23. Transporte y comunic.	0.199	0.127
24. Banca-seguros	0.165	0.071
25. Reparaciones-servicios	0.352	0.137
26. Enseñanza-sanidad	0.406	0.284
27. Admon. pública	0.278	0.310
Potencial medio	0.256	0.165

FUENTE: Elaboración a partir de las T.I.O. de 1980 y 1990.

Gráfico 3

Andalucía. Potenciales de empleo

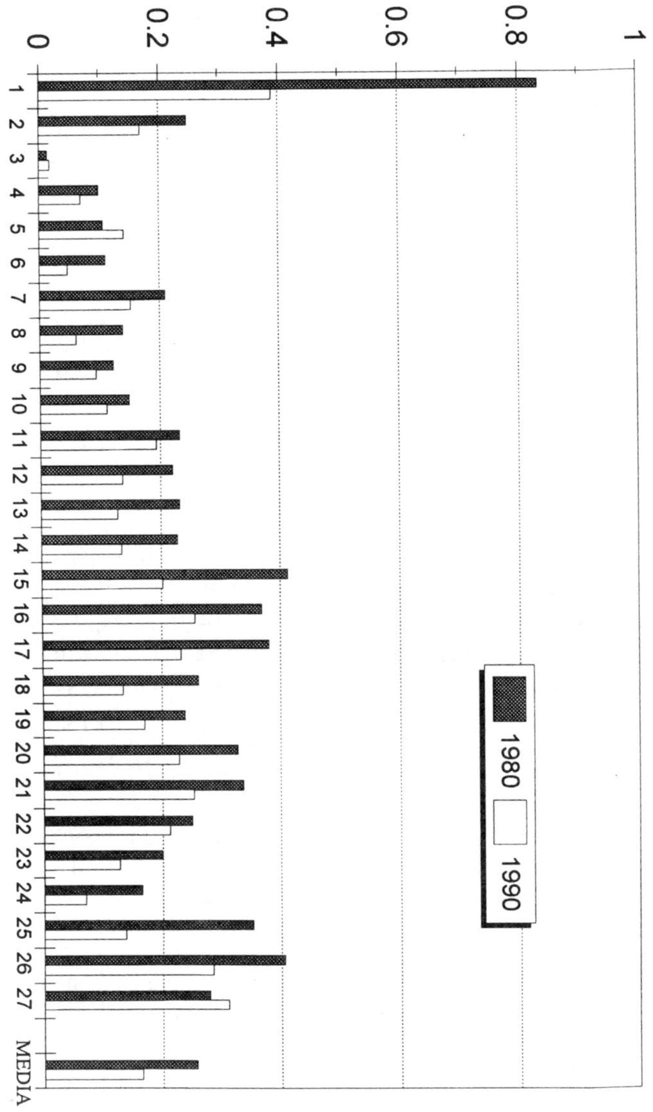

1. La capacidad de generación de empleo de la economía andaluza, que ya se caracterizaba por su bajo nivel, ha disminuido en la década 80-90, en un 35,6 por ciento.

2. En algunas actividades, la disminución ha sido especialmente significativa. Entre ellas cabe destacar el descenso del potencial de empleo en la Agricultura, donde prácticamente se reduce a la mitad. También sobresale el sector agroalimentario, donde la capacidad para generar empleo ha disminuido en un 42,3 por ciento, como consecuencia de esa reestructuración a la que antes se hizo referencia. Es, asimismo, destacable, la Construcción, con la disminución de un 30,7 por ciento de su potencial de empleo en los diez años que van de 1980 a 1990.

3. El único sector en el que se incrementa la capacidad de generación de empleo es la Administración Pública, que ha sido en esta década el más importante generador de empleo en este sector en las actuales condiciones.

4. La capacidad de generación indirecta de empleos continúa siendo muy escasa, como lo muestra la tabla 4. Esto es particularmente cierto en sectores como la agricultura, la construcción, que por sus características dentro de la estructura productiva andaluza no puede ser considerado como motor de la economía, y en general en los servicios. Este viene a ser otro de los elementos a considerar a la hora de valorar la fuerte y creciente polarización de la estructura productiva andaluza alrededor del terciario.

Y ha sido precisamente en el sector que en 1980 presentaba la más alta capacidad para inducir empleo indirectamente, el sector agroalimentario, donde la disminución ha sido mayor, pasando ésta de un 76,8 por ciento del total, a un 67,1 por ciento. También el descenso ha sido notable en el sector equipo de transporte -Construcción de vehículos, Construcción naval y Otros equipos de transporte-, donde se desciende del 34,1 al 26,8 por ciento.

Un reciente documento de las *NNUU* (Informe sobre el Desarrollo Humano, de 1993) nos advierte que «estamos presenciando un fenómeno nuevo e inquietante: el crecimiento sin empleo», presentándose ésta como una de las características más preocupantes de las que se consolidan dentro de la reestructuración del sistema económico vigente. En áreas periféricas como Andalucía, este mal, ya endémico[13], agudiza progresivamente sus efectos hasta tal punto que las perspectivas para el empleo, en una sociedad con una cifra de

13. En la economía andaluza, tasas de crecimiento de elevada intensidad han sido compatibles con la destrucción de empleo, tanto en el conjunto como en sectores como el industrial. Un desarrollo fundamentado de esta cuestión puede verse en Delgado Cabeza, M. «La economía andaluza en un proceso de crecimiento desigual, 1955-1985», en *Revista de Estudios Andaluces*, nº 113. 1989.

Tabla 4

Andalucía. Empleo directo

(Porcentajes)

	1990 %	1980 %
1. S. Agrario	90.8	95.1
2. Extractivas	59.1	78.0
3. Refino petróleo	22.9	50.4
4. Energía eléctrica	59.6	48.2
5. Gas y agua	49.0	53.9
6. Metálicas básicas	35.8	41.4
7. Materiales constr.	64.9	67.4
8. Química básica	40.2	41.9
9. Prod. quim. agric.	57.8	44.3
10. Otros prod. quim.	72.3	66.1
11. Fabricación prod. metal.	88.8	86.2
12. Maquinaria	78.8	85.1
13. Equipo transporte	74.0	65.9
14. Otras manufacturas	84.7	87.3
15. Agroalimentarias	32.9	23.2
16. Textil-cuero-calz.-conf.	81.6	57.8
17. Indust. de la madera	84.9	77.3
18. Pasta-papel-cartón	49.2	34.7
19. Artes gráficas y edición	79.9	82.5
20. Edificación y otras pub.	79.9	81.0
21. Comercio	88.8	87.7
22. Hostelería	62.8	64.0
23. Transporte y comunic.	85.0	83.2
24. Banca-seguros	83.7	77.7
25. Reparaciones-servicios	86.8	95.2
26. Enseñanza-sanidad	95.4	91.2
27. Admon. pública.	90.0	90.7

Gráfico 4

Andalucía. Empleo directo (Porcentajes)

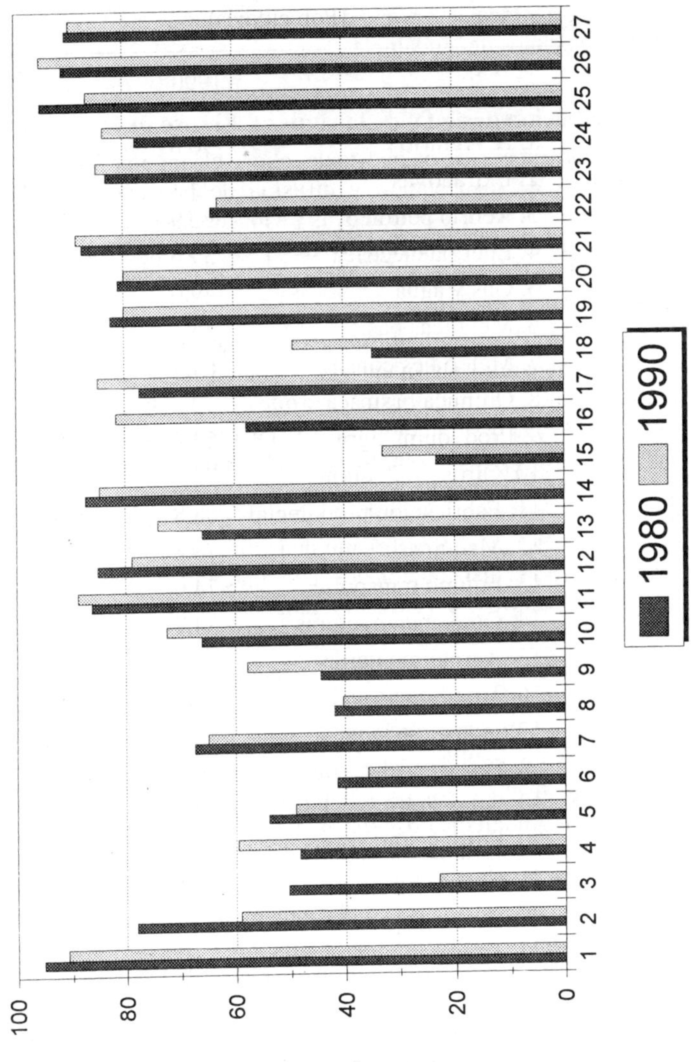

parados que ronda los 900.000, ponen en evidencia la naturaleza de esta economía orientada al servicio de objetivos que se alejan cada vez más de los intereses sociales de Andalucía.

Distribución desigual de la riqueza. El caso de la agricultura

En otros trabajos se ha puesto de relieve el singular funcionamiento de los mecanismos de distribución y difusión de la riqueza en Andalucía, tan vinculados a las formas productivas y a los modos de apropiación y de gestión de los recursos. En este mismo ciclo, el Profesor Torres ha dedicado su intervención a las relaciones entre el crecimiento económico y la distribución de la riqueza en Andalucía.

En el caso de la agricultura, y en lo que se refiere a la distribución del excedente generado en su interior, el análisis de las tablas de relaciones intersectoriales, ya citadas, ratifica lo que nos habían desvelado otras fuentes[14]. Por una parte, la disminución de su capacidad para generar riqueza. En este sentido, como puede observarse en el gráfico 5, el valor añadido por la agricultura andaluza es un porcentaje de la producción que se reduce ostensiblemente en la década estudiada. Del 75,6 por ciento del valor de la producción en 1980, se pasa al 67,6 por ciento de la misma en 1990. Por otra parte, en lo que se refiere a la distribución del valor añadido, en esa riqueza menguante, el volumen de salarios ve, asimismo, reducirse su peso en esos años. Pasa de un 32,0 por ciento en 1980 al 21,5 por ciento en 1990.

La difusión social de la riqueza generada en la agricultura, que continúa siendo la principal fuente de riqueza en el medio rural, es cada vez menor, distanciándose progresivamente el valor añadido por la agricultura de la población que lo habita.

Y las perspectivas son poco halagüeñas. A este respecto, en el documento de la Junta de Andalucía *Bases para un Plan de Desarrollo Rural en Andalucía* se dice que «la agricultura andaluza, difícilmente puede ya generar más empleo, acuciada ante el fuerte ritmo de los cambios tecnológicos, socioeconómicos y laborales, y ante el problema de lograr una mayor competitividad de sus actividades en el marco de la progresiva liberalización económica que se abre como consecuencia de la PAC y los cambios experi-

---

14. Un análisis más extenso sobre los aspectos que se refieren a la evolución del excedente, y su distribución en la agricultura, se tiene en Delgado Cabeza, M. «Las tres últimas décadas de la economía andaluza», en *Estructura Económica de Andalucía.* Op. cit.

Gráfico 5

Distribución de la producción agraria

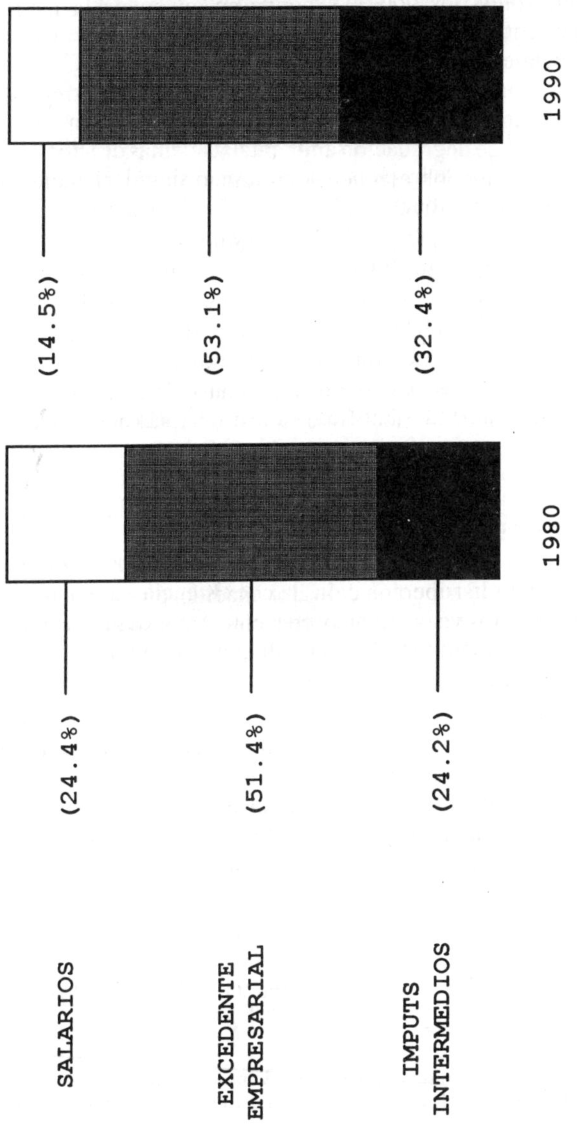

mentados en el entorno geopolítico internacional (negociaciones del GATT, apertura comercial a los paises del Este, etc)..»[15].

Desde la óptica mercantil, la rentabilidad privada de esta agricultura es posible gracias a que los elevados costes ecológicos no se incorporan a la contabilidad convencional. Pero, según el primer Informe sobre el Medio Ambiente en Andalucía[16] «las actividades agrarias son causantes de los principales procesos de degradación ambiental», además de suponer un despilfarro energético y un empobrecimiento biológico desde el punto de vista de la disminución de la biodiversidad.

Los costes medioambientales, en la medida en que suponen un deterioro de nuestro patrimonio natural cuyo estado nos afecta colectivamente, pueden considerarse como costes sociales que todos tenemos que soportar. Por consiguiente, la medición de la productividad en términos estrictamente monetarios, está dificultando la evaluación de la incidencia real de las formas de gestión de los recursos, en un ejemplo que evidencia la necesidad de que la economía convencional modifique su instrumental para poder llegar a captar la realidad en versión completa.

Heterogeneidad estructural

Otro de los rasgos estructurales que ha venido caracterizando a la economía andaluza ha sido la superposición, la coexistencia de dos partes que han ido distanciándose progresivamente y que, entre otras cosas, se traduce en grandes diferencias de productividad para las distintas actividades, según pertenezcan al sector «moderno», apéndice y complemento de otras economías, o a la parte «autóctona», débil y en regresión.

Centrándonos en la industria, y observando la productividad para los distintos subsectores industriales en 1990, tabla 5, podemos constatar cómo, siendo el nivel tecnológico medio de la industria andaluza próximo al de la economía española, en Andalucía continúan las fuertes diferencias entre las distintas productividades. La gran mayoría de los sectores considerados tienen

15. *Bases para un Plan de Desarrollo Rural en Andalucía.* Consejería de Agricultura. Junta de Andalucía. 1993. pág. 38. Para un análisis de la evolución de las condiciones del mercado de trabajo en la agricultura puede verse el libro de Gavira, L. *Segmentación del mercado de trabajo rural y desarrollo: el caso de Andalucía.* Ministerio de Agricultura. Secretaría General Técnica. 1993. Sobre las modificaciones y los efectos que la reforma de la PAC puede tener en la agricultura andaluza, se tiene el trabajo de Vázquez, A. *Andalucía y la Política Agraria Común.* Instituto de Desarrollo Regional. Sevilla. 1995.

16. *Informe General del Medio Ambiente en Andalucía. 1987.* Junta de Andalucía. 1987. pág. 132.

una productividad menor o igual a la correspondiente en el conjunto del Estado, salvo los que podrían identificarse como sectores «modernos», entre los que se encuentran Minerales metálicos, Metálicas básicas, Química, Industrias de bebidas y Material de transporte. Puede decirse que persisten las actividades o sectores que se consolidan como «modernos» en los años 60 y 70.

Tabla 5

Valor añadido por empleo en la industria

Sectores	1981 Andalucía	1981 Media del Estado	1990 Andalucía	1990 Media del Estado
Energía	4,0	4,3	7,5	15,6
Agua	1,2	1,2	3,9	3,5
Minerales metálicos	2,1	1,9	8,6	7,5
Metálicas básicas	2,6	2,3	7,4	6,1
Minerales no metálicos	1,1	1,3	4,8	4,1
Prod. minerales no metálicos	1,8	1,9	5,1	5,7
Química	3,0	2,6	9,4	7,4
Fab. productos metálicos	1,7	1,5	2,6	3,4
Maquinaria y equipos	1,7	1,7	3,4	4,2
Material eléctrico	1,5	1,9	4,9	5,4
Material de transporte	1,0	1,5	6,4	5,2
Alimentarias	1,8	1,8	4,6	4,3
Textil	1,1	1,3	2,0	2,7
Calzado y cuero	0,7	1,1	1,9	2,8
Madera y muebles	0,9	1,0	1,8	2,3
Papel y artes gráficas	2,0	1,8	4,2	5,1
Transformados de plástico	1,2	1,7	3,4	4,0
Otras manufacturas	1,2	1,5	3,0	3,6
Valor medio	1,7	1,8	4,6	4,9
Coeficiente de variación	38,3	25,2	48,1	32,2

FUENTE: Encuesta Industrial de Andalucía. 1981-1990. IAE 1994.

Pero además de constatar la pervivencia de este rasgo estructural de la economía andaluza, lo que nos interesa ahora destacar es que durante la década se ha producido un descenso importante en la productividad de algunos de los sectores con respecto a su equivalente en la economía española[17]. Son las industrias manufactureras, textil, madera y muebles y otras manufacturas. Se trata de las actividades transformadoras hacia las que en mayor medida se ha orientado el empresariado andaluz y que conocen un declive continuado desde los años 60. La disminución relativa de la productividad en estos sectores es el reflejo de una pérdida de posiciones para una estructura empresarial que ve empeorar su ya precaria situación. De nuevo la divergencia.

Las crecientes dificultades con que tropieza la estructura productiva andaluza para competir en el mercado con otros espacios económicos se ve también reflejada, de una manera muy clara, en los intercambios comerciales entre Andalucía y el exterior, analizados con detalle para la década de los 80 en otro lugar[18]. Como resumen de esta situación, baste aquí señalar el enorme crecimiento del saldo negativo de la balanza comercial andaluza. En los diez años considerados, el déficit se ha multiplicado por 5,7.

La dinámica del crecimiento

En definitiva, en la década de los 80 se observa la permanencia de los principales rasgos estructurales que vienen definiendo a la economía andaluza. La profundización de un modelo en el que la dinámica económica se desenvuelve de un modo muy distinto a como lo hace en otros espacios económicos.

Para aproximarnos mejor a esa dinámica en la década de los 80, volvamos a centrar la atención en el comportamiento del sector industrial[19], para analizar la naturaleza de la evolución que éste ha conocido en la década. A partir de la desagregación sectorial en 25 agrupaciones y de los correspondientes índices

17. Véase también a este respecto el trabajo de Pajuelo, A. y Villena, J. «La industria» en *Estructura Económica de Andalucía.* Op. cit.
18. Delgado Cabeza, M. «Las relaciones con el exterior de la estructura productiva andaluza. Análisis de las necesidades de importación. 1980-1990», en *Contabilidad Regional y Tabla Input-Output de Andalucía 1990.* Análisis de Resultados IEA. En prensa.
19. La ausencia de datos para los últimos años de la década en el resto de los sectores justifica la consideración exclusiva del sector industrial. Para el conjunto de la economía andaluza se utilizó el procedimiento al que se hace referencia en este apartado en Delgado Cabeza, M. «Reflexiones sobre algunos obstáculos para aproximarnos a la realidad económica de Andalucía», en *Revista de Estudios Andaluces.* nº 3. 1984.

de producción para los distintos años, con base en 1984, se ha calculado en cada año el coeficiente de variación de los 25 índices, coeficiente que puede ser utilizado como medida de dispersión de los valores de los índices en torno al índice medio. Se ha tratado de medir, por tanto, el grado de polarización del crecimiento industrial.

Los resultados, que se recogen en la tabla 6, son indicativos de una evolución muy diferente en la dinámica sectorial de las dos áreas consideradas. En Andalucía, la dispersión crece muy deprisa y llega a tener un valor muy elevado en 1990 (101,0). Ha tenido lugar un crecimiento muy polarizado, acaparado por muy pocas actividades que crecen a un ritmo muy rápido, mientras el resto conoce una evolución mucho más lenta. En la economía española, el crecimiento está mejor distribuido entre todos los sectores, que evolucionan de una forma acompasada.

Tabla 6

Polarización del crecimiento industrial

Años	Andalucía	Media del Estado
1984	0	0
1985	41,1	10,6
1986	42,7	12,6
1987	45,2	15,1
1988	51,3	18,8
1989	95,7	19,7
1990	101,0	21,3

Como ya se había señalado en otro lugar[20], el crecimiento polarizado de la economía andaluza refleja la dinámica de la desestructuración que en ella se ha producido. Se trata de un crecimiento desigual, inducido y subordinado que, distanciando las dos partes claramente diferenciadas dentro de la estructura económica andaluza, bloquea las posibilidades de que pudiera desencadenarse aquí un proceso de acumulación controlado desde dentro. Se genera así un modelo de gestión de los recursos, acelerado en la última década, que, basado

20. Delgado Cabeza, M. «Condicionantes del futuro económico de Andalucía». *Revista de Estudios Regionales,* nº 28. 1990.

en una explotación intensiva los recursos naturales, hipoteca nuestro desarrollo y aleja progresivamente su propiedad y su control de nuestras manos, en una marcha en dirección contraria a nuestra propia autonomía.

Por eso, *dentro de este modelo, y mientras que no tengan lugar profundas transformaciones en la forma en que se produce y se distribuye la riqueza en Andalucía, el crecimiento reproduce y amplía las desfavorables condiciones de partida, acentuando los desequilibrios, incrementado las desigualdades, profundizando la polarización en el sistema productivo. El crecimiento, lejos de ser la solución, es, en gran medida, el problema.*

El contexto que nos envuelve

Las tendencias de la economía mundial, en la que la economía andaluza está cada vez más integrada desde hace más de un siglo, no parecen ir a favor de que puedan invertirse los rasgos que la caracterizan. Hay que tener en cuenta que la situación económica y social de Andalucía hoy es en gran medida el resultado precisamente de un proceso de integración desigual, del proceso de articulación de la economía andaluza en la economía mundial desde una posición de partida desfavorable.

La permanencia de los rasgos estructurales en nuestra economía, la persistencia de esos obstáculos que nos impiden salir de nuestra secular situación, nos va colocando en una posición cada vez menos propicia para desencadenar, desde dentro, el necesario proceso transformador de nuestra realidad económica. Se van perdiendo grados de libertad en favor de otros espacios económicos, en favor de unos centros cuya dinámica, en el proceso de expansión polarizada en el que se desenvuelve la economía mundial, va alejando para Andalucía las posibilidades de formar parte de su ámbito.

Una economía mundial en la que el modelo de crecimiento y acumulación que se está consolidando como respuesta a la crisis del fordismo[21], evidenciada desde finales de los 60, desemboca en un conjunto de cambios que, apoyados

21. Crisis ante la cual, como ha señalado G. Frank, «el Keynesianismo ya no podía ofrecer soluciones estratégicas prácticas, especialmente para el capital, que no quería aumentar la demanda, sino reducir los costos de producción». *El Desafío de la Crisis*. Iepala 1988. pág. 38. El deterioro de las condiciones de producción empieza ahora a jugar un papel fundamental en la interpretación de la crisis y en la reestructuración, como ha puesto de manifiesto en sus trabajos J. O'connor.

en las nuevas tecnologías, fueron impulsados en los centros más dinámicos del sistema con el fin de recuperar anteriores niveles de rentabilidad.

En esta reestructuración, la flexibilidad pasa a ser una característica fundamental, tanto en la organización como en la gestión de los procesos productivos, con el apoyo de la información y la rapidez para acceder a ella como núcleo tecnológico dominante. Espacio y tiempo, ya sistematizados en el fordismo, adquieren ahora una nueva dimensión. El primero se contempla a través de las restricciones temporales que la organización territorial impone, con dos consecuencias: la preferencia por el reagrupamiento de actividades y el papel creciente de las infraestructuras (redes y grandes nudos de comunicación). El tiempo, que antes era duración, es ahora velocidad sincronizada, asumiendo un especial protagonismo en la competencia; la hipermovilidad se convierte así en esencia del modelo de producción actual.

Estas condiciones facilitan la expansión global del nuevo modelo y, como ha señalado C. De Mattos, promueven «la mundialización de todas las formas del ciclo del capital (mercancía, dinero y productivo). Con estos procesos se afirma definitivamente el papel del capital multinacional como factor estratégico de esta fase de acumulación»[22].

En este contexto se acentúa la concentración y se consolida el predominio de grandes conglomerados económicos y financieros, que extienden sus ramificaciones a través de sectores y espacios en los que valorizar sus capitales. Estos grandes grupos controlan cuotas cada vez más importantes del mercado mundial y se constituyen en «los protagonistas principales de los procesos de generación, apropiación y distribución del excedente económico»[23]. Y es precisamente este creciente protagonismo el que pone en gran medida en manos de estos gigantes las riendas de la dinámica económica en los distintos territorios, modulando los ejes alrededor de los cuales se articula lo esencial de los procesos de crecimiento y acumulación, a los que terminan por imprimir su dirección.

Desde estos ejes se condiciona cada vez en mayor medida la actividad productiva de los espacios económicos, disminuyendo progresivamente la capacidad para desencadenar procesos de crecimiento fuera de los mismos, con la consiguiente pérdida de grados de libertad para definir una estrategia que se

---

22. De Mattos, C. «Modernización capitalista y reestructuración productiva y territorial en Chile, 1973-1990» *Estudios Territoriales*, nº 37, 1991.
23. De Mattos, C. «Reestructuración social, grupos económicos y desterritorialización del capital. El caso de los países del Cono Sur», en *Revolución Tecnológica y Reestructuración Productiva: Impactos y Desafíos Territoriales*. Ilpes, IEU, Grupo Editor Latinoamericano. 1990.

mueva en otra dirección. El efecto sobre ciudades y regiones es, como afirma M. Castells, «La pérdida de su autonomía frente a los actores económicos a nivel mundial, que controlan sus actividades en términos de una lógica global largamente ignorada y no controlada por las comunidades regionales o locales»[24]; en palabras de Déleage, «el abatimiento de la autonomía es la marca universal del capitalismo avanzado».[25]

En este contexto, la pequeña y mediana empresa se ve impulsada a «integrarse» en, o articularse con, los grupos económicos, de tal modo que una mayor conexión significa hoy un fortalecimiento, una mayor afirmación de la dependencia estructural del capital, a la que se hacía referencia en párrafos anteriores. Pero, por otro lado, reforzar la articulación exterior, es decir, procurar una mayor inserción competitiva en el sistema, aparece cada vez en mayor medida como la única opción para conseguir engancharse a los procesos de crecimiento y acumulación.

En el caso andaluz, son ya visibles los efectos que se están produciendo en este sentido; el empresariado autóctono más próspero se está viendo empujado, para poder asegurar la continuidad de su expansión, a diversificar sus inversiones, tanto sectorial como territorialmente, imbricándose, o dejándose absorber en redes y estructuras empresariales que desbordan ampliamente el ámbito andaluz. Se pierden así los límites de su adscripción territorial, a la vez que se diluye el papel del empresario individual aislado y la identificación con un proyecto de transformación económica y social de Andalucía.

Por otra parte, se ha producido en el sistema una modificación de las ventajas comparativas, a efectos de localización de actividades, reduciéndose el peso de las naturales y el de las relacionadas con las diferencias en el coste del trabajo. A pesar de lo cual, el acceso y el control de los recursos naturales y la materias primas -situadas en gran medida en la periferia- juega un papel principal. Sus bajos precios han sostenido en buena parte el crecimiento en la década de los 80.

Nuevas fuerzas centrípetas cobran así importancia creciente, entre las cuales destacan elementos del «clima» empresarial como la propia densidad económica del tejido urbano y regional, la proximidad a los centros de decisión, el papel de la organización, la cercanía del mercado y la demanda para poder responder a los rápidos cambios de preferencias, ingresos, etc, el dinamismo de la clase empresarial y su capacidad innovadora, las cualidades adaptativas del factor trabajo, y otros factores culturales e institucionales.

---

24. Castells, M. «Mudança tecnológica, reestructuraçao económica e nova divisao espacial do trabalho» en *Espaços & Debates*. nº 17. 1984.
25. Déleage, P. «¿Un capitalismo verdoso?» *Revista de Ecología Política*, nº 3, 1990.

Todos estos elementos estimulan tendencias que aún se ven reforzadas por la centralización de las que se han denominado funciones «comando», -servicios avanzados, investigación, generación de nuevos conocimientos y tecnología- en un mundo en el que la imagen del desarrollo se identifica con lo que Castells ha denominado *sociedades informacionales*[26] o con las llamadas ciudades globales,[27] desde las que se ejercen «funciones centrales de gestión, coordinación y control de un modelo de producción de base planetaria».[28]

En este modelo en configuración, los centros tienden a absorber partes crecientes de la actividad económica[29]. En este sentido, Eurostat ha publicado recientemente un documento en el que, utilizando como indicador el PIB por habitante, se pone de relieve cómo «las regiones más prósperas, (Hamburgo, Bremen, L'Ille, Londres) se alejan de la media», en el otro polo de la divergencia, dentro de lo que se ha denominado «el deslizamiento del desarrollo hacia la gran dorsal centroeuropea».[30]

En este terreno de juego de la Unión Europea, el de mayor incidencia en la configuración de la realidad económica y social de Andalucía, lo que se ha denominado, a partir de los acuerdos de Maastricht, convergencia, entendida en los términos planteados desde el Bundesbank, es decir, en términos estrictamente monetarios, equivale para las periferias europeas a políticas restrictivas contrarias a las actuaciones necesarias para resolver los problemas reales, que en gran medida tienen su origen en deficiencias en las estructuras productivas y que las sitúan de nuevo en posiciones de partida desventajosas para abordar el reto del mercado único. Los estudios al respecto muestran las desfavorables condiciones que conllevan las tendencias predominantes para restaurar las desigualdades existentes, en la búsqueda de lo que podría ser una auténtica convergencia.[31]

Más bien, los análisis avalan la afirmación de Hadjimichalis, en el sentido de que «la libre formación de un gran Mercado Unico reforzará las desigualdades sociales y espaciales y ambas trabajarán en favor de modos más refinados de explotación y control social». Incluso, como señala este autor, la disposición

---

26. Castells, M. *The Informational City*. Blackwell 1989.
27. Sassen, S. *The Global City*. Princenton 1991.
28. Fernández Durán, R. *La Explosión del Desorden*. Ed. Fundamentos. 1993. pág. 66.
29. Etxezarreta, M. «Globalización y regionalización. ¿La irrelevancia de las Periferias?» en *A Periferia Europea Ante o Novo Seculo*. Congreso Internacional. Santiago de Compostela, 1993.
30. *Eurostat*. «Statistiques Rapides» (Régions) 1994-1.
31. En relación con las perspectivas de las periferias europeas véase el trabajo de Curbelo, J. L. y Alburquerque, F. «Las periferias del sur ante la Unión Económica y Monetaria» *Revista de Estudios Regionales* nº 33, 1992.

en condiciones ventajosas de una periferia más próxima en la Europa del Este, puede llevar al capital europeo a retirarse de los «compromisos» tradicionales con los espacios periféricos del sur de Europa, de modo que «lo que caracterizará el desarrollo desigual en la Europa posMaastricht es una contradicción entre regiones cada vez más integradas y lugares que forman parte de redes internacionales/europeas y un gran número de regiones y áreas locales diferenciadas y desintegradas/fragmentadas, la mayor parte de las cuales se encuentran en el sur de Europa».[32]

En estrecha relación con lo anterior, hay que considerar el nuevo papel de los Estados y en general de la gestión pública en el modelo de acumulación que se está consolidando. El Sector Público ve reducida su intervención en el terreno directamente productivo, descartándose todo intervencionismo que signifique acotar el funcionamiento del mercado[33], al mismo tiempo que se fortalecen las funciones del Estado en orden a facilitar la consolidación de dicho modelo, entre las cuales destaca la instauración de formas más flexibles en las relaciones entre trabajo y capital. Los Estados se inclinan, como señala Curbelo, por «sacrificar parte de su legitimación en aras de la expansión de la acumulación, y para ello, mientras reducen sus políticas de bienestar social, cargan con gran parte de los costes de la reestructuración del aparato productivo»[34].

El protagonismo de los procesos de crecimiento y acumulación es asumido en exclusividad por el sector privado y las recetas neoclásicas inundan los planteamientos de la economía regional, desde la que ahora se encomienda al libre juego de las fuerzas del mercado la restauración de desequilibrios territoriales que en gran medida tienen en él su origen.

Un norte distinto

Como puede deducirse de lo anterior, dentro del marco que hoy condiciona nuestra realidad económica, no hay, pues, fundamentos para pensar que los vientos soplan a favor de invertir las tendencias y eliminar los obstáculos que

32. Hadjimichalis, C. «Las regiones periféricas de Europa en transición: una perspectiva desde el sur». *EURE* nº 59, 1994.
33. De Mattos, C. «La obstinada marginalidad de las políticas territoriales: el caso latinoamericano» *Revista de Estudios Regionales* nº 35. 1993.
34. Curbelo, J. L. «Economía política de la descentralización y planificación del desarrollo regional», en *Pensamiento Iberoamericano* nº 10. 1986.

prevalecen en la estructura económica de Andalucía. Más bien hoy las fuerzas económicas predominantes en el exterior tienden a reforzar los rasgos que estructuralmente vienen caracterizando a la economía andaluza. El reconocimiento de esta dinámica no debe ser incompatible con la urgencia de frenar el deterioro de la situación a corto plazo. Es importante por tanto, plantear una estrategia para la supervivencia buscando los resquicios que el sistema nos permite. Pero es igualmente necesario que se tenga conciencia de que, como resquicios que son, no dejan de ser algo residual y marginal, como residual, marginal y periférica será también nuestra situación.

En definitiva, nuestra experiencia histórica nos muestra que Andalucía no puede aspirar a un desarrollo a imagen y semejanza de otros y que el crecimiento económico *per se* no nos aproxima a ese paradigma, que para la periferia se ha convertido en un mito, del desarrollo de los desarrollados. Es necesario otro norte, en sintonía con una nueva visión de lo económico, que permita explicar y abordar los problemas que nuestra sociedad tiene planteados. Pero para ello, la economía debe superar una triple separación.

Por una parte la que la presenta como algo «objetivo» y por lo tanto desligado de toda proposición ética explícita.[35] A pesar de que parece fácilmente aceptable que, la manera de entender el bienestar, el establecimiento de patrones de medida, el propio papel de lo cuantitativo, la valoración del crecimiento, las formas de evaluar costes y beneficios, y otros componentes del análisis económico, se apoyan claramente en la aceptación de un conjunto de valoraciones, y en definitiva de proposiciones éticas.

La ciencia económica convencional, tal como hoy se entiende, alcanza su culminación al aparecer emancipada de ligaduras de juicio moral[36]. De modo que la confianza en un modelo de desarrollo que encarna al progreso, resulta ser fiabilidad en «un conocimiento puramente intelectual, matemático, «científico», liberado de restricciones morales y contextos éticos»[37].

En realidad, como ha subrayado Galbrait bajo un título suficientemente expresivo, -«La economía como sistema de creencias»- la ética ha sido suplantada por el papel «benéfico» del mercado, a pesar de que éste hoy sea tan distinto en su funcionamiento al que conocieron los padres del pensamiento económico convencional.

---

35. A. Sen plantea, en *Sobre ética y economía,* (Alianza 1989), el distanciamiento entre estos dos ámbitos, acentuado especialmente en el análisis económico moderno.
36. Boulding desarrolla una crítica a esa pretensión en «La economía como una ciencia moral», en *Crítica a la Ciencia Económica*, Boulding y otros. Ed. Periferia 1972. También puede verse el libro de Heilbroner, R. L. *Behind the veil of economics.* W. W. Norton & Company 1988. Cole, K. y otros, *¿Porqué discrepan los economistas?* Iepala 1990.
37. Sbert, J. M. «Progress» en T*he Development Dictionary* W. Sachs ed. 1992, pág. 200.

La obra de Mandeville *La fábula de las abejas*[38], precursora de la ciencia económica, apunta ya en su subtítulo -«Los vicios privados hacen la prosperidad pública»- el axioma llamado a presidir la concepción de lo económico. El interés individual se convierte en el motor de la actividad humana, de tal modo que, como señala Naredo, «la antigua moral que entorpecía el deseo de ganancias ilimitadas, dio paso a la nueva ciencia que las justifica como el camino idóneo para acceder al bien común»[39].

La «mano invisible», capaz de asegurar en la teoría que la libre interacción de los intereses individuales, el egoísmo individual, produciría los resultados más beneficiosos para el conjunto, da paso en la práctica al predominio de grandes intereses asociados a manos bien visibles que alimentan una dinámica económica generadora de desigualdades, de procesos de desestructuración, marginación y exclusión económica y social crecientes. En medio de este panorama, se hace cada vez más necesaria una ética en la que los criterios de valoración hagan prevalecer en la gestión de los recursos la racionalidad social y el interés por los valores vitales frente al predominio de intereses pecuniarios, particulares, estrechos e insolidarios, presentados en no pocas ocasiones bajo la apariencia de intereses «colectivos», cuando no «universales».

Por otra parte, se ha ido produciendo una separación entre lo económico y el tejido social en el que se integra, hasta hacer de aquel un dominio autónomo. De modo que en los análisis al uso se plantean un conjunto de relaciones entre cosas que velan el trasfondo: una urdimbre social desde la que se explica un acontecer económico que a su vez la condiciona.

Desde esta perspectiva, se asocia el progreso con el simple crecimiento, sin cuestionarse sus efectos en el cuerpo social y en el propio tejido productivo que se trata de analizar, marginándose así cuestiones tan fundamentales como las formas de apropiación y gestión de los recursos y su eficacia y sostenibilidad desde el punto de vista social y de sus relaciones con el «medio ambiente», o las implicaciones del ámbito económico en lo cultural, y sus interdependencias, tan importantes incluso para poder entender el funcionamiento de la propia economía.

La tercera de las separaciones a las que me refería se relaciona con uno de los aspectos que se acaba de mencionar. Es la que ha tenido lugar entre lo económico y su medio físico. Este distanciamiento ha dado lugar a una economía inmersa en un sistema cerrado en el que se desplaza el interés desde

---

38. Mandeville, B. *La fábula de las abejas*. Primera edición en inglés en 1729. Edición en español en Fondo de Cultura 1982. Citado por Naredo, J. M. en *La economía en evolución*. S. XXI 1987.

39. Naredo, J. M. L*a economía en evolución*. Op. cit. pág. 60.

los valores de uso a los valores monetarios, imponiéndose una racionalidad en la que éstos dominan los procesos sociales en detrimento de otros criterios de valoración.

El estilo de desarrollo[40] *que se impone* desde esta visión ha conducido a un modelo de gestión de los recursos naturales hasta tal punto insostenible que hoy la situación, como señala A. Peccei «exige una nueva concepción de nosotros mismos, así como una visión de nuestra economía tan nueva y revolucionaria como lo ha sido la cosmología de Einstein en relación a las concepciones newtonianas»[41].

En Andalucía, sólo desde una visión integradora que supere estas separaciones podremos preparar los caminos para eliminar los obstáculos que nos llevan a vivir en una tierra en la que la gestión de sus abundantes recursos los aleja progresivamente del que debiera ser su objetivo prioritario: mantener y enriquecer la vida de sus habitantes.

40. El concepto de estilo de desarrollo puede definirse como la manera en que se organizan y asignan los recursos humanos y materiales con objeto de resolver los interrogantes sobre qué, cómo y para quiéne se producen los bienes y servicios. Véase Sunkel, O y Gligo, N. *Estilos de Desarrollo y Medio Ambiente en América Latina.* FCE 1980.

41. Peccei, A. Prefacio de *Dialogue sur la richese et le bienêtre.* Económica 1980.

ALGUNAS CONSIDERACIONES SOBRE LA POLITICA ECONOMICA DE LA JUNTA DE ANDALUCIA

*Francisco José Ferraro García**

EL OBJETIVO de las siguientes páginas es exponer la política económica de la Junta de Andalucía en la legislatura 1990-1994. Para su mejor comprensión este análisis se ha precedido de una sucinta descripción de las iniciativas político económicas más relevantes desde el período preautonómico, al objeto de apuntar las líneas de continuidad y los cambios de enfoque en la historia reciente de la autonomía andaluza. El trabajo concluye con las perspectivas y posibilidades de actuación en el futuro cercano de la Junta de Andalucía en materia de política económica.

Lo que sigue debe entenderse como una primera aproximación al análisis de la política económica autonómica sobre la base de las grandes líneas programáticas y los presupuestos de inversiones más relevantes. Una profundización más rigurosa en este objeto de estudio exigiría un análisis detallado de la ejecución presupuestaria y una evaluación de la eficacia de los instrumentos aplicados en la transformación de la economía real. También sería conveniente analizar la política regional del gobierno central y de las instituciones comunitarias con repercusión en Andalucía, pero dichos cometidos exceden las pretensiones del presente trabajo.

* Universidad de Sevilla.

Francisco José Ferraro García

El ámbito de actuación de los gobiernos regionales en España

Desde la consolidación del Estado de las Autonomías, los gobiernos regionales tienen amplias posibilidades para definir y aplicar una política de desarrollo cuyo margen de actuación viene determinado por las competencias que le han sido transferidas como desarrollo de sus respectivos estatutos de autonomía. Las posibilidades, por tanto, de ejecutar una política económica autónoma están restringidas por las competencias reservadas al gobierno de la nación que, a su vez, están cada vez más limitadas por la pertenencia de España a la Unión Europea y por la asunción de otros compromisos internacionales.

Las reservas competenciales del Estado en política económica (Serrano, 1993) afectan a las actuaciones que tienen como objetivo garantizar la unidad e identidad del país (moneda, hacienda general, relaciones con otras economías, regulación mercantil, laboral y Seguridad Social), las que definen las principales líneas de la política económica (políticas monetaria, fiscal en sus aspectos principales, regulación del sector exterior, tipo de cambio y regulación de aspectos básicos de ciertas actividades o sectores) y la regulación de actividades o sectores en los que existen importantes externalidades entre diversas comunidades autónomas (transportes, infraestructuras, energía, investigación...).

Esta enumeración puede hacer pensar que el margen de actuación de la política económica de los gobiernos regionales en España es extraordinariamente limitado. Sin embargo, un examen detallado[1] de las competencias de las comunidades autónomas nos pone de manifiesto que el campo de actuación de los gobiernos regionales es muy amplio en la política de fomento económico, en infraestructuras o en la creación de un sector público regional. Ciertamente, las posibilidades de actuación de políticas de demanda a corto plazo son muy restringidas, pero los gobiernos regionales pueden aplicar políticas de oferta a medio y largo plazo limitadas sólo por los recursos financieros disponibles. Es por ello por lo que la política de oferta constituye el marco «natural» de actuación de los gobiernos regionales en España.

1. En la clasificación que realiza Serrano (1993) sobre las competencias de las comunidades autónomas según sus estatutos, la Junta de Andalucía tiene competencias legislativas en agricultura y ganadería, energía y minas, industria, sistema financiero, turismo, comercio interior, ordenación del territorio, urbanismo, vivienda, obras públicas, infraestructura de transporte, ordenación del transporte en infraestructura propia, sector público autonómico, empresas y organización de los intereses económicos y adicionalmente competencias ejecutivas en otras materias.

La política económica de la Junta de Andalucía hasta 1990

La atención prioritaria de la Junta de Andalucía desde el comienzo del proceso autonómico ha sido la aplicación de las competencias transferidas. La sanidad y la educación han concentrado el grueso del gasto público, tanto por ser el contenido fundamental de la transferencia de competencias, como porque se partía de un déficit considerable en relación con los países europeos donde el Estado del Bienestar se viene construyendo sólidamente desde hace más de cuatro décadas. Junto a ellas, la mejora de otros servicios sociales y equipamientos colectivos y la intensificación de la inversión en infraestructuras en la segunda mitad de la década de los ochenta han constituido el grueso definidor de la política económica de la Junta de Andalucía en la década pasada.

La política económica dirigida a transformar el sistema productivo ha sido, por el contrario, más incierta y menos intensa en inversión en los primeros años de la institucionalización de la autonomía andaluza, como podrá comprobarse en las siguientes páginas. También podrá observarse que se han producido cambios de énfasis significativos en las prioridades sectoriales (agricultura, turismo e industria), sobre el carácter endógeno o extravertido del desarrollo (desde la experiencia del IPIA a la intensificación de los incentivos para captar inversiones externas o el estímulo a los empresarios andaluces a invertir en el exterior) y sobre el protagonismo del sector público en la actividad económica (inversión pública directa o fomento de la iniciativa privada).

En los doce años de autonomía y los cuatro de gobierno preautonómico se han producido suficientes iniciativas para constatar esos diversos enfoques y énfasis de la política económica de la Junta de Andalucía.

Recién constituido el primer gobierno preautonómico en 1980 se elaboró el Plan de Urgencia para Andalucía (PUA) (Junta de Andalucía, 1980). Dadas las escasas competencias del gobierno preautonómico, el PUA constituye más una declaración de principios y de grandes objetivos que un programa de actuación con instrumentos concretos. Parte de un diagnóstico sobre la economía andaluza en el que, de forma somera y tópica a veces, describe los problemas tradicionales de Andalucía acentuando su gravedad. Los objetivos fijados por el Plan se centraban en la disminución de la tasa de desempleo mediante la creación de 300.000 puestos de trabajo, el ajuste de la inflación a la media nacional y el aumento del PIB, que partía de un crecimiento cercano al cero.

El PUA definía 4 sectores estratégicos en torno a los cuales debía diseñarse la política económica regional: la agricultura, la industria agroalimentaria, los equipamientos colectivos y sociales (transportes, sanidad, educación...) y las obras públicas. Este enfoque estratégico sectorial informaría la política económica de la Junta de Andalucía durante una década.

La elaboración y ejecución del PUA estaban presididas por el criterio de la planificación concertada, en un estilo de hacer política económica que sería una constante en los sucesivos gobiernos andaluces. Esta concertación era doble; por una parte interna, con la Confederación de Empresarios de Andalucía, corporaciones locales y sindicatos; y por otra, con el gobierno central, exigida en este caso por las limitaciones financieras de la administración preautonómica. Las inversiones previstas se realizaron sólo parcialmente (Vallés, 1981).

Otra iniciativa político económica, aún en la etapa preautonómica, que merece destacarse es la creación en 1981 del Instituto de Promoción Industrial de Andalucía (IPIA), organismo autónomo que tenía por objetivo el impulso de nuevas industrias. Para ello, en su primera etapa, sus actuaciones se concentraron en promover la inversión extranjera en Andalucía y facilitar información de interés empresarial. Más adelante, en marzo de 1983, se produciría un cambio radical de orientación hacia un enfoque de promoción de los recursos endógenos. Su actividad se desarrolló fundamentalmente mediante planes de actuación sobre espacios o sectores concretos (Casado y Conde, 1987)[2] a los que se ha destinado un apoyo público considerable a lo largo de una década.

La opción planificadora de la Junta de Andalucía quedaría recogida incluso en el Estatuto de Autonomía Andaluz, que establece en su artículo 18 las competencias de fomento y planificación de la actividad económica, y en su artículo 30 que atribuye al Parlamento la facultad de aprobar los presupuestos y planes económicos. El primer presidente autonómico realzaría el «papel destacado de la planificación entre los instrumentos de la política económica» (Escuredo, 1983).

«La situación económica de Andalucía al finalizar 1982 es comúnmente calificada, sin exageración, como sumamente grave». Así comenzaba la exposición de motivos de la Ley 4/1982 que aprobaba el Plan Extraordinario de Inversiones (PEI) para 1983 del primer gobierno autonómico. Los problemas estructurales de la economía andaluza, agravados por la crisis industrial, exigían del sector público «un papel beligerante», aplicando una política económica que persiguiese como «objetivos básicos, la creación de empleos, la transformación de las estructuras productivas, una mejor articulación

2. Entre los planes de actuación pueden señalarse el de la reordenación de la industria de marroquinería de Ubrique, sector corchero, industria del mármol de Macael, artesanía y turismo en Grazalema, cerámica de Bailén, etc.

territorial, el aprovechamiento de los importantes recursos no utilizados en Andalucía y el aumento de su bienestar social». El gobierno andaluz tenía asumido el compromiso de elaborar un plan económico 1983-86, pero dadas «la gravedad de los problemas... y las expectativas de la población andaluza», se estimó la necesidad de intervención pública con carácter urgente y extraordinario.

Los criterios de actuación fueron «la preferencia por las inversiones públicas en infraestructura técnica y en equipamiento de bienestar social y la conveniencia de actuar en las comarcas más deprimidas de Andalucía», a los que habría que sumar «la aportación de recursos, tanto para el mantenimiento del patrimonio industrial, como para la promoción de nuevas industrias».

El presupuesto del PEI se financió con cargo al endeudamiento, y ascendió a 10.500 millones de pesetas, de los que 1.650 correspondían a inversiones en empresas privadas y los restantes 8.850 en inversiones públicas según la distribución que se recoge en el cuadro 1. Podrá observarse que, en comparación con planes sucesivos, el PEI tiene una orientación más equilibrada de las inversiones, destacando la mayor atención al sistema productivo y, en concreto, a las actividades industriales.

Cuadro 1

Plan Extraordinario de Inversiones

Consejerías	millones pts	%
Economía, Industria y Energía	1.215	11,6
Pol. Territorial e Infraestructura	3.000	28,6
Agricultura y Pesca	1.445	13,7
Turismo, Comercio y Transportes	515	4,9
Trabajo y Seguridad Social	165	1,6
Salud y Consumo	575	5,5
Educación	1.500	14,3
Cultura	325	3,1
Varias Consejerías	110	1,0
Total inversiones públicas	8.850	84,3
Inversiones privadas	1.650	15,7
Total	10.500	100,0

FUENTE: BOJA n.4/1983

En el marco del Plan Extraordinario de Inversiones de 1983, se creó la Sociedad para la Promoción Económica de Andalucía (SOPREA), como instrumento ejecutor de la política económica de la Junta de Andalucía y germen de la empresa pública regional. Su campo de actuación fue la promoción y la reconversión a través de la participación en el capital de empresas privadas y la concesión de préstamos y avales.

También en el año 1983, se transfirió a la Junta de Andalucía las competencias sobre la gestión y tramitación de los expedientes del Gran Area de Expansión Industrial de Andalucía (GAEIA), instrumento de acción regional surgido en 1976 en el marco del III Plan de Desarrollo Económico y Social que vino a sustituir a los Polos de Desarrollo. Merece señalarse que las competencias de este instrumento se asignaron a la Consejería de Política Territorial, lo que viene a manifestar el predominio del enfoque territorial sobre el de fomento económico.

Con los antecedentes político económicos referidos, el primer gobierno autonómico elaboró con mayor grado de formalización y, sobre todo, con mayores competencias asumidas o en proceso de transferencia, el Plan Económico para Andalucía 1984-1986. El Plan establecía unos objetivos finales que, con algunos matices, fueron también los de los sucesivos planes: la reducción del paro y la elevación de la tasa de actividad, el desarrollo más equilibrado de los diferentes sectores productivos y una distribución más justa de la renta y la riqueza en Andalucía. Pero más significativo que los objetivos genéricos son algunas de las referencias estratégicas, tales como encaminar la política sectorial «a conseguir un mayor desarrollo en los sectores en los que Andalucía tiene claras ventajas comparativas, como son el subsector agrario, las industrias de transformación agraria, el turismo y la pesca», o la que se refiere al «aprovechamiento del potencial endógeno y la realización de una política sectorial apoyada en las actividades con mayor posibilidad de polarización intersectorial» (PEA 1984-86, pág. 90). Llama la atención un cierto ensimismamiento sobre la realidad andaluza del PEA, con escasas referencias a un contexto exterior sometido a profundos cambios, algunos de la importancia para España y Andalucía del proceso de integración en la Comunidad Económica Europea, pero, tanto en su concepción formal como en su proceso de elaboración, el PEA constituye un ejercicio de planificación riguroso en el que se plantea por primera vez un proyecto coherente de política económica para Andalucía.

En el cuadro 2 pueden apreciarse algunas concreciones presupuestaria de los enfoques aludidos.

Cuadro 2

Inversiones públicas (Central y Autonómica) en Andalucía en el período 1984-86

Sectores	millones pts.	%
Vivienda	52.668,9	11,4
Urbanismo y equipamientos colectivos	4.234,9	0,9
Sanidad	21.122,2	4,5
Asistencia social	11.155,5	2,4
Educación y F. P.	51.528,4	11,1
Servicios culturales y medios com.	12.687,3	2,7
Medio Ambiente	22.121,7	4,8
Transporte y Comunicaciones	82.165,6	17,7
Recursos Hidráulicos	84.567,7	18,2
Agricultura, Ind. Trans. y Pesca	37.799,6	8,2
Energía y Minas	6.690,8	1,4
Turismo	3.705,2	0,8
Comercio	2.517,3	0,5
Industria	1.723,4	0,4
Protección y Fomento del Empleo	4.975,7	1,1
Inversiones y ayudas financieras	16.596,3	3,6
Estudios, investigación y tecnología	5.926,8	1,3
Edificios Administrativos	3.511,8	0,7
Seguridad, justicia y defensa	20.550,7	4,5
Apoyo CCLL y actuac. medio rural	13.708,5	3,0
Restantes actividades	3.618,4	0,8
TOTAL	463.577,0	100,0

FUENTE: Consejería de Economía, Planificación, Industria y Energía (1985).

Como puede comprobarse, la atención prioritaria de las inversiones se dirige a las infraestructuras, servicios públicos y equipamientos colectivos. En las actividades productivas predomina un enfoque agrarista, que tiene su concreción en una previsión de inversiones para este sector del 8,2 % del total, mientras que el conjunto de actividades de energía y minas, industria (excepto agroalimentaria), comercio y turismo, sólo significan el 3,1% de las inversiones públicas previstas en el período 1984-86[3].

Una iniciativa político económica que guarda coherencia con los presupuestos y la estrategia de desarrollo diseñada, y que tendría gran trascendencia política en los años sucesivos es la Ley de Reforma Agraria, aprobada por el Parlamento andaluz el 3 de julio de 1984 y declarada constitucional el 26 de marzo de 1987[4]. Su filosofía última, según su exposición de motivos, es «ser un medio para remover los obstáculos de carácter estructural que se oponen al adecuado desarrollo del potencial de la agricultura andaluza» (IARA, 1984). Filosofía productivista de la agricultura en unos momentos en los que en la Comunidad Económica Europea se comenzaba a plantear la reforma de la Política Agraria Común en un sentido radicalmente opuesto al aquí pretendido.

Con la experiencia planificadora anterior, pero sin el rigor y coherencia del PEA, el gobierno andaluz elaboró el Programa Andaluz de Desarrollo Económico 1987-1990, que mantuvo las líneas estratégicas del anterior plan, aunque enfatizó el desarrollo endógeno porque «ha finalizado una etapa en que las empresas tenían una gran movilidad, ligada, normalmente, a inversiones de expansión», por lo que se trata de «dar una importancia creciente a estrategias de desarrollo regional basada en los recursos propios de la región; es decir, en la mejor utilización del potencial endógeno» (PADE 1987-90, pág. 105). En esta línea es significativa la referencia a la debilidad del sistema empresarial andaluz y a la necesidad de incentivar al empresariado autónomo.

Aunque se señala que «tiene escaso sentido hablar de prioridades sectoriales», se apunta que las actividades que tienen mayor potencial «son las relacionadas con el complejo agroindustrial, el turismo y ciertas industrias

3. Un examen más detallado de las inversiones del Plan Económico para Andalucía 1984-86, como el realizado por Benítez y Ruíz (1986), en el que se tienen en consideración otras inversiones que inciden directamente en el sector agrario como las infraestructuras hidráulicas de regadío, pone de manifiesto que al sector agrario se presupuestan 136.109 millones de pesetas para el período considerado frente a los 16.350 millones del sector industrial.
4. Frente al carácter generalista de la mayoría de los estatutos de autonomía de las comunidades autónomas, el de Andalucía recoge explícitamente en su artículo 12.3 entre sus objetivos básicos «la reforma agraria entendida como la transformación y desarrollo de las estructuras agrarias y como instrumento de una política de crecimiento, pleno empleo y corrección de los desequilibrios territoriales».

cuyo desarrollo se viene apuntando en los últimos años» (PADE 1987-90, pág. 107), para caracterizar después como «industrias emergentes (...) actividades tales como la energía solar, acuicultura, cultivos intensivos, etc., que junto a la microelectrónica y las tecnologías de la información (...) forman una «familia de industrias» que interesa desarrollar e integrar en nuestra Comunidad Autónoma» (PADE 1987-90, pág. 108).

De lo anterior se deduce un enfoque estratégico de desarrollo endógeno que bebe en las fuentes de las propuestas de política regional de la CEE de final de los años setenta. Sin embargo, la realidad discurriría por caminos bastante distantes a esta filosofía que se enfatiza en el PADE 1987-90: la fase de crecimiento intenso de la economía internacional y andaluza y la integración de España en la CEE inducirían en la práctica a un cambio en el modelo de desarrollo, en el que el enfoque exógeno, concretado en las inversiones extranjeras y en las transferencias de las administraciones públicas, arrinconaría la filosofía endogenista propugnada por el plan (Márquez, 1994).

El PADE tiene como novedad técnica respecto al anterior PEA el que cuantifica cada uno de los 183 programas con los que se instrumenta el Plan. En el desglose del presupuesto de inversiones que se recoge en el cuadro 3 puede apreciarse que se mantienen las líneas básicas del anterior presupuesto: atención prioritaria a Sanidad, Educación, Servicios Colectivos e Infraestructuras, con un mayor crecimiento de los servicios sociales y una pérdida de peso relativo de las infraestructuras y comunicaciones, aunque en la ejecución el gasto real se concentraría muy especialmente en infraestructuras y comunicaciones.

El fomento de las actividades productivas crece en importancia, aunque se concentran básicamente en el sector agrario y pesquero al objeto de desarrollar los contenidos de la Reforma Agraria. Las restantes actividades productivas siguen ocupando un porcentaje reducido de la inversión, aunque crezca significativamente la destinada a la Industria, mientras que las actuaciones de fomento del empleo (tras las que se encuentran básicamente actividades asistenciales) van adquiriendo mayor protagonismo. La prioridad de las actividades agroindustriales fue ya cuestionada (Aurioles, 1989) en el período de vigencia del Plan por diversas motivaciones: riesgo de especializarse a largo plazo en actividades con baja elasticidad de demanda, tendencia decreciente de estos productos en el comercio internacional, presión sobre los recursos naturales de la producción agraria, competencia futura de países menos desarrollados y excedentes en la Comunidad Europea de algunas de las principales partidas exportadoras (aceites y vinos principalmente).

Cuadro 3

Recursos financieros del PADE 1987-90

Areas	millones pts.	%
Fomento del empleo	34.206	5,1
Apoyo a la actividad empresarial	15.081	2,3
Adecuación y desarrollo tecnológico	4.202	0,6
Coordinación y apoyo a las CC.LL.	2.075	0,3
Sector agrario y pesquero	98.597	14,8
Industria	18.356	2,8
Turismo	10.734	1,6
Comercio	5.252	0,8
Transporte y Comunicaciones	6.025	0,9
Infraestructuras	140.571	21,1
Equipamientos colectivos (Educación, Sanidad y Vivienda)	180.211	27,1
Servicios Sociales	97.002	14,6
Análisis y Planificación Territorial	1.708	0,3
Protección del Medio Ambiente	10.936	1,6
Cultura	41.191	6,1
TOTAL	666.147	100,0

FUENTE: Consejería de Economía y Fomento (1987)

En el año 1987 el gobierno autonómico creó el Instituto de Fomento de Andalucía (IFA) asumiendo las funciones en materia de promoción y fomento económico hasta entonces asignadas al IPIA y SOPREA. El IFA se crea como un ente público sometido a derecho privado con el fin de hacer más eficaz su funcionamiento. Se convierte así en uno de los principales brazos ejecutores de la política económica de la Junta de Andalucía, contando para ello con un presupuesto creciente, que ha soportado una amplia gama de instrumentos de intervención directa y de apoyo a las empresas, entre los que destacan los de carácter financiero.

En el período de vigencia del PADE 87-90 se elaboró el preceptivo Plan de Desarrollo Regional para acceder a los fondos estructurales correspondientes al Marco Comunitario de Apoyo 1989-93. En el diagnóstico que se elabora a tal fin siguen apareciendo los problemas seculares que ya habían sido detectados en planes anteriores, aunque aparece fuertemente recalcado que «la insuficiente presencia de actividades industriales (...) es fiel reflejo del bajo nivel de desarrollo de Andalucía» (Ministerio de Economía y Hacienda, 1989, pág. 177). En la estrategia de desarrollo propuesta también se mantienen las líneas de planes anteriores, aunque llama la atención la rotundidad con la que se establece que la «resolución de las graves carencias de infraestructura que impiden la puesta en valor de los recursos y estrangulan procesos dinámicos en estado de alta potencialidad no realizada» (Ministerio de Economía y Hacienda, 1989, pág. 178), lo que es coherente con la importante dotación de fondos estructurales destinados a la integración y articulación territorial, como puede verse en el cuadro 4 y, en particular, a las autopistas, autovías y carreteras. En dicho cuadro también puede observarse que las actividades económicas no agrarias reciben por primera vez en un plan de inversiones mayor atención que las actividades primarias.

Cuadro 4

Marco de Apoyo Comunitario Regional de Andalucía 1989-93

Ejes de Desarrollo	millones pts	%
Integración y Articulación territorial	74.491,6	41,2
Industria, Artesanía y Servicios a empresas	27.222,6	15,0
Turismo	10.486,9	5,8
Agricultura y Desarrollo Rural	15.194,4	8,4
Infraestructura Apoyo a actividad económica	44.879,8	24,8
Valorización de recursos humanos	7.563,6	4,2
Asistencia técnica, seguimiento e información	1.004,0	0,6
Totales	180.842,9	100,0

FUENTE: Consejería de Economía y Hacienda (1994 c)

La política económica de la legislatura 1990-94

Con la experiencia de los planes anteriores y teniendo en consideración las transformaciones en el contexto económico, el gobierno surgido de las elecciones de junio de 1990 se planteó un proyecto de política económica que introduciría algunas innovaciones de enfoque, aunque continuaría con líneas estratégicas de períodos anteriores. En los años precedentes se había avanzado significativamente en la dotación de servicios esenciales, y las inversiones previas a 1992 en infraestructuras de transporte estaban completamente definidas y próximas a su realización. En otro orden de cosas, el Tratado de la Unión intensificaba la liberalización del mercado europeo en el que había que situarse de forma competitiva para evitar la desaparición del tejido productivo más sometido a la competencia.

En este marco de referencia fue elaborándose una política económica cuyas líneas fundamentales serían:

1. El énfasis en la modernización del sistema productivo como única opción posible para situarse competitivamente en un escenario económico internacional crecientemente liberalizado.
2. La superación de los enfoques agraristas predominantes en buena parte de la filosofía que informó a la política económica en períodos precedentes, y el énfasis en la potenciación y diversificación del sector industrial, tanto por su debilidad de partida, como por su capacidad modernizadora, de arrastre y articulación del conjunto del sistema productivo.
3. La necesidad de estimular el protagonismo de la iniciativa privada desde el sector público.
4. La complementariedad entre la inversión exterior y las iniciativas endógenas.
5. La concertación con los agentes sociales y económicos para compartir el diseño y realización de las reformas estructurales del sistema productivo y como estilo de gobierno.
6. La necesidad de captar financiación exterior para complementar la limitada capacidad de ahorro e inversión propia (tanto pública como privada).
7. La profundización en el Estado del Bienestar, tanto en la provisión de servicios públicos, como equipamientos colectivos y mejora de la distribución de la riqueza.

8. La atención intensificada al medio ambiente, compatibilizando el desarrollo económico con el equilibrio ecológico.

El plan Andaluz de Desarrollo Económico 1991-94

Como expresión formalizada del proyecto de política económica se elaboró el Plan Andaluz de Desarrollo Económico (PADE) 1991-1994, cuya meta final es la consecución de un crecimiento sostenible y equilibrado y la mejora de la calidad de vida y de la distribución de la riqueza, y en el que pueden distinguirse cuatro subconjuntos de objetivos, estrechamente interrelacionados:

1. Un primer núcleo está configurado por los objetivos vinculados a una mayor conexión y cohesión interna de la región, para lo que es preciso una ampliación y mejora de las infraestructuras de todo tipo.
2. El segundo grupo está constituido por los objetivos cuya finalidad más inmediata es la de revalorizar los factores de producción y fomentar la actividad productiva, situando en primer lugar la articulación del tejido productivo.
3. El tercer núcleo de objetivos se relaciona directamente con la preservación del medio ambiente y la equidad territorial.
4. El último núcleo de objetivos tiene un marcado carácter social y cultural, y se relaciona muy directamente con algunos de los aspectos configuradores de la calidad de vida de la población.

Para conseguir estos objetivos el PADE establece las estrategias sectoriales (agricultura, pesca, industria, comercio, turismo y sector financiero), de factores (recursos naturales, humanos, I+D y tejido empresarial), de política territorial y social. En cada caso se definen los instrumentos pertinentes y el plan de actuaciones públicas. La política económica regional, por tanto, se orienta básicamente hacia la mejora de las infraestructuras, la dotación de los factores productivos y la promoción de las potencialidades que posibiliten el desarrollo de la región, así como hacia la ordenación y fomento de las actividades.

En el cuadro 5 pueden apreciarse algunos cambios tendenciales en relación a la distribución sectorial de las inversiones en planes anteriores. Merece ser destacada la pérdida de peso relativo de las infraestructuras y de los equipamientos sociales y servicios públicos frente a planes anteriores, mientras que crecen en importancia el fomento y las infraestructuras de las actividades productivas. Entre éstas se produce un cambio de tendencia con un crecimiento notable de las actividades industriales y, en menor medida, turísticas, en detrimento de las inversiones en el complejo agroalimentario. Es también notorio el énfasis creciente en medio ambiente y en empleo y capacitación profesional.

Cuadro 5
Inversiones contempladas en el PADE 1991-94

Denominación	millones pts	%
Agricultura y Pesca	27.048,1	2,6
Industria, Comercio y Turismo	77.896,4	7,4
Vivienda y Urbanismo	125.148,4	11,9
Medio Ambiente	37.465,9	3,6
Empleo y capacitación profesional	63.758,8	6,1
Cultura y Deportes	32.318,3	3,1
Protección y Servicios Sociales	7.530,2	0,7
Transportes y Comunicaciones	226.381,8	21,6
Infraestructuras Hidráulicas	81.151,5	7,7
Infraestructuras Energéticas	10.590,3	1,1
Infraestructuras Agrarias	84.224,2	8,0
Infraestructuras Turísticas	15.652,7	1,5
I+D y Estudios	40.392,0	3,9
Sanidad	55.194,7	5,2
Educación	125.702,4	12,0
Servicios Sociales	14.582,7	1,4
Corporaciones Locales	25.237,1	2,4
Total	1.050.275,5	100,0

FUENTE: Consejería de Economía y Hacienda (1991)

Un ejercicio de planificación de la envergadura del PADE es cuestionado por aquellos que entienden que en un sistema económico crecientemente desregulado la planificación es un instrumento trasnochado con reminiscencia de otros sistemas económicos sepultados por la historia. Sin embargo, en una región como Andalucía, con una débil capacidad de iniciativa privada, y donde se espera del sector público mucho más que la provisión de los servicios públicos fundamentales, la planificación se hace imprescindible aunque sólo sea como reflexión y como instrumento que dota de coherencia a las acciones de la administración pública regional.

Pero además, una planificación indicativa como la pretendida, no condiciona a la actividad económica, pero sí puede despejar incertidumbres a los agentes económicos, y a los ciudadanos en general, sobre las orientaciones y prioridades del gobierno.

Tal vez, el mérito más efectivo del PADE 91-94 lo constituya el haber marcado una senda financiera para cada política e instrumento. La programación económica para los cuatro años de vigencia del plan se elaboró sobre la base de un esquema de 63 subprogramas sobre los que se establecieron como criterios asignadores la sinergia entre ellos y la contribución a los objetivos programáticos. En función de estos criterios se pudieron jerarquizar objetivamente los subprogramas y las acciones previstas, así como asignar recursos financieros rompiendo la tendencia incrementalista en la confección de los presupuestos; aunque, como se reconoce en el propio texto del PADE, «la inercia de actuaciones pasadas o en curso y la misma realidad orgánica de la administración autonómica imponen importantes restricciones a la aplicación consecuente de estos principios» (Consejería de Economía y Hacienda, 1991, pág. 255).

En los años de vigencia del PADE 91-94, el escenario financiero en él contemplado ha ejercido realmente un papel disciplinador, aunque se hayan producido ligeras desviaciones -normalmente al alza- en algunas de las actuaciones previstas.

La concertación

Si la planificación es una de las señas de identidad de la forma de hacer política económica de la Junta de Andalucía, la otra la constituye la concertación y el consenso, remarcado por el Presidente Chaves desde el discurso de investidura.

La experiencia concertadora de la Junta de Andalucía con los sindicatos Comisiones Obreras (CC.OO.) y Unión General de Trabajadores (UGT), y con la Confederación de Empresarios de Andalucía (CEA) son permanentes desde el inicio de la institución autonómica, pero posiblemente en estos cuatro años se han intensificado notablemente. Han existido acuerdos bipartitos, tanto con los sindicatos mayoritarios como con la CEA, para el desarrollo de la formación profesional. Adicionalmente, con la organización empresarial de colaboración en materia turística, industrial y comercial y con los sindicatos de contenido laboral y social preferentemente.

Pero con seguridad, el de mayor trascendencia ha sido el Acuerdo para el Desarrollo Económico y Social de Andalucía, firmado el 17 de mayo de 1993 por el Presidente de la Junta de Andalucía, el Presidente de la CEA, y los Secretarios Generales de UGT y CC.OO.. En él se parte de compartir el objetivo básico del «crecimiento del empleo estable y eficiente», para lo que se persiguen otros dos objetivos: «elevar la competitividad de nuestro sistema productivo y acelerar la convergencia con las economías europeas más desarrolladas» (Consejería de la Presidencia, 1993). La trascendencia del Acuerdo se deriva, más que de ser el primer acuerdo tripartito firmado en Andalucía, y uno de los primeros de las Comunidades Autónomas españolas, de su contenido extraordinariamente ambicioso, en el que se acuerda consensuar todos los programas que pretenden reformar las estructuras productivas de Andalucía.

El Acuerdo parte de reconocer que la convergencia real con Europa y el aumento de la competitividad exigen un crecimiento moderado de los salarios y el aumento de la inversión estimulándose la reinversión de los beneficios empresariales y con un mayor control del gasto público. Y a lo largo del mismo se establece el compromiso y las líneas maestras para elaborar programas de actuación a medio plazo para los sectores industrial, turístico, de promoción comercial, de desarrollo rural y de formación profesional; de concertar la propuesta andaluza para el Marco de Apoyo Comunitario 1994-99, de crear el Consejo Económico y Social de Andalucía y de establecer un sistema de resolución de los conflictos extrajudiciales.

Otros planes y programas

En función de estos compromisos adquiridos por el gobierno regional y al objeto de dotarse de mayores precisiones e incorporar algunos enfoques novedosos a la política sectorial establecida en el PADE, a lo largo de la legislatura 91-94 se han ido elaborando otros documentos planificadores, tanto en el área estricta del fomento de la actividad económica, como en otras áreas de acción del gobierno. El conjunto de planes y programas elaborados guardan coherencia entre sí y se apoyan en el PADE que constituye la base del edificio planificador. A continuación, se referencian los principales planes y programas elaborados, llamando la atención de que algunos de ellos no han sido aún aprobados, pero se incluyen ya que están definidos sus objetivos y estrategia y es previsible su aprobación próxima.

1. El Plan de Desarrollo Integral del Turismo en Andalucía (Plan DIA). El sector turístico constituye una de las especializaciones productivas de la economía andaluza con un fuerte impacto en la producción regional (gracias a sus importantes efectos inducidos) y en el empleo (aunque con un fuerte componente estacional). Aunque en los años recientes ha aumentado su diversificación, su oferta se caracteriza por la concentración en el segmento de sol y playa y espacialmente en la Costa del Sol.

Los importantes cambios que se están produciendo en la demanda turística, la creciente competencia internacional y la necesidad de modernizar y diversificar la oferta, indujeron a elaborar el Plan, pero contemplando el sector turístico como algo más amplio que la mera provisión de restauración y residencia, sino comprendiendo el producto turístico como la suma de infraestructuras, servicios, empresas, tecnologías y recursos humanos que producen bienes susceptibles de ser consumidos por el turista. Se pretende, por tanto, configurar al turismo como un sector económico con sinergias y economías inducidas con otros sectores.

EL Plan DIA mantiene la coherencia con el PADE, no sólo en los planteamientos programáticos y estratégicos, sino también en el escenario financiero. Las inversiones estrictamente turísticas (Cuadro 6) se concentran en la dotación de infraestructuras (núcleos turísticos, construcción de alojamientos, turismo rural, incentivos a la inversión, etc.), promoción turística y albergues juveniles. Junto a ella, en el Plan se contemplan un conjunto de actuaciones previstas por otros departamentos, con fines no estrictamente turísticos pero que mejoraran la capacidad turística de Andalucía desde la óptica integral que preside la filosofía del Plan.

2. El Programa Industrial para Andalucía 1994-97 es posiblemente la apuesta político económica de mayor alcance estratégico de las aprobadas por la Junta de Andalucía en la legislatura. Como es conocido, el sector industrial en Andalucía se ha venido caracterizando por su secular debilidad relativa, su escasa articulación, concentración subsectorial y espacial, reducida dimensión media de las plantas productivas y bajo nivel tecnológico. Por ello, el objetivo último es la potenciación y la diversificación de la industria andaluza en el convencimiento de la prioridad del sector industrial como elemento básico del desarrollo económico de Andalucía, por su función modernizadora del conjunto del sistema económico y su capacidad articuladora del tejido productivo.

En el Programa Industrial se define una política sectorial basada en la consolidación de los sectores considerados preferentes; una política horizontal de modernización empresarial y tecnológica, cuyos elementos más novedosos son la creación de Centros Empresariales de Servicios Avanzados y la inten-

Cuadro 6

Escenario mínimo de financiación del Plan DIA (millones pts.)

SUBPROGRAMAS DE INCIDENCIA DIRECTA		**22.009,8**
- Infraestructura turística	12.737,9	
- Promoción turística	1.831,7	
- Red andaluza de albergues juveniles	7.530,2	
SUBPROGRAMAS DE INCIDENCIA INDIRECTA		**152.477,6**
- Recintos feriales y congresuales	1.987,1	
- Bienes Culturales	12.823,2	
- Política de Aguas	23.308,3	
- Mantenimiento de infraestructuras náutico deportivas	3.516,8	
- Residencias de Tiempo Libre	937,1	
- Urbanismo y Suelo	167,8	
- Desarrollo del Transporte	9.146,9	
- Carreteras	33.099,0	
- Medio Ambiente	34.921,2	
- Mejora Estructura Empresarial y Desarrollo Territorial (IFA)	11.157,1	
- Formación	21.413,0	

FUENTE: Consejería de Economía y Hacienda (1993a)

sificación de acciones para la incorporación del acervo tecnológico; una política financiera dirigida a las pequeñas y medianas empresas; una política de suelo industrial; y una política de ordenación del sector. Estas políticas se complementan con otras líneas de actuación que, sin ser específicamente industriales, contribuyen al desarrollo del sector como es el caso de la formación empresarial y profesional, la infraestructura energética y la infraestructura del transporte y las comunicaciones.

La apuesta singular por la industria andaluza tiene su reflejo en las previsiones financieras del Programa (cuadro 7) que revisan al alza las actuaciones previstas por el PADE e incorpora nuevas líneas de actuación. Se distingue entre las acciones directas de aplicación exclusiva al sector industrial de las de apoyo a la industria, de las que una parte considerable de sus recursos se destinan al sector, aunque no es posible delimitar a priori su proporción.

Merece destacarse el papel relevante que la iniciativa privada ha de tener en la ejecución del Programa, de forma que, de las inversiones directamente imputables al sector industrial, cerca del 90% se instrumentan a través del apoyo a la iniciativa privada. De este conjunto de actuaciones merece también ser destacada la importante apuesta por la modernización tecnológica y por la inversión directa en los sectores considerados preferentes (industrias agroalimentaria, material electrónico e informático, material de transporte, química y mediambiental).

3. El Plan Energético de Andalucía 1994-2000. Su importancia deriva del carácter estratégico del sector por su vinculación con el resto del sistema productivo. Su meta final es la consecución de un sistema energético racional, diversificado, controlado y respetuoso con el medio ambiente, por lo que encamina sus actuaciones hacia la diversificación de las fuentes de energía, destacando la importancia del gas natural como sustitutivo del petróleo; la mejora de la eficiencia en el consumo de energía mediante el ahorro y la conservación y el fomento de las fuentes de energía autóctonas, en especial las renovables.

El plan contempla una previsión de inversiones de 337.824 millones de pesetas para los siete años de vigencia, de los cuales el 75 % son de origen privado, y que se distribuyen tal como recoge el cuadro 8.

4. El Programa para la Mejora de la Comercialización de la Empresa Andaluza se encuentra elaborado pero no ha sido aún aprobado por el gobierno regional pendiente de su discusión con los agentes económicos y sociales. Con este programa la Administración Pública pretende encauzar, racionalizar y optimizar la política de promoción comercial exterior en Andalucía en colaboración con las empresas exportadoras y las instituciones públicas y empresariales relacionadas con el comercio exterior, teniendo como objetivo último impulsar las exportaciones de la Comunidad y la modernización de las prácticas comerciales.

La estrategia definida en el programa va dirigida a mejorar el conocimiento de los mercados exteriores, favorecer el asesoramiento especializado, potenciar la formación sobre el comercio exterior, sobre todo en el caso de las PYMEs, y la promoción comercial directa. El programa contempla la coordinación con el Plan Nacional desarrollado por el Instituto de Comercio Exterior (ICEX) y el Plan Cameral a la Exportación de las Cámaras de Comercio. Las

Cuadro 7

Previsión Económica del Programa Industrial 1994-97

Acciones y subprogramas	millones pts.	
Desarrollo de subsectores preferentes	50.605	
Fomento de otras actividades industriales	19.700	
Mejora de la competitividad y modernización	4.880	
Modernización tecnológica	12.270	
Infraestructura industrial	5.615	
Ordenación y control industrial	1.320	
Total Acciones Directas		**94.390**
Apoyo Financiero a las PYMEs	26.500	
Infraestructuras de apoyo	7.120	
Formación	81.810	
Promoción de la economía social	9.427	
Promoción comercial	10.046	
Total Acciones de Apoyo Industrial		**134.903**

FUENTE: Consejería de Economía y Hacienda (1994a)

actuaciones previstas son complementarias con todas las actuaciones de modernización empresarial y tecnológica emprendidas por la Administración Autonómica y, muy particularmente, con las contenidas en el Programa Industrial para Andalucía. Para alcanzar la plena operatividad de los instrumentos establecidos en este Programa se prevé crear un organismo específicamente dedicado a la aplicación de la política de promoción comercial exterior: el Centro Andaluz de Comercio Exterior (CACEX).

5. El Plan de Desarrollo Rural para Andalucía es posiblemente la iniciativa de mayor calado estratégico del conjunto de planes y programas de la Junta de Andalucía en la legislatura 1990-94 si finalmente se llevan a cabo los principales contenidos programáticos del proyecto.

El proyecto arranca del debate sobre el futuro del mundo rural andaluz, sometido a una dependencia casi exclusiva de las actividades agrarias y afectado decisivamente por la nueva Política Agraria Comunitaria. Dicho

Cuadro 8

Inversiones previstas en el Plan Energético (Millones pts.)

Infraestructura gasista	70.558
Infraestructura eléctrica	91.854
Fomento cogeneración	57.850
Gasificación	6.240
Promoción energías renovables	84.480
Ahorro y eficiencia energética	25.620
Medidas de acompañamiento	1.200
Total	337.824

FUENTE: Consejería de Economía y Hacienda (1994b)

debate y sus recomendaciones quedaron recogidas en las «Bases para un Plan de Desarrollo Rural Andaluz» (Consejería de Agricultura y Pesca, 1993). Sobre estas bases fuė configurándose un proyecto de desarrollo rural que partió de la consideración de las estrategias actuales sobre el desarrollo rural en la Unión Europea y de las especificidades del medio rural andaluz. Las metas últimas del Plan de Desarrollo Rural son la transformación productiva del medio rural andaluz diversificando su producción, la mejora de la calidad de vida de sus habitantes y el mantenimiento de la población en un sistema de asentamientos que se estima básicamente adecuado. De esta forma se busca incrementar las posibilidades de generación de empleo y rentas en el medio rural, y el logro de la mayor equidad social e integración armónica del mundo rural y el urbano en la región.

La estrategia para la aplicación del Plan exige estimular el protagonismo del propio medio rural y la coordinación de las diversas administraciones en su ejecución, conlleva una serie de acciones públicas conducentes al equilibrio territorial de las comarcas más deprimidas, la modernización de las actividades tradicionales (básicamente agrarias) y la diversificación hacia otras actividades productivas (industria y turismo), a través de incentivos a la iniciativa privada y la dotación de infraestructura y equipamientos colectivos.

Junto a los planes y programas referenciados, que tienen como motivación fundamental la reforma de las estructuras productivas de Andalucía, a lo largo de la legislatura 1990-94 se han ido elaborando otros planes y programas cuyas funciones básicas han sido definir y dar coherencia a las estrategias y la instrumentación de políticas públicas de prestación de servicios colectivos (formación profesional, salud, servicios sociales,...), la realización de infraestructuras de acuerdo con el Plan Director de Infraestructuras o la protección del medio ambiente. Lógicamente, estos ejercicios planificadores también tienen incidencia en la transformación del sistema productivo y guardan coherencia con el PADE 91-94 pero, dado su carácter prolijo y el no dirigirse esencialmente al objetivo de lo aquí tratado, se omite su referencia concreta.

Medidas de reactivación económica

Además de estos planes y programas, merece también referirse al conjunto de medidas para la reactivación económica establecidas mediante el Decreto 59/1993, de 4 de Mayo, primer intento de medidas coyunturales de carácter anticíclico, motivadas por el intenso deterioro de la situación financiera de muchas empresas. La iniciativa tenía como finalidad el mantenimiento y la creación de empleo mediante líneas de apoyo para la consolidación y modernización de las empresas, aunque la realidad de la crisis económica hizo concentrar las ayudas en buena parte en las empresas viables pero con dificultades financieras a corto plazo.

A esta iniciativa se destinaron 31.930 millones de pesetas, parte de las cuales ya estaban consignadas en los presupuestos, a las que se sumaron otros recursos adicionales. Para su aplicación se creó el Comité de Apoyo a las Empresas y el Empleo y se concretó en una batería de instrumentos financieros de apoyo a las empresas (subsidiación de tipos de interés, subvenciones y beneficios económicos a la inversión, líneas de apoyo a las sociedades de garantía recíproca y a las de capital riesgo y préstamos directos). Junto a este conjunto de medidas de apoyo directo a las empresas, también se intensificó la licitación de obra pública regional, en un intento de ejecutar una política de demanda con efectos multiplicadores, siempre en el marco de la limitada capacidad financiera de la Junta de Andalucía.

Manteniéndose los rasgos básicos de deterioro de la situación económica a principios de 1994 se decidió prorrogar las medidas de reactivación económica por Decreto 22/1994 de 1 de febrero con una dotación financiera de 67.619 millones de pesetas, manteniendo básicamente los mismos instrumentos de apoyo financiero a las empresas.

Algunas reflexiones sobre la política económica aplicada.

Con los planes, programas y otras iniciativas comentadas se ha tratado de diseñar un proyecto de política económica regional para Andalucía. Ciertamente el diseño es incompleto y muy mejorable, pero, cuando menos, se dispone de un referente explícito sobre el que se puede disentir o tratar de mejorar.

La legislatura comentada comenzó justamente cuando la crisis económica de los primeros noventa hizo su irrupción en el escenario internacional, aunque sus efectos en España y en Andalucía se percibiesen más tardíamente. En efecto, en el verano de 1990 los signos recesivos de la economía mundial afectando a la producción, el empleo, los intercambios internacionales, etc., hacen su aparición en Estados Unidos, donde la atonía de la demanda interna precipita al país a la recesión. En los meses sucesivos las manifestaciones de la crisis irían extendiéndose por las economías más desarrolladas hasta alcanzar los más altos niveles de paro y estancamiento de la producción desde la segunda guerra mundial. La economía andaluza, después de años de fuerte crecimiento, conoció en 1990 la inflexión del ciclo, pero las manifestaciones de la crisis tardarían en aparecer parapetadas en los efectos multiplicadores de la Exposición Universal de 1992 y en la inversión pública en infraestructuras de los años previos. Ya al final de este año y, sobre todo, durante 1993, Andalucía sufriría la depresión más fuerte de su pasado cercano con retrocesos de la producción y aumentos del paro históricos.

Ha coincidido pues la última legislatura con la fase recesiva del ciclo económico, momentos poco propicios para aplicar políticas de reformas del sistema productivo y mantener una tensión racionalizadora en la toma de decisiones, máxime en una región como Andalucía, donde el alto nivel de paro provoca las lógicas demandas sociales, y en donde el tradicional papel protector de la Administración Pública, induce a la continuidad de una política predominantemente asistencialista. Por ello, las políticas activas de modernización se han trocado en este tiempo en políticas defensivas ante la crisis al objeto de evitar un mayor deterioro del tejido productivo: limitar la pérdida de empleo y evitar el cierre de empresas con dificultades coyunturales, pero que previsiblemente serían viables tras un saneamiento financiero, fue convirtiéndose en la política dominante. La discrecionalidad de este tipo de políticas provoca que en más de una ocasión se adopten decisiones motivadas por la presión social o por oportunidad política que por criterios de estricta racionalidad económica.

No obstante, aún no existe suficiente perspectiva temporal para realizar una evaluación ponderada sobre el desenlace de los años de fuerte expansión económica que culminaron con la Exposición Universal de 1992, en el que se realizaron múltiples inversiones públicas y privadas (Consejería de Economía y Hacienda, 1993b) y, sobre todo, se crearon expectativas sobre el cambio del papel de Andalucía en el escenario económico. Una política de reforma de las estructuras productivas, como la que básicamente se ha diseñado, necesita períodos más largos para su valoración y, para ello, una evaluación rigurosa que examine la eficiencia de los distintos instrumentos de fomento debe ser la base para redefinir las políticas de futuro.

Ante una política económica de futuro

A mitad de 1994 los indicadores económicos ponen de manifiesto que la recuperación es un hecho consolidado en Estados Unidos, y que Japón y Europa también se han incorporado a la senda del crecimiento. Andalucía, aunque algo más tarde, también ha iniciado desde comienzos de año una recuperación que es más perceptible en la producción que en la inversión o la demanda interna. En cualquier caso, el inicio de una nueva fase expansiva parece más que probable en los próximos meses, aunque las incertidumbres persistentes, la baja intensidad del crecimiento y la alta tasa de paro, no hacen generar unas expectativas demasiado optimistas sobre la reducción del desempleo. Pero, cuando menos, una fase expansiva es un tiempo más proclive para intensificar la modernización del aparato productivo.

Los problemas estructurales de la economía andaluza, en los que vienen a coincidir casi todos los estudiosos (Delgado, 1981; Román, 1987; Aurioles, 1989; Martín, 1993) desde hace años, siguen esencialmente vigentes y vienen a coincidir con los diagnósticos recogidos en el PADE 1991-94, las Bases para un Plan de Desarrollo Rural Andaluz o el Informe económico y financiero de Andalucía de 1992 de ESECA:

1. En primer lugar, el paro: el que con una baja tasa de actividad en Andalucía se haya superado el 33 % de desempleo en 1994, no es como se sabe un problema coyuntural ligado a la profunda crisis económica, sino que pone de manifiesto que la economía andaluza es incapaz de generar el empleo necesario para la oferta creciente de su población activa, pues incluso en los años de mayor crecimiento económico de finales de la década de los ochenta la tasa de paro no descendió del 21 % de la población activa.

2. La limitada capacidad de ahorro e inversión interna, pues no debe olvidarse que en la etapa expansiva fue determinante la financiación procedente de la inversión pública, las transferencias del Estado, la inversión externa y el endeudamiento público y privado (Aurioles, 1992).
3. Las carencias de infraestructuras: en la última década se ha producido un cambio espectacular en la dotación de infraestructuras que ha solventado los principales estrangulamientos, pero se partía de insuficiencias muy notables y las inversiones no han afectado a todo el espacio regional. Es necesario completar las grandes redes regionales e intensificar la conectividad interna con la mejora de la red secundaria.
4. La debilidad del tejido empresarial: como coinciden muchos economistas (Torrero, 1994), la insuficiencia de proyectos empresariales solventes es una de las principales limitaciones al desarrollo de la economía española. En Andalucía, la limitación es aún mayor por la escasa tradición empresarial y la poca valoración social a la actividad emprendedora que, tal vez, tenga como sustancia la escasa predisposición del «alma andaluza» al desarrollo económico (Romero de Solís, 1994). Lo cierto es que, con notables excepciones, la empresa andaluza es de tamaño medio reducido y que los déficit tecnológicos, financieros, de gestión, de conocimiento de los mercados, etc., es la nota predominante.
5. Las carencias de formación profesional, lugar común en todos los diagnósticos y a los que sin embargo se han dirigido importantes recursos públicos en los últimos tiempos; aunque, tal vez, las limitaciones se deriven de la inadecuación de los contenidos formativos y de la gestión e instrumentación de una formación que debe estar más vinculada con las necesidades de la demanda.
6. El considerable déficit tecnológico, tanto en lo que se refiere a las actividades de I+D, como a las de producción de tecnología avanzada, siendo lo más determinante la escasa incorporación del acervo tecnológico al sistema productivo (Castells y Hall, 1992).
7. La insuficiente articulación productiva que limita la capacidad de la economía andaluza de multiplicar los crecimientos sectoriales y le hace muy dependiente de la demanda externa.
8. La persistencia de los desequilibrios sectoriales, con un sector industrial poco potente y desarticulado, una agricultura con un peso superior a la media europea y española, la construcción sobre la que

gravita una población activa excesiva y un sector servicios con un componente excesivo en actividades poco eficientes y con limitada oferta de servicios avanzados.

9. Las desigualdades espaciales, no más intensas que en otras regiones, pero que no obstante diferencian a espacios más dinámicos y con mayor potencial de los de menores niveles de renta, equipamientos, infraestructuras, etc. (ESECA, 1992 y 1993).
10. Lo que Aurioles (1994) ha venido ha denominar crisis institucional, refiriéndose a que el crecimiento acelerado del endeudamiento de la Junta de Andalucía entre 1989 y 1991 ha obligado a dedicar crecientes recursos financieros al servicio de la deuda, en un marco de restricción presupuestaria. El acertado mayor rigor presupuestario de los últimos años puede situar a la Junta de Andalucía en una senda financiera de normalidad, pero, mientras tanto, las restricciones financieras constituyen un serio obstáculo para abordar con la suficiente decisión iniciativas político económicas de envergadura.

Frente a estas limitaciones o problemas, Andalucía sigue teniendo potencialidades ciertas, a las que me he referido en otro lugar (Ferraro, 1994) y que pueden resumirse en la pertenencia a la Unión Europea, su situación estratégica, el importante avance en infraestructura y equipamientos de todo tipo, las recientes transformaciones en el aparato productivo, los recursos naturales y humanos, la riqueza cultural, monumental y paisajística y la calidad de vida; potencialidades, que de ser puestas en valor adecuadamente, pueden ser una sólida base para abordar un proyecto de futuro. Y, para ese futuro, Andalucía no tiene otra opción que situarse eficientemente en un contexto económico internacional abierto y competitivo. Y, dado que es impensable establecer esa competitividad por el precio del trabajo frente a países asiáticos, del Este europeo, otros mediterráneos o americanos, ha de especializarse en producciones en las que, partiendo de algunas ventajas competitivas de situación, recursos o «know how», la tecnología y calidad deben ser factores determinantes. Ello exige intensificar la «modernización» del sistema productivo (y por ende de toda la sociedad), entendiendo por ello una asimilación de las prácticas productivas de los países más desarrollados.

Pero la modernización productiva y social de Andalucía debería de compatibilizarse con la preservación de los rasgos más dignos y relevantes de la cultura andaluza. Frente a aquellos que entienden la modernización como el seguimiento mimético de todo cuanto ocurre en el exterior desarrollado y, en particular, frente al europeismo acrítico, es necesario defender y recrear los rasgos autónomos más nobles, y no sólo como defensa de la identidad, sino también como recurso productivo si se sabe poner en valor adecuadamente.

Asimismo es necesario compaginar la adaptación a mercados abiertos y, por tanto, el aumento de la competitividad, con el mantenimiento y avance de las conquistas sociales y la reducción del paro. El estado del bienestar como marco estable para la vida de los ciudadanos de los países desarrollados es una conquista irrenunciable, aunque ciertos instrumentos y formas tradicionales de prestación de los servicios públicos deban ser redefinidos de acuerdo con criterios de mayor eficiencia social. La mejora en la posición competitiva internacional no debe hacerse a costa de un mayor desequilibrio de rentas ni de la disminución de las prestaciones sociales. Igualmente, suele contraponerse el aumento de la productividad con la cantidad de trabajo disponible. Andalucía no puede permitirse, no ya aumentar los niveles de paro, sino ni siquiera mantener el actual sin fragmentar el mercado de trabajo y desintegrar la sociedad.

En definitiva, la economía andaluza debe aprovechar la nueva fase de recuperación para continuar en el proceso de reforma de las estructuras productivas. Para ello, deben aplicarse los planes y programas que han sido aprobados y culminar el diseño de los que se encuentran pendientes. Entre ellos son de destacar por su carácter estratégico el Programa Industrial y el Plan de Desarrollo Rural. El primero por su apuesta por la modernización del sistema productivo andaluz, y el PDRA por ser la apuesta a largo plazo de mayor envergadura, no sólo porque se enfrenta a un problema de gran potencial conflictivo social como es el desempleo rural, sino también porque este Plan debe servir para instrumentar una política de corrección de las desequilibrios territoriales.

Este es pues el principal cometido de la política económica de la Junta de Andalucía para los próximos años: liderar y compartir la ejecución con los sectores interesados de las reformas estructurales planteadas. Estas reformas han de ser incentivadas desde el gobierno regional básicamente con una política de oferta como la comentada con anterioridad. Pero la ejecución de este tipo de política tiene características singulares que la diferencian de otro tipo de políticas económicas. Así, las decisiones de políticas de tipo de cambio, monetarias o fiscales exigen un estudio previo de sus repercusiones muy matizado y complejo, pero una vez adoptadas las decisiones su implementación es simple y quedan reducidas a actuaciones administrativas enlazadas. Por el contrario, la ejecución de una política de oferta se instrumenta a través de miles de actuaciones singulares (muchas de ellas de carácter discrecional), por lo que su efectividad vendrá determinada por la homogeneidad de criterios y la capacidad de todos y cada uno del conjunto de los agentes públicos (responsables políticos y funcionarios) que participan en el proceso de ejecución de las políticas diseñadas.

Asimismo, y dado que en la transformación de las estructuras productivas el papel del empresariado es imprescindible, el clima social, político y económico serán determinantes en el éxito de las políticas diseñadas. Para ello, es necesario un gobierno regional que sea capaz de liderar un proyecto (claramente definido y a medio-largo plazo) y que mantenga la suficiente tensión reformadora para que las incidencias políticas o económicas coyunturales no perturben decisivamente la coherencia de las actuaciones en el medio-largo plazo. En particular, la mayor cercanía de los gobiernos regionales a los ciudadanos, provoca que se ceda en muchos casos a las presiones sociales o políticas hasta el punto que los criterios asistenciales se convierten de hecho en el enfoque predominante de la política económica.

Con lo anterior no se está sugiriendo que la acción de gobierno se limite a fomentar la eficiencia del sistema productivo. Ya exponía anteriormente la necesidad de profundizar en el Estado del Bienestar, exigiendo Andalucía un particular énfasis por los retrasos históricos y la existencia de amplios colectivos de desfavorecidos, por lo que la política social debe ser uno de los estandartes de la Junta de Andalucía. Lo que se viene a referir es el necesario deslinde entre la política social y la política económica, para que no se reitere en enfoques que ha caracterizado la historia de la Junta de Andalucía: abordar los problemas económicos con criterios asistenciales, lo que si bien pueden constituir éxitos políticos a corto plazo, generan ineficiencias productivas que se pagan a medio plazo. Por ello, la racionalidad económica y la reforma de las estructuras productivas deben ser las guías de una política económica que aborde con solvencia el desarrollo de Andalucía a medio-largo plazo. Precisamente, los nuevos enfoques de la política regional[5] van cambiando los objetivos prioritarios hacia la búsqueda de la eficiencia y la competitividad de los sistemas productivos, distinguiendo estas actuaciones centrales de las también necesarias de redistribución y equilibrio interno.

Pero la planificación económica, que define y da coherencia a la política de oferta ejecutable por la Junta de Andalucía, si bien articula la política económica ejecutable desde el Gobierno Regional, no agota sus posibilidades. En otros ámbitos, particularmente en el Gobierno de la Nación y en la Comisión Europea, se definen políticas y se instrumentan decisiones de trascendencia para el futuro de Andalucía. Es en este ámbito en el que la acción de gobierno autonómico debería desarrollar un trabajo de carácter anticipativo y una

5. Sobre el debate de la política regional puede verse el número monográfico de Papeles de Economía Española (35, 1988) sobre «Economía regional: ideas y políticas».

interlocución activa y continuada con las administraciones suprarregionales al objeto de incidir en la toma de decisiones que afecten a Andalucía y en la formulación de las políticas que permitan canalizar recursos adicionales para la insuficiente capacidad de financiación de la economía andaluza.

Este último aspecto, como se ha señalado, constituye uno de los puntos más débiles de la economía andaluza: la escasa capacidad de inversión interna. Al ahorro interno ha de sumársele necesariamente aportes financieros externos para estimular el proceso de crecimiento. Por ello, la Junta de Andalucía, además de resolver el problema de su financiación, debe canalizar recursos adicionales al sistema productivo y abaratar la financiación de las pequeñas y medianas empresas en aquellos sectores y espacios que se estimen prioritarios en la estrategia de desarrollo. En concreto, el gobierno regional debe perseguir la regionalización de los fondos de cohesión, el seguimiento puntual de la aplicación en Andalucía del submarco plurirregional de los fondos estructurales, la aplicación intensa en la región de las Iniciativas Comunitarias (singularmente la iniciativa PYME) y la regionalización de los fondos del Instituto de Crédito Oficial aplicados también a la financiación de las PYMEs. Esa interlocución activa debe extenderse, asimismo, al sistema financiero (particularmente a las cajas de ahorro y rurales andaluzas) para que se vinculen más directamente con la financiación del sistema productivo regional, compartiendo estrategia con la Junta de Andalucía, en un marco de respeto a su autonomía.

Para finalizar, algunas observaciones sobre el papel del Sector Público autonómico en Andalucía: en una sociedad tan escasamente compactada como la andaluza se hace necesario un mayor protagonismo de la sociedad civil, un enriquecimiento del tejido social con un papel más relevante de las iniciativas privadas y de las instituciones de libre creación. En lo estrictamente económico, los empresarios y trabajadores (asociados e individualmente) deben protagonizar crecientemente la vida productiva, frente al excesivo protagonismo y dependencia del sector público en las decisiones económicas de Andalucía.

El Sector Público andaluz debe tender a un «adelgazamiento», restringiendo sus actividades administrativas y de control a aquellas que aseguren la libertad, la seguridad y algunas acciones de fomento económico, además de las funciones básicas del Estado del Bienestar. Ese adelgazamiento ha de venir de la mano de un aumento de la eficiencia del Sector Público y de la incorporación de la gestión privada a algunas parcelas de lo público. La cualificación y profesionalidad de los funcionarios y responsables públicos y la estabilidad de la estructura administrativa y funcional deben ser los objetivos de una administración eficiente y madura.

Pero la deseable menor presencia del Sector Público (heredero aún de una cultura fuertemente intervencionista) en la vida económica, no debe estar reñido con la necesaria intervención y beligerancia del mismo en la definición, aplicación y seguimiento de una política de reformas estructurales en colaboración con la iniciativa privada. Este papel del Sector Público, menos necesario en sociedades más desarrolladas, se hace imprescindible en Andalucía, tanto por su peso relativo en la vida económica, como por el menor empuje de la iniciativa privada y el papel referencial que la Junta de Andalucía juega en la región[6].

Por tanto, el Sector Público en Andalucía deberá seguir estimulando la transformación económica de la región, pero sin frenar los proyectos que nazcan en la sociedad ni favorecer actitudes paternalistas, sino como catalizador de las iniciativas privadas y proveedor de servicios públicos. Esta función de fomento debe tener menores márgenes de discrecionalidad, ya que ésta aumenta la dependencia de los agentes económicos a la voluntad de lo político, favorece las actuaciones motivadas por razones distintas a la racionalidad económica y, en última instancia, posibilita la existencia de corruptelas. La regulación y explicitación de las opciones de fomento preferentes debe ser la norma a la que debe tender la administración, aunque con la lógica flexibilidad.

6. Desde el comienzo del proceso autonómico la participación del Sector Público regional en la economía andaluza ha sido creciente, así en el año 1987, en el que estaban prácticamente concluidas las transferencias, la participación del gasto público de la Junta de Andalucía en el VAB regional fue del 14%, aumentando año a año hasta alcanzar en 1993 el 23,6%.

Bibliografía

AURIOLES MARTIN, J. (1989): *Claves actuales de la Economía Andaluza.* Ed. Librería Agora, S.A.

AURIOLES MARTIN, J. (1992): «La economía andaluza en 1991. Nuevo cambio de rumbo hacia un futuro incierto». *Papeles de Economía Española,* nº 51.

AURIOLES MARTIN, J. (1994): «La triple manifestación de la crisis en Andalucía». *Papeles de Economía Española*, nº 54.

BENITEZ ROCHEL, J. J. y RUIZ, G. (1986): «Agricultura versus industria en el desarrollo de Andalucía. La superación de un falso dilema». *Estudios Regionales*, nº 15/16.

CASADO RAIGON, J. M. Y CONDE HINOJOSA, R. (1987): «Los planes o programas de desarrollo regional y la empresa pública. El caso de Andalucía». *Estudios Territoriales* nº 25.

CASTELLS, M. y HALL, P. (dir.) (1992): *Andalucía: innovación tecnológica y desarrollo económico*. Espasa Calpe.

CONSEJERIA DE AGRICULTURA Y PESCA (1984): *Ley y Reglamento de Reforma Agraria.* Exposición de Motivos, 5. Instituto Andaluz de Reforma Agraria. Junta de Andalucía.

CONSEJERIA DE AGRICULTURA Y PESCA (1993): *Bases para un Plan de Desarrollo Rural Andaluz.* Junta de Andalucía.

CONSEJERIA DE ECONOMIA, PLANIFICACION, INDUSTRIA Y ENERGIA (1985): *Plan Económico para Andalucía 1984-1986.* Junta de Andalucía.

CONSEJERIA DE ECONOMIA Y FOMENTO (1987): *Programa Andaluz de Desarrollo Económico 1987-1990.* Junta de Andalucía.

CONSEJERIA DE ECONOMIA Y HACIENDA (1991): *Plan Andaluz de Desarrollo Económico 1991-1994.* Junta de Andalucía.

CONSEJERIA DE ECONOMIA Y HACIENDA (1993a): *Plan de Desarrollo Integral del Turismo en Andalucía (Plan DIA).* Junta de Andalucía.

CONSEJERIA DE ECONOMIA Y HACIENDA (1993b): *Exposición Universal de 1992. Repercusión en el desarrollo económico de Andalucía.* Junta de Andalucía.

CONSEJERIA DE ECONOMIA Y HACIENDA (1994a): *Programa Industrial para Andalucía 1994-1997.* Junta de Andalucía.

CONSEJERIA DE ECONOMIA Y HACIENDA (1994b): *Plan Energético de Andalucía.* Junta de Andalucía.

CONSEJERIA DE ECONOMIA Y HACIENDA (1994c): *FEDER Andalucía 1989-1993.* Junta de Andalucía.

CONSEJERIA DE LA PRESIDENCIA (1993): *Acuerdo para el Desarrollo Económico de Andalucía.* Junta de Andalucía.

CONSEJERIA DE POLITICA TERRITORIAL (1986): *GAEIA: una etapa de desarrollo regional.* Junta de Andalucía.

DELGADO CABEZA, M. (1981): *Dependencia y marginación de la economía andaluza.* Ed. Monte de Piedad y Caja de Ahorros, de Córdoba.

ESECA (1992): *Atlas Económico de Andalucía.* Ed. Unicaja.

ESECA (1993): *Informe Económico y Financiero de Andalucía.* Cambios en el modelo de desarrollo. Ed. Caja de Ahorro General de Granada.

ESCUREDO RODRIGUEZ, R. (1993): «La Planificación Económica». *Boletín de Estudios Económicos* nº 1. Consejería de Economía y Hacienda. Junta de Andalucía.

FERRARO GARCIA, F. (1994): «La economía andaluza en los años noventa» en *El futuro económico de Andalucía a debate.* Ed. Tanais.

JUNTA DE ANDALUCIA (1980): *Plan de Urgencia para Andalucía.* Junta de Andalucía, mimeo.

MARQUEZ, C. (1994): *Regional Development Strategies of a New Regional Goverment: the Junta de Andalucía 1984-90.* Mimeo London School of Economics and Political Science.

MARTIN, M. (1993): *Estructura económica de Andalucía.* Espasa Calpe.

MINISTERIO DE ECONOMIA Y HACIENDA (1989): *Plan de Desarrollo Regional de España 1989-1993.* Ministerio de Economía y Hacienda.

PAPELES DE ECONOMIA ESPAÑOLA (1988): «Economía Regional: ideas y políticas». *Papeles de Economía Española* nº 35.

ROMAN DEL RIO, C. (1987): *Sobre el desarrollo económico de Andalucía.* Ed. Arguval.

ROMERO DE SOLIS, P. (1994): «El desarrollo económico y el alma andaluza» en *El futuro económico de Andalucía a debate.* Tanais.

SERRANO SANZ, J. M. (1993): «La intervención económica en el Estado de las Autonomías» en *España, economía.* García Delgado, J. L.. Espasa Calpe (6 ed.; orig., 1989).

TORRERO MAÑAS, A. (1994): *Balance de la desregulación del sistema financiero.* Mimeo.

VALDIVIESO AMATE, A. (1987): «La coordinación de los instrumentos de promoción económica en Andalucía: el Instituto de Fomento de Andalucía». *Revista de Estudios Territoriales.*

VALLES FERRER, J. (1981): *El Plan de Urgencia para Andalucía.* Excma. Diputación Provincial de Sevilla.

LA ECONOMIA ANDALUZA. UN ENFOQUE DESDE LA HISTORIA

*Juan Antonio Lacomba**

COMO señalaba el prof. Fontana, la vieja, pero sostenida, visión de la historia «como una invencible marcha hacia el progreso, ha hecho aguas». El proceso de crecimiento económico contemporáneo ha sido claramente «desigual» y, desde luego, debe decirse que ni se ha producido de la única forma posible, ni de la más deseable[1]. En este panorama, Andalucía, por su inequívoca «posición periférica» desde el siglo XIX, ha sido una de las áreas afectadas por esa «desigualdad», así como por la presencia en la misma de una manera «no deseable» de crecimiento económico. Ello se ha manifestado -y se sigue manifestando- en su evidente *retraso*, tanto en el contexto español, como, de manera más clara, en el marco económico europeo occidental.

De esta forma, el «hoy» se nos aparece, aunque en ningún caso *fatalmente,* tributario del «ayer». Esta trabazón no proviene, como dice Zubiri, «de que el pasado avanza hacia un presente y lo empuja hacia el porvenir»[2], lo que sería una burda interpretación positivista. Su estrecha vinculación es consecuencia de un proceso más amplio, profundo y enraizado: la dialéctica histórica que Andalucía ha experimentado en el seno de la más general historia española y europea. Por consiguiente, la economía andaluza viene a ser, en su configuración actual, *expresión real* de la confrontación que, entre las fuerzas en presencia, se produce a lo largo del tiempo; *resultado*, en suma, de la conformación de un determinado «sistema de poder».

---

* Catedrático de Historia. Universidad de Málaga.

1. J. Fontana, *La Historia después del fin de la historia. Reflexiones acerca de la situación actual de la ciencia histórica.* Barcelona. Crítica. 1992, pág. 141.
2. X. Zubiri, *Naturaleza, Historia, Dios*. Madrid. Ed. Nacional. 1944, pág. 141.

Presente e historia

En el mundo de la economía se propone, a veces, una compartimentación, según la cual el economista *se preocupa por el presente* y «suele orientarse hacia el futuro», y el historiador, por su parte, «se orienta decididamente hacia el pasado». Keynes afinaba más y sostenía que «el economista debe estudiar el presente a la luz del pasado para unos fines que tienen que ver con el futuro»[3]. A su vez, algunos historiadores económicos rechazan la concepción de la historia económica «como ciencia del pasado», y de la economía «como ciencia del presente»[4], considerando que tal compartimentación radical no existe; que todo es más fluido.

Por último, en el ámbito de los puros historiadores tiene mucho arraigo la concepción de la Historia como *un cierto estudio del presente;* o como *conocimiento del presente a través del pasado;* o, en fin, parafraseando a Huizinga, como *la forma en que, desde el presente, se toma conciencia del pasado.* «Presente y pasado se aclaran mutuamente con luz recíproca», escribe Braudel, a lo que M. Bloch añade que «la incomprensión del presente nace fatalmente de la ignorancia del pasado»[5]. El filósofo X. Zubiri afirmaba tajantemente a este respecto: «la historia, como ciencia, es mucho más una ciencia del presente que una ciencia del pasado»[6].

En suma, la historia se ocupa del pasado, para entender mejor el presente y, así, poder enfrentarse más pertrechados con el futuro. Como escribe el prof. Le Goff, «el hoy procede del ayer, y el mañana surge del hoy»; pero «la memoria del pasado no debe paralizar el presente», sino impulsarlo hacia un futuro más conscientemente construido, basado en esa «herencia» que la historia transmite[7]. El análisis histórico, que busca *conocer* el pasado para poder *explicarlo*, se hace ineludiblemente desde el presente, con el fin de encontrar claves que permitan *entenderlo*. Solo así tiene sentido la Historia como *saber social o socialmente activo*, y solo así encuentra su lugar más adecuado la *función social del historiador*, que deja de ser un «transmisor de conocimientos sobre hechos acaecidos», para pasar a ser un «explicador de procesos y situaciones» que tienen como confluencia el presente.

---

3. C. M. Cipolla, *Entre la Historia y la economía. Introducción a la historia económica.* Barcelona. Crítica. 1991, pp. 22-23.
4. W. Kula, *Problemas y métodos de la historia económica.* Barcelona. Península. 1972, pp. 84 y sigs.
5. F. Braudel, *La Historia y las Ciencias Sociales.* Madrid. Alianza. 1968, pág. 80; M. Bloch, *Introducción a la Historia.* México. FCE. 1952, pág. 13.
6. X. Zubiri, Op. cit., pág. 142.
7. J. Le Goff, «Prefacio» a J. Fontana, *Europa ante el espejo.* Barcelona. Crítica. 1994, pág. 7.

Todo ello no quiere significar que el presente sea la desembocadura *ineludible y fatal* del pasado. Como expone el prof. Fontana, «hemos de aprender a pensar el pasado en términos de encrucijadas a partir de las cuales eran posibles diversas opciones, evitando admitir sin discusión que la formula que se impuso fuese la única posible (o la mejor)». Ello implica invertir la «visión tradicional» y situar, en cambio, el presente «en el centro de nuestras preocupaciones»[8], entendiéndolo como «la alternativa» -*una entre otras posibles*- en que vino a parar el proceso histórico, como resultado de unas precisas confrontaciones dialécticas.

Plantea Fontana que lo que fueron «resistencias al orden establecido» se nos muestran en no pocas ocasiones «como anomalías en el curso normal de la historia». Ello se debe a que se ha construido la explicación histórica «de forma que nos lleva a ver todo lo que conduce hasta nuestro presente como lo «normal», y a considerar lo que se aparta de esta regla como alteraciones». Un esfuerzo para modificar este discurso, este *enfoque instalado*, «podría conducirnos a admitir que pudo existir una línea evolutiva distinta a la «normal», con su propia racionalidad y coherencia»[9]. En otras palabras: un *diferente* pasado que habría desembocado en un presente igualmente *diferente*. Al historiador corresponde poner de manifiesto la presencia de esas *alternativas frustradas* que fueron apareciendo en diferentes momentos del proceso histórico[10].

En consecuencia, el presente, según Zubiri «esa maravillosa unidad de estos tres momentos (pasado, presente, futuro), cuyo despliegue sucesivo constituye la trayectoria histórica»[11], en fin, como resultado y confluencia de *una historia,* viene a *expresar* el «estado actual» de la misma. Se manifiesta este en la existencia de «permanencias» y de «cambios», que, a su vez, con sus respectivas «duraciones», vienen a ser elementos significativos del análisis y de la interpretación histórica. Ya M. Bloch planteaba la Historia como el estudio del cambio y de la duración[12]; claro que *explicando* los «cambios» y las «duraciones» desde sus procesos constitutivos y *en su incidencia social.*

---

8. J. Fontana, *La Historia después...,* op. cit., pp. 142-143.
9. J. Fontana, *Europa ante el espejo.* Barcelona. Crítica. 1994, pág. 84. Escribe Fontana: «Enfrentarnos a la versión establecida de la historia, aunque sea para criticarla, no basta para escapar de su presa. Lo verdadero no siempre es la negación de lo falso, sino que puede ser algo enteramente distinto, que hay que reconstruir repensando por completo la articulación de los datos». (Op. cit., pág. 102).
10. Esa es una de las ideas medulares del libro de J. Fontana, *Europa ante el espejo,* op. ya cit.
11. X. Zubiri. Op. cit., pp. 141-142.
12. M. Bloch, *Introducción...,* op. cit., pág. 23.

Pues bien, la economía *real*, en su despliegue en el tiempo, en su propia «trayectoria histórica», ofrece también, por su parte, «permanencias» y «cambios» que son fruto, y desde él deben ser *explicados* -ya lo decía Schumpeter, del *proceso histórico global,* y no solo *de los puros procesos económicos*. El «enfoque» de la historia económica debe tener en cuenta *todas las variables* de una situación dada *y no solo las económicas.* Como expone el prof. Cipolla: «El conjunto de variables *k* por las que se interesa el economista teórico es mucho menor y más homogéneo que el conjunto de variables *n* consideradas por el historiador»[13]. Por eso, las «permanencias» y «cambios» económicos son *el resultado* y vienen a manifestar *las vicisitudes históricas globales* que un área ha experimentado.

El peso de la historia en la economía andaluza

De acuerdo con lo expuesto, una manera de llegar a entender la realidad económica actual de Andalucía es aproximarse a ella *desde la historia*; o sea, desde su proceso de configuración a lo largo del tiempo, recurriendo para ello a las «permanencias» y a los «cambios», al análisis de su despliegue, que, en alguna medida, viene a expresar la dialéctica peculiar de las relaciones de producción.

A lo largo de la historia andaluza reciente hay «permanencias» que van enquistándose en su estructura económica, e, igualmente, aparecen «cambios» que reflejan procesos coyunturales y que, solo en casos, acabarán en factores estructurales. Se va constituyendo, de esta manera , un «modelo económico» característico, que se afianza con el tiempo, en el que se conjugan «tradición» y «modernidad», que desemboca en la realidad que hoy ofrece la economía andaluza.

a) El viraje

¿Cuáles son los procesos que han ido conformando la actual realidad económica de Andalucía? Acerquémonos a los que parecen más significativos. Para no alejarnos en exceso, conviene arrancar de un momento de «viraje» en el que se dan cambios fundamentales; en este sentido, una coyuntura decisiva, que marca el tránsito al despliegue «subordinado» de la economía andaluza en el siglo XX, es la depresión de finales del XIX. Con ella, el crecimiento

---

13. C. M. Cipolla, *Entre la Historia...*, op. cit., pp. 23-24.

económico, aunque sin desarrollo, del segundo tercio del ochocientos, se vio bruscamente interrumpido. En su lugar, cristaliza, entonces, el «capitalismo dependiente» y Andalucía pasa a convertirse en región «colonizada» por el capitalismo «exterior», tanto nacional, como internacional.

¿A qué se debe este, que podríamos llamar, «ajuste posicional»? En principio está la cuestión de la red de transportes y de comunicaciones. Cuando concluye el siglo, hay un tendido ferroviario, ciertamente escaso y muy descompensado, absolutamente «extravertido», que *abre* Andalucía a la penetración desde «fuera» y propicia *la salida* de sus producciones; en suma, promueve la *dependencia* hacia el «exterior», favorece el *fraccionamiento interno* de la región y deja «descolgada» la zona oriental de la occidental, no existiendo trabazón entre ambas[14]. Por otro lado, el sistema viario es muy deficiente, apenas lo heredado del XVIII; sirve, como el ferrocarril, para conectar Andalucía con el «centro», pero en absoluto la vertebra interiormente. Consecuencias decisivas -y de *larga duración-* de esta realidad, serán: la desestructuración territorial y la «extraversión» económica.

Está luego el hecho de que se trata de una economía escasamente articulada y, por ello, claramente vulnerable, acompañada, además, de graves lastres y carencias, en no pocos casos, «permanencias» *instaladas,* también, en una «larga duración»: a) desequilibrada estructura de la propiedad agraria y excesivo «tradicionalismo» en la agricultura, sector con escasa capitalización; b) fuerte proceso de «desindustrialización» -o de «reacondicionamiento intrasectorial»[15]-, por la progresiva caída del mercado regional, prácticamente sin

---

14. P. Tedde de Lorca, «El proceso de formación de la Compañía de Ferrocarriles Andaluces (1866-1880)», *Hacienda Pública,* nº 55, 1978, pp. 367-398; Id, «La Compañía de los Ferrocarriles Andaluces (1878-1920): una empresa de transportes en la España de la Restauración», *Investigaciones Económicas,* nº 12, 1980, pp. 27-76; para los transportes en la Andalucía oriental: C. Navarro de Oña, *El ferrocarril Linares-Almería, 1870-1934.* Almería. Cajal. 1984; D. Martínez López, «El ferrocarril de Granada a Murcia: capital foráneo, especulación y colonización económica en Andalucía», *Anuario de Historia Contemporáneo,* nº 14, Univ. de Granada, 1987-91, pp. 87-110.
15. Sobre la «desindustrialización»: J. Nadal, «Industrialización y desindustrialización del Sureste español, 1817-1913», *Moneda y Crédito,* nº 120, 1972, pp. 3-80; Id., *El fracaso de la Revolución industrial en España, 1814-1913.* Barcelona. Ariel. 1975; Id., «Los dos abortos de la revolución industrial en Andalucía», *Historia de Andalucía,* 2ª ed, vol. VI, Barcelona. Planeta. 1984, pp. 399-433. Un replanteamiento, en M. Martín Rodríguez, «Andalucía: luces y sombras de una industrialización interrumpida», en J. Nadal y A. Carreras (Dir. y Coord.), *Pautas regionales de la industrialización española (siglos XIX y XX).* Barcelona. Ariel. 1990, pp. 342-376. Una reinterpretación, desde la óptica malagueña, en J. A. Lacomba, «Sobre la «desindustrialización» malagueña de finales del XIX: algunas reflexiones», *Revista de Estudios Regionales,* nº 32, 1992, pp. 213-223.

integración, y muy serias dificultades en el nacional, a causa, en unos casos -la siderurgia-, del atraso tecnológico y del precio del carbón, y, en otros -el textil algodonero-, de la competencia catalana; c) extracción continua de beneficios, hacia el resto de España o hacia el extranjero, con carencia casi total de reinversiones, por lo que es exigua -aunque sea todavía una cuestión en debate- la incidencia económica de los capitales foráneos en Andalucía.

A todo ello cabe añadir que en esta etapa se empieza a diseñar en España la llamada «economía de dos velocidades», que expresa el arranque -y posterior afianzamiento- del «desarrollo desigual». En el contexto de esa dinámica se produce la progresiva «periferización» de Andalucía, que desemboca, finalmente, en *el atraso andaluz* de principios del siglo XX. Este pone de manifiesto : por una parte, el «desvío» de la evolución económica andaluza con respecto a otras regiones, algunas menos «desarrolladas» que Andalucía a mediados del ochocientos; por otra, que además de los factores «internos» anotados, actuaron sobre la economía andaluza otros «externos», y todos, en conjunto, «transformaron» Andalucía en un área ya claramente «dependiente» de los «centros» capitalistas, españoles y europeos. En suma: la región quedaba económicamente «desestructurada», en buena medida «colonizada» y, en consecuencia, *situada* en una posición «subordinada» a intereses foráneos[16].

¿Qué estaba ocurriendo? Se instalaba en Andalucía «un capitalismo precario», con fuertes contradicciones internas y graves disfunciones, en el que convivían estrechamente modernización y estancamiento económico[17]. El desarrollo capitalista había hecho de España un ámbito «periférico». Por su parte, el propio despliegue del desequilibrado capitalismo español, por la relación de fuerzas existente y el «sistema de poder» instalado -el costiano «oligarquía y caciquismo»-, había *reducido* a Andalucía a «periferia» de España; o sea, *a periferia de la periferia.*

b) Los procesos de la primera mitad del XX

Esta dramática realidad económica verá agudizados sus problemas -latentes unos, expresos otros- con el paso del tiempo, y así, al concluir el primer tercio del XX, es evidente el «atraso estructural» andaluz en el contexto del desarrollo capitalista español. Hay un fuerte desequilibrio entre los diferentes sectores productivos -con peso dominante del primario, pobreza y falta de

16. Se desarrollan y muestran estos aspectos, de forma sintética, en J. A. Lacomba, «Desde los inicios de la industrialización al Plan de Estabilización de 1959», en M. Martín Rodríguez (Dir.), *Estructura económica de Andalucía.* Madrid. Espasa Calpe. 1993, pp. 35-49.
17. P. Tedde de Lorca, «Un capitalismo precario (1874-1920)», en *Historia de Andalucía*, vol. VIII, Barcelona. Planeta. 1981, pp. 161-214.

«modernidad» en el secundario y «tradicionalismo» en el terciario- y aun dentro de cada sector. No existe, además, ligazón intersectorial. Corolario lógico de todo ello será la presencia en Andalucía de un capitalismo «arcaico», fruto de la fuerte «periferización» económica que la región experimenta en este período.

En la agricultura, en la que en el XX se han dado algunos «cambios», que implican cierta «modernización», la clave parece seguir estando en el desequilibrado régimen de propiedad, «permanencia» de duración secular en el sector[18]. Entre sus secuelas, cabe destacar, quizás como más significativa, por su «histórica» persistencia, la extrema polarización de la riqueza, teniendo en cuenta que es aquí donde se genera buena parte del excedente, que, además, solo en una reducida proporción se reinvierte en la zona.

En la industria, el «reajuste» con que se cerró el XIX, se ha transformado en puro desmantelamiento, manteniéndose las empresas tradicionales y desapareciendo, casi por completo, las modernas. Paralelamente, la actividad especulativo-depredadora sobre la minería, que prosigue y aun agudiza la que se hizo en el ochocientos, acabará arruinando definitivamente el sector, en buena medida controlado por compañías extranjeras. Por su parte, el comercio, muy activo hasta el tercio final del siglo XIX, tras su recuperación inicial, se contrae definitivamente y sus puertos tradicionales entran en crisis.

Unese a todo ello la penetración en Andalucía de la banca nacional, decisivo mecanismo de drenaje de capitales y vía de extracción del excedente[19]; la persistente deficiencia de la red de transportes y, consecuentemente, la escasa articulación del mercado regional; y, en suma, como *expresivo* resultado final, la «especialización productiva» a que ha sido reducida la región[20]. La economía andaluza sigue mostrando un *atraso* que parece hacerse crónico;

---

18. Sobre la formación del latifundismo andaluz, de raíz secular, y su «persistencia» en el tiempo, existe una amplia, y a veces controvertida, bibliografía. Una excelente síntesis y puesta al día, con planteamientos muy sugestivos, en A. M. Bernal, *Economía e historia de los latifundios*. Madrid. Inst. de España/Espasa Calpe. 1988. Sobre la problemática de los latifundios, J. Martínez Alier, *La estabilidad del latifundismo*. París. Ruedo Ibérico. 1968.
19. P. Tedde de Lorca, «Un capitalismo precario (1874-1920)», en *Historia de Andalucía*, vol. VIII, Barcelona. Planeta. 1981, pp. 161-214. Sobre el sistema financiero andaluz posterior, J. Guzmán Cuevas, *El sistema financiero y el desarrollo económico regional. La actividad financiera en Andalucía*. Sevilla. Universidad. 1982; F. Terrón Muñoz, *El sistema financiero andaluz*. Sevilla. Caja de San Fernando. 1987. Una visión actual de conjunto en M. Martín Rodríguez y A. Martín Mesa, «Sistema financiero», en M. Martín Rodríguez (Dir.), *Estructura económica de Andalucía*, op. cit., pp. 459-497.
20. J. A. Lacomba, «Desde los inicios de la industrialización...», trabajo cit., en op. cit., pp. 49-61.

su «posición» en la economía española viene a ser, de esta manera, expresión de los intereses dominantes en el «sistema de poder» de la época.

Tras la guerra civil, en los años cuarenta y cincuenta, se afianza el *atraso* andaluz. Vendrá este propiciado por la correlación de intereses resultantes de la contienda. Emergen entonces los problemas de «una transformación inacabada»[21]. Entre las «permanencias» que se pueden señalar, destacan: a) el peso de una agricultura en la que se mantiene, y aun acentúa, la desequilibrada estructura de la propiedad, excesivamente sobrecargada de mano de obra, con paro y subempleo estructurales, cuya única alternativa está en la emigración, que, al absorber el excedente de fuerza de trabajo, permita un cierto «cambio», con incremento de los salarios y una capitalización modernizadora del sector; b) una industria débil, tradicional y minifundista, en la que se inicia una cierta «colonización» por la progresiva entrada en el sector de capitales foráneos; c) las dificultades para una financiación *interna*, que ponga en marcha un «crecimiento endógeno», por la «salida» de capitales hacia inversiones más rentables a corto plazo; d) la deficiente utilización de los recursos, naturales y humanos, en general claramente subempleados[22].

En definitiva, hacia 1960 la economía andaluza necesitaba fuentes de financiación, que posibilitaran la expansión productiva y la creación de empleo, así como una racional *política regional,* que hiciera posible el impulso hacia el crecimiento económico. A más de todo ello, el bajo nivel de vida de los andaluces requería un aumento y mejor distribución social del producto, y una elevación de la renta personal. En suma, en la Andalucía de 1960, era evidente la presencia de una economía *desequilibrada y atrasada,* sin vertebración interna, claramente «dependiente», por su «especialización productiva», con excedente de mano de obra, escasa capitalización, extrema polarización de la riqueza y carente, por completo, de una política regional adecuada y coherente. Todo ello tendía a hacer más acusada su disparidad con otras regiones y a *situarla* claramente como un área «periférica» y «subordinada»[23].

---

21. A. M. Bernal, «Las dificultades de una transformación inacabada», en *Historia de Andalucía*, vol. VIII, Barcelona. Planeta. 181, pp. 365-392.
22. Un completo panorama de Andalucía en torno a 1960, en J. Cazorla, *Factores de la estructura socio-económica de Andalucía Oriental.* Reed. facsímil de la de 1965. Granada. Universidad y Caja General de Ahorros. 1993. (Contiene un excelente *Estudio preliminar* de M. Delgado Cabeza).
23. J. A. Lacomba, «Desde los inicios de la industrialización...», trab. cit., en op. cit., pp. 61-70.

c) Los «ajustes» de los últimos treinta años

Los sesenta, como ha señalado el prof. Delgado Cabeza, marcan el comienzo de una nueva etapa en la articulación de Andalucía en el «sistema», proceso que se desplegará en los últimos treinta años. Como consecuencia de esta *integración,* la economía andaluza va a experimentar «cambios» importantes, que coexistirán con rígidas «permanencias».

Se pone en marcha un crecimiento desordenado y polarizado, que, por una parte, no acorta la distancia de Andalucía con respecto a la media española (en 1979, el PIB por habitante es el 73,0% de la media; en 1990, el 70,9%), y, por otra, agudiza los desequilibrios internos de la región. Este crecimiento se inserta en la nueva «división regional del trabajo», por la que Andalucía queda «encargada» de una especialización en la que persisten los rasgos dominantes que ya aparecían en 1960 (pesca, minería, alimentarias, agricultura, servicios públicos...), pero en la que, llegada la industria de las zonas desarrolladas del país a unos límites para los que se presentan deseconomías, «se asiste al desplazamiento de algunas actividades industriales hacia Andalucía»[24].

Desde el inicio de los ochenta es evidente la especialización de Andalucía en servicios y agroindustria. En el marco de las relaciones de dependencia interregionales, y de la estructura dual *dominación-dependencia*, Andalucía se sitúa en la *especialización dependiente,* que implica, además, emigración y subdesarrollo. La raíz de dicho subdesarrollo se encuentra, desde tiempo atrás, entre otras razones: en los desequilibrios de su estructura productiva; en la infrautilización de su población activa; en el bajo nivel de acumulación de su economía y en la inadecuada e injusta distribución social de su producto regional.

Consecuentemente, existe un deficiente reparto de la renta, contemplado bajo las ópticas sectorial, funcional, provincial y personal[25]. Todo ello da lugar a un «nivel de bienestar» social inferior a la media nacional, así como a la casi totalidad de las regiones españolas; en otras palabras, a una «situación de subdesarrollo en el bienestar» y, lógicamente, a la correspondiente presencia de un mayor «nivel de malestar». En suma, Andalucía aparece ya claramente en el arranque de los ochenta como el vivo ejemplo de una *carencia endémica*

---

24. M. Delgado Cabeza, «Las tres últimas décadas de la economía andaluza», en M. Martín Rodríguez (Dir.), *Estructura económica de Andalucía*, op. cit., pp. 82-92.
25. Sobre la distribución de la renta en Andalucía: R. Esteve Secall, «Población, actividad económica y territorio» y J. Torres López, «Distribución de la renta», ambos trabajos en M. Martín Rodríguez (Dir.), *Estructura económica de Andalucía,* op. cit., respectivamente pp. 555-581 (en particular, pp. 568-572) y 583-619.

en el país: la falta de una política económica tendente a corregir los desequilibrios regionales[26].

En el proceso de articulación de Andalucía al *sistema*, es de señalar, como uno de sus aspectos recientes, la incidencia que en la economía andaluza ha tenido el ingreso de España en la CEE. Ya antes de la adhesión, en uno de los trabajos previos que analizaban las posibles repercusiones de esta sobre la estructura económica andaluza, se decía: «no existen en la economía andaluza ni lazos ni las razones que hacen para la economía española necesaria -en principio- la adhesión, ni la necesita; por otro lado, parece que a Andalucía le interesaría más una organización institucional opuesta a la de la CEE: siendo competitiva en agricultura, podría ganar más como una mercado mas libre y, por el contrario, su pequeñez industrial la inclinaría hacia un mercado industrial más protegido». Junto a todo ello, tanto en el Acuerdo de 1970, «como en la adhesión futura, Andalucía resulta relativamente peor tratada que otras regiones». Todo ello llevará a Andalucía «a incorporarse en unas condiciones muy diferentes de las que por sus propias características le deberían corresponder»[27].

Estos malos «presagios» parecen haberse cumplido en no poca medida. El tratado de adhesión de España, en vez de venir a potenciar las posibilidades económicas de Andalucía, ha funcionado como mecanismo «regresivo» para el desarrollo de la economía andaluza. Y ello, desde el principio. Así se puede advertir en algunas cláusulas del propio Tratado, claramente lesivas para la agricultura andaluza[28]. Todo viene a apuntar, pues, los aspectos negativos de algunas políticas comunitarias -en particular, la PAC- para Andalucía[29].

---

26. Para todo lo referente a la economía andaluza en los primeros años ochenta, J. Velarde Fuertes (Dir.), *Decadencia y crisis en Andalucía. Una interpretación económica.* Sevilla. Inst. de Desarrollo Regional. 1982; para lo señalado en el texto, véanse pp. 967-1052.
27. J. A. Payno (Dir.), *Claves para el desarrollo económico de Andalucía.* Sevilla. Junta de Andalucía/Fundación Banco Exterior. 1983, pp. 433-434. Véase, en este sentido, *Revista de Estudios Regionales,* vol. IV, Extr. 1982, nº monográfico sobre «Andalucía y el Mercado Común Europeo», en donde se analiza, por sectores, y con un balance positivo, la posible incidencia en Andalucía del ingreso de España en la CEE.
28. En particular, en lo tocante a cereales, viñedo y olivar; a lo que hay que añadir el hecho de los acuerdos preferenciales con Israel y Marruecos.
29. Escribe irónicamente A. Gala sobre lo que «nos están haciendo o están a punto de hacernos» en Bruselas: «Entre la matanza de vacas, la reglamentación de los cultivos oleosos, y ahora la destrucción de casi 300.000 hectáreas de viñedos, parece que allí nos toman por lo que más o menos somos: el pito del sereno. Detestan nuestros líquidos. Quien pensaba ya vaticinó que entrar deprisa y corriendo en la UE nos dejaba en ropas menores y haciendo reverencias» («La madrastrona», *El Mundo,* 20 mayo 1994, pág. 3).

Con la creación y puesta en marcha del Mercado Unico Europeo el crecimiento económico tiende a ser necesariamente *dispar*, «siendo las regiones periféricas las que se beneficiarán en menor medida de la unión». Eso significa que dichas «regiones periféricas» -y este es el caso de Andalucía- tendrán más dificultades para recuperar su «retraso comparativo»[30]. Los datos y los problemas actuales así lo ponen de manifiesto. Andalucía, según los indicadores, aparece como una de las últimas «regiones» europeas, la que más tasa de paro tiene y la que más perjudicada se encuentra en la división del trabajo. Todo queda dentro de la lógica del *sistema*: las *periferias* «funcionan» de acuerdo con los intereses del *centro* y Andalucía queda perfilada, en consecuencia, como periferia de la periferia de Europa. Tampoco por aquí, si no cambian las cosas, existe un horizonte despejado.

Sobre este entramado de «ajustes» -y de desajustes- se alcanzan los noventa. ¿Qué ha pasado en los sectores fundamentales de la economía andaluza? En la agricultura, pese a todo, persisten «permanencias». A apuntar, entre otras: el desequilibrio en la estructura de la propiedad; las crecientes tasas de paro (agrario y no agrario); las nuevas formas de «dominación caciquil» (el PER); la fuerte polarización de la riqueza generada en el sector. También se aprecian algunos «cambios» que, sin embargo, *no rompen* la configuración estructural: la modernización, vía mecanización, será continuada por los procesos de racionalización , con crecimiento de la productividad y de las tasas de rentabilidad relativa; todo ello dará lugar a que la actual agricultura andaluza, observada desde la óptica de sus principales macromagnitudes -producción; valor añadido; productividad -aparezca, en buena medida, como una «agricultura moderna», en la que, sin embargo- y es una «permanencia» enquistada- se sigue dando, sigue persistiendo, «la centralización del excedente»[31].

Como ha señalado Mª C. Ocaña, la modernización agraria no ha resuelto el «problema campesino»: «Es el subdesarrollo regional el que no ha hecho

30. E. Cuenca, «Las relaciones económicas de Andalucía con el resto del mundo», en M. Martín Rodríguez (Dir.), *Estructura económica de Andalucía*, op. cit., pp. 525-551, en particular pp. 538-540.

31. Un panorama de conjunto sobre la agricultura andaluza de hoy en A. Rodero Franganillo y J. J. Romero, «Sector agrario», en M. Martín Rodríguez (Dir.), *Estructura económica de Andalucía,* op. cit., pp. 285-321. Un balance de la agricultura andaluza en 1992, en Junta de Andalucía, *La agricultura y la pesca en Andalucía.* Sevilla. Consejería de Agricultura y Pesca. 1993. Una revisión del proceso de configuración en Mª C. Ocaña, *Latifundio, gran explotación y modernización agrícola. Una reflexión sobre Andalucía.* Málaga. Universidad. 1987. Sobre el PER: R. Yuste Moyano, «Jornaleros andaluces: el Plan de Empleo Rural, ¿solución o problema?», en *Revista de Fomento Social*, nº 182, abril-junio 1991, pp. 201-212.

compatible la modernización de la agricultura (...) con el desarrollo de otras actividades locales, que absorbieran el excedente de población agrícola»[32].

En cuanto a la industria, dominan claramente las «permanencias» o, en otras palabras, las características *fijadas* por la historia, *en razón a unos intereses*. Persiste la atonía y siguen predominando las que fueron, en el tiempo, características estructurales del sector, con algún «cambio», más aparente que real: a) extremado «minifundismo» industrial (la pequeña empresa representa más del 95% del total andaluz), acompañado de una obsolescencia generalizada del equipo; b) existencia de un acusado «dualismo» (como en los tiempos de la industrialización de mediados del XIX), con una industria tradicional en regresión y una industria nueva, «implantada» desde el exterior, que no se inserta en el tejido socioeconómico de la región, ya que no ha venido a satisfacer ninguna necesidad específica de la misma, por lo que esta ha funcionado como «periferia» de las zonas más industrializadas del país, con lo que, en palabras del prof. Delgado Cabeza, «Andalucía ha soportado los desperdicios del desarrollo de otros»; c) realidad «colonial», por el escaso control que sobre la industria «situada» en Andalucía tiene la propia región, que ha servido con ello de *enclave* para «colocar» piezas que, en realidad, forman parte de otras economías[33].

Con respecto a los servicios, el «cambio» es innegable y su peso económico se manifiesta decisivo a partir de los sesenta, momento en el que se inicia el proceso de «terciarización» de Andalucía: generan, aproximadamente, el 60% del valor añadido de la economía andaluza y ocupan a un alto porcentaje de la población activa. Pero pese a ello, aun dentro del «cambio», subsisten «permanencias» o, con más propiedad, «deficiencias estructurales»: a) es un sector con crecimiento «anacrónico», al no derivarse de una industrialización madura, sino de la utilización barata del excedente de fuerza de trabajo; b) muestra de su gran fragilidad es la baja productividad de buena parte de estos servicios; su avance en Andalucía ha tenido un carácter «extensivo», con predominio de las ramas «tradicionales», frente a las de alta productividad y elevado proceso

32. Mª C. Ocaña, *Latifundio, gran explotación y modernización agrícola...*, op. cit., pp. 59-60; cita textual en pág. 60.

33. Una sistemática visión de conjunto en A. Pajuelo Gallego y J. Villena Peña, «La industria» junto con P. Caldentey Albert, «Industria agroalimentaria», en M. Martín Rodríguez (Dir.), *Estructura económica de Andalucía*, op. cit, pp. 347-373 y 375-395, respectivamente. Un análisis de la inversión reciente, en M. Alcaide Castro, M. González Rendón, I. Flórez Saborido, «La industria andaluza: el comportamiento espacial y sectorial de la inversión durante el período 1985-1990», *Revista de Estudios Regionales*, nº 32, 1992 (1993), pp. 15-42. Un excelente panorama de la industria andaluza en torno a 1990, con profusión de datos, en A. Santiago Ramos, *La actividad y el espacio industrial en Andalucía*. Málaga. Agora. 1991.

tecnológico, lo que manifiesta el carácter *subsidiado* del sector c) es evidente el agotamiento del «modelo turístico» que fue, en su origen, la actividad dinamizadora, generadora de importantes efectos de arrastre[34].

Junto a todo ello, sigue persistiendo la necesidad apremiante de vertebrar adecuadamente el territorio andaluz. Según ya se apuntó, es esta una más que secular «permanencia». Existe una red de comunicaciones concebida, en su momento de formación, para servir de enlace con el exterior -con el «centro»-, proyectando, en consecuencia, la economía andaluza «hacia afuera», extrovertiéndola; en suma, no favoreciendo su imprescindible articulación interna y profundizando, así, los desequilibrios espaciales y sectoriales de Andalucía.

Con la «novedad ferroviaria» del 92 (el AVE) -que *acerca* Sevilla a Madrid, intensificando con ello la relación entre dos polos «centrales» de un sistema- y la red de autovías y transportes por carretera, construida en los años ochenta y primeros noventa, no se ha «trabado» aun Andalucía y es mucho todavía lo que queda por hacer; ha aumentado su accesibilidad desde el exterior y no desde el propio interior; se ha acentuado muy seriamente el «centralismo sevillano»; se ha seguido manteniendo la dificultosa conexión de las zonas occidental y oriental de Andalucía e, incluso, se ha propiciado la «extraversión mediterránea» de Almería. «La organización de Andalucía como una Comunidad Autónoma -escribe Mª C. Ocaña- supone un nuevo modelo territorial, del que cabe esperar una transformación importante de las infraestructuras de comunicación»[35].

---

34. Sobre el sector servicios y sus aspectos en la España actual, hay dos excelentes libros: J. R. Cuadrado Roura y M. González Moreno, *El sector servicios en España*. Barcelona. Orbis. 1987; J. R. Cuadrado Roura y C. del Río Gómez, *Los servicios en España*. Madrid. Pirámide. 1993. Una síntesis sobre el caso andaluz en M. González Moreno, «El sector servicios», en M. Martín Rodríguez (Dir.), *Estructura económica de Andalucía*. Madrid. España Calpe. 1993, pp. 397-428. Sobre el «boom» turístico andaluz y el agotamiento del modelo hasta ahora mantenido, pueden verse: R. Esteve Secall, *Ocio, turismo y hoteles en la Costa del Sol*. Málaga. Diputación. 1982; Id., *Un nuevo modelo turístico para España*. Málaga. Universidad. 1991; M. J. Marchena, F. Fourneau, V. Granados (Eds.), *¿Crisis del turismo? Las perspectivas en el nuevo escenario internacional*. Sevilla. Universidades de Sevilla y Málaga. 1993. Una sintética visión de conjunto, en E. Torres Bernier, «Turismo», en M. Martín Rodríguez (Dir.), *Estructura económica de Andalucía*, op. cit., pp. 429-457.

35. Mª del C. Ocaña, «Ordenación del territorio e infraestructuras», en M. Martín Rodríguez (Dir.), *Estructura económica...*, op. cit., pp. 147-184. Un reciente análisis, en C. Márquez Guerrero, «Política regional europea y desarrollo regional de Andalucía: el caso de las infraestructuras de transporte por carretera», *Revista de Estudios Regionales*, nº 29, 1991 (1992), pp. 81-114; Id., «El desarrollo de la red viaria y ferroviaria andaluza en el período 1987-92: Impactos económico-territoriales», en *Revista de Estudios Regionales*, nº 37, 1993 M. C. Ocaña y E. García Manrique, *El Territorio Andaluz*. Málaga. Agora. 1990; en especial, Cap. VI, pp. 175-239.

En conjunto, pues, un panorama difícil. A corto plazo y , según parece, a largo. Con problemas desde el lado de la oferta y desde el de la demanda. Señala el prof. J. Aurioles que una evaluación realista debería partir del reconocimiento del fuerte enraizamiento de muchos males (incapacidad para crear empleo, marginalidad del ámbito rural, vinculación del aparato productivo a la base primaria y natural, entre otros), «así como de las importantes restricciones existentes en este momento para la puesta en marcha de medidas de largo alcance»[36].

Señala el sociólogo A. Touraine que no basta el avance tecnológico para caracterizar una sociedad de «moderna». Ha de haber, entre otras cosas, una legislación que realmente proteja contra «el nepotismo, el clientelismo y la corrupción»; una administración pública que no sea instrumento «de un poder personal»; una política económica que deslinde claramente el enriquecimiento privado del presupuesto público. En esta misma línea, E. Morin ha dicho: «Cuando se pierde el sentido ético en política o en la sociedad en general, aparece la corrupción»[37]. ¿Hasta qué punto estos parámetros son válidos para la Andalucía -y para la España- de hoy?. Desde esta perspectiva, ¿se puede caracterizar como «moderna» la realidad andaluza actual? ¿No siguen «permaneciendo» fuertes «deformaciones» de arraigada raíz histórica? ¿No perviven, en el seno de una economía desestructurada y de una sociedad gravemente «viciada», un peculiar neocaciquismo, un perturbador y corrosivo personalismo y un desgarrador, socialmente hablando, sistema clientelar?

Con todo lo expuesto, queda patente el *peso de la historia* en la actual economía andaluza. Desde finales del XIX, ésta ha recorrido un camino que difícilmente se puede concebir «como una aproximación al desarrollo». Bien al contrario, como sintetiza el prof. C. Roman, *subdesarrollo, estancamiento, extroversión, dependencia y marginación,* son sus notas características. En no poca medida, las mismas que encontrábamos en el arranque histórico del proceso que nos ha traído hasta hoy. Como escribe el prof. Delgado Cabeza,

---

36. J. Aurioles, «Andalucía 1986-1992. Balance de situación», en *Papeles de Economía Española*, nº 55, monográfico sobre «Comunidades Autónomas. Situación económica actual», 1993, pp. 84-100; cit. en pág. 100. Un análisis en profundidad de la economía andaluza entre los sesenta y finales de los ochenta en el espléndido libro de J. Aurioles, *Claves actuales de la economía andaluza*. Málaga. Agora. 1989. Un panorama de conjunto de la economía andaluza en torno a 1990, en *Revista de Estudios Regionales*, nº 28, 1990 (1991), monográfico sobre «La realidad actual y perspectivas de la economía andaluza».

37. Declaraciones de E. Morin, con motivo de la concesión del Premio Internacional «Catalunya», otorgado por el Instituto Catalán de Estudios Mediterráneos (*El Mundo*, 19 mayo 1994, pág. 60).

«en la estructura económica andaluza continua pendiente la superación de los obstáculos que nos impiden emprender el camino adecuado»[38].

Balance final: Andalucía, del crecimiento de mediados del XIX, al atraso de finales del XX

Contemplando la actual economía de Andalucía, la cuestión a plantearse sería: ¿por qué el crecimiento de mediados del XIX no dio paso al desarrollo y, en cambio, derivó hacia *el atraso* y *el subdesarrollo* andaluz de finales del XX? Ese es el gran tema *historicoeconómico* a resolver. Su explicación no puede encontrarse *solo* en la historia económica -ya se señalaba antes, recordando a Schumpeter-, sino que para ella hay que recurrir a la historia *total* de Andalucía y, también, de España y de Europa, en este largo período.

Quizás, en Andalucía -salvando las distancias-, puede haber sucedido algo «fenomenológicamente» similar a lo que el muy criticado O. Paz apuntaba para «explicar» la «crisis de Chiapas» (México):

> *«la modernidad ha penetrado tarde y mal. No ha liberado a los campesinos, ni mejorado sus condiciones de vida. Al contrario, al trastornar la cultura tradicional y las antiguas jerarquías, ha acentuado las terribles desigualdades sociales y culturales»*[39].

---

38. Para una visión de conjunto de la economía andaluza en los últimos treinta años, me he apoyado, fundamentalmente, por su extraordinaria agudeza y precisión, en: M. Delgado Cabeza, *Dependencia y marginación de la economía andaluza*. Córdoba. Cajasur. 1981; Id., «Las tres últimas décadas de la economía andaluza», en M. Martín Rodríguez (Dir.), *Estructura económica...*, op. cit., pp. 73-111; Id., «Andalucía en el camino de una integración desigual», *Estudio preliminar* al libro de J. Cazorla, *Factores de la estructura socio-económica...*, op. cit., pp. XI-XXXIX; C. Román, *Sobre el desarrollo económico de Andalucía*. Málaga. Arguval. 1987; J. Aurioles, *Claves actuales de la economía andaluza*, op. cit. Unas reflexiones sobre el proceso andaluz de subdesarrollo, en P. Tedde de Lorca, «Sobre los orígenes históricos del subdesarrollo andaluz: algunas hipótesis», en el libro de N. Sánchez Albornoz (Comp.), *La modernización económica de España, 1830-1930*. Madrid. Alianza. 1985, pp. 299-318. Datos sobre el estancamiento económico de Andalucía en 1992 y 1993, en Hispalink-Andalucía, «Situación actual y perspectivas económicas de Andalucía», *Cuadernos de Ciencias Económicas y Empresariales*, Málaga, nº 23, 1992 (1994), pp, 107-113, y nº 24, 1993 (1994), pp. 129-137.
39. Artículo de Octavio Paz en *La Prensa*, de México; referencia en *El Mundo*, 7 de enero de 1994, pág. 16. Como ejemplo de las muy duras críticas a los planteamientos de O. Paz, puede verse F. Umbral, «Chiapas», *El Mundo*, 12 febrero 1994, última página. Se ha señalado que la lógica de la protesta de Chiapas se comprende mejor cuando se conoce su historia y su

O, tal vez, lo que una periodista ha llamado «el fenómeno del sur»:

> *«Son muchos siglos de hambre y de incultura, de amos y jornaleros, de pan y cebolla»*[40].

Cabe apuntar que a partir de la agricultura, como principal fuente generadora de riqueza, la oligarquía/burguesía andaluza, gran propietaria de las tierras, participó muy directamente en el «sistema de poder» dominante en la España de finales del XIX y primer tercio del XX. Lo hizo junto a la burguesía industrial catalana, la de los ferreteros y financieros vascos y la de los propietarios de minas del sudeste peninsular. Ellos, en su favor, controlaron el «sistema político» restauracionista. En la etapa franquista, aunque con matices diferentes, continuó su vinculación al poder, cuyos resortes siguió utilizando en beneficio propio. Todo ello «determinó», en buena medida, la configuración estructural de la economía andaluza. En cualquier caso, una posible explicación ha de combinar diversas variables -y no solo las económicas-, entre las que cabe subrayar algunas.

Una es que, pese a la modernización final agraria que se ha producido, subsiste la «permanencia» del desequilibrado régimen de propiedad. Este, según López Ontiveros, se ha mantenido, en general, estable desde 1930, conformando una «estructura dualista». Ejemplificación de todo ello puede ser la «cuestión latifundista», en la que coexisten estrechamente «permanencias» y «cambios». Escribe al respecto Mª. C. Ocaña:

> *«Hay una continuidad en la evolución de las estructuras agrarias andaluzas que vincula la gran explotación actual (...) con los latifundios históricos. Esa continuidad ha mantenido hasta finales de los cincuenta, en aquellas áreas más afectadas por el latifundio (...), la dominación de clase de los terratenientes que es propia de este sistema (...). En esta evolución, sin rupturas, que da origen a la gran propiedad andaluza, el sistema de su aprovechamiento ofrece por el contrario transformaciones mucho más radicales. Una gran distancia separa el latifundio tradicional en su explotación, con las grandes explotaciones agrícolas actuales»*[41].

«proceso modernizador» de los siglos XIX y XX, que «ha conducido al enriquecimiento de unos pocos a costa del empobrecimiento y sujeción de los más, sin que revoluciones ni reformas hayan alterado esta trayectoria» (J. Fontana, *Europa ante el espejo*, op. cit., pág. 151). Aunque a distancia, ¿no recuerda este «trayecto» el caso andaluz?

40. C. Alvarez de Toledo, «Arenas en el ruedo», *El Mundo*, 7 febrero 1994, pág. 2.

41. Mª C. Ocaña, *Latifundio, gran explotación y modernización agrícola...*, op. cit., pág. 5.

Todo lo cual, por la correlación de grupos sociales que conforman el «sistema de poder» hegemónico, con lo que ello significa, ha dado lugar a un sector primario excesivamente sobredimensionado, con un desigual reparto del excedente y una estructura social muy jerarquizada y polarizada; en él, consecuentemente, siguen persistiendo, junto a elementos «modernos», formas de «capitalismo arcaico», que condicionan y lastran gravemente la realidad económica global de Andalucía.

Junto a ello, y complementándolo, cabe hablar del «fracaso histórico» -por razones endógenas y exógenas- de la industrialización en Andalucía. Al no consolidarse esta, por no *insertarse* nunca en el tejido socioeconómico andaluz, se quebró el proceso de cambio económico a ella vinculado, y no surgieron los correspondientes «efectos de arrastre» sobre la región. Sobrevivió, en consecuencia, un secundario mínimo, carente del impulso necesario, desestructurado, frágil, que fue sistemática y progresivamente «colonizado» y permaneció -y permanece- claramente «dependiente».

El terciario, por su parte, hasta el «boom» turístico, y aun luego, fue -y sigue siendo-, en buena medida, un sector inflacionado y parasitario, al que la larga etapa de próspera coyuntura del turismo -al parecer, en vías de agotamiento, de mantenerse el actual modelo- no pudo, en absoluto, «regenerar». A señalar que, en la crisis de la economía andaluza de los primeros noventa, este sector se sitúa en cabeza en los procesos de regulación de empleo, como muestra de su fuerte quebranto, resultado, en definitiva, de su falta de solidez, y de no haberse «consolidado» en lo que fueron coyunturas propicias.

En la raíz de todo ello, como «cuestión de fondo» y *fundamento histórico* de la realidad presente, un amplio conjunto de «permanencias» de gran significación: a) un extenso territorio sin real vertebración, por la deficiente red de transportes y de comunicaciones; b) una economía sin ligazones internas, cada vez mas «subordinada» y «dependiente»; c) una estructura de la renta y de la riqueza fuertemente polarizada; d) una clara «supeditación política», basada en un «sistema de poder» ajeno a los *intereses reales* de Andalucía; e) una configuración social fuertemente desequilibrada, provocadora de graves tensiones .

El atraso económico andaluz del presente -véanse los indicadores que se quiera- viene a ser, por todo ello, el resultado del «modelo de desarrollo desigual» puesto en marcha en España desde el XIX y, muy particularmente, después de la guerra civil, y del papel que en él se asigna a Andalucía. Si desde el último tercio del ochocientos Andalucía funciona como «periferia» de España -que, a su vez, *es* periferia de los países capitalistas desarrollados-, tras la contienda civil Andalucía es «destinada», fundamentalmente, a proporcionar recursos agrarios, mano de obra y flujos financieros al distorsionado modelo español de crecimiento capitalista.

Se configura, así, la desequilibrada estructura económica que Andalucía ahora presenta, y también su muy baja «posición relativa» en el contexto español. A señalar que las macromagnitudes básicas de Andalucía, en 1990, se hallan *todas* por debajo de su «tasa de territorialidad» (el 17,28%) y de su «tasa de población» (el 17,5%)[42].

En cuanto a los rasgos de la economía andaluza, cabe hablar, como más significativos, de inferiores niveles de renta, fuerte peso de las actividades ligadas a los recursos naturales, baja capacidad de generación de valor añadido, grandes diferencias en las dotaciones de stocks de capital, en los niveles educativos y en la formación de capital humano; junto a ellos: desequilibrios espaciales, elevado peso del sector primario y de los servicios, con escasa presencia de la industria, alto volumen de población desempleada y bajas tasas de actividad[43].

En definitiva, en la actual economía andaluza: a) siguen siendo injustas las formas de producción y distribución de la riqueza; b) el tejido socioeconómico muestra un constante proceso de deterioro, sin capacidad de regeneración a corto plazo para posibilitar un crecimiento endógeno; c) la «colonización» por capitales foráneos, en su mayor parte multinacionales extranjeras, presentes en casi todos los sectores, ha agudizado la situación de «dependencia», generando graves problemas sociales por los cierres y regulaciones de empresas, que parecen abocar a Andalucía al desmantelamiento de su tejido productivo[44]. Todo lo cual ha llevado a que Andalucía sea considerada una tierra caracterizada por «la pobreza, el subdesarrollo, el analfabetismo y la falta de promoción interna en los ordenes económico, social, político, cultural y religioso», configurando así una realidad «dura y cruda», con «grandes y graves problemas», entre los que dominan «la persistencia del paro y el hambre»[45].

Sobre tan desarticulada «plataforma económica» se asienta una estructura social claramente distorsionada. En esta, como *expresión real* de aquella, aparece un excesivo campesinado, en buena parte «subvencionado» mediante el PER, mecanismo creado al parecer para «regar los geranios clientelares con

---

42. Instituto de Estadística de Andalucía, *Andalucía. Datos Básicos. 1993*. Sevilla. Junta de Andalucía. 1993.
43. Ernst & Young, *Andalucía*. Madrid. Cinco Días. 1991.
44. A. Checa, «Las multinacionales y Andalucía», en *Diario 16 Málaga*, 20 febrero 1944, pág. 57. Para los problemas de Suzuki en Linares, pp. 55-56. Una muy sugestiva reflexión de conjunto en A. Checa Godoy, *Andalucía después del 92*. Málaga. Agora. 1994.
45. Escrito del obispo de Jerez, *Diario 16 de Málaga*, 27 de febrero 1994, pág. 27.

el Presupuesto nacional»[46], y que da lugar a una Andalucía, si no «peregrina», sí «cautiva»; a su lado, un menguante obrerismo industrial, en constante caída por las crisis y cierres de empresas; luego, un abundante terciario no cualificado, una descolocada clase media y una reducida, pero aun muy poderosa, clase alta, con intereses en el exterior, que bien poco se ha preocupado -históricamente, ya lo vimos, también fue así- por la «regeneración» de Andalucía[47].

En este proceso del pasado al presente, ¿hacia que perspectivas se puede encaminar el futuro? Parafraseando a Le Goff, que habla de Europa, se puede decir que Andalucía «se está construyendo»; y esa construcción solo será posible «si se tiene en cuenta el pasado», si sabemos *leerlo*, *entenderlo* y *explicarlo*; si conocemos, por ese medio, «las dificultades heredadas», que *permanecen* enquistadas en el presente, y «las posibilidades no explotadas», que puedan permitir opciones de *cambio*. Para acometer este proyecto, es preciso acercarse al pasado «con una perspectiva de futuro»[48].

Aunque cabe siempre la esperanza, nunca debe olvidarse la realidad. Esta es la que es y de ella hay que partir. Por todo ello, comparto plenamente el duro diagnóstico ofrecido por el prof. Delgado Cabeza:

> *«Al contrario de lo que ocurre en las economías integradas, donde el crecimiento tiene unos altos efectos difusores en un proceso con un fuerte grado de retroalimentación que refuerza la cohesión interna, en Andalucía, sin cambios profundos en la estructura económica, estimular el crecimien-*

---

46. En 1994, la dotación para el PER en Andalucía ascenderá a 105.498 millones de ptas., con una subida del 34% con respecto a 1993. De este total, la aportación del Estado ascenderá a 48.124 millones de ptas., y la de la Junta de Andalucía, a 57.374 millones de ptas. En conjunto, el PER, nacido en 1984 y que se «aplica» únicamente a Andalucía y Extremadura, «subsidiaba» en 1985 a 184.304 personas; en 1992, a 201.372; en noviembre de 1993, a 240.596. Desde 1984, el Gobierno central y los de Andalucía y Extremadura -incluyendo los 137.447 millones de ptas. previstos para 1994- han destinado al PER 1.070.460 millones de ptas. Todo parece indicar que estamos ante el nuevo «mecanismo caciquil» de control del voto. A señalar que 1994 es año electoral, lo que ha abierto el debate político en torno al PER, proponiendo el PP e IU una alternativa sobre el mismo para evitar «la corrupción y el clientelismo». (La frase entrecomillada del texto pertenece a la periodista C. Alvarez de Toledo y aparece en el artículo de la misma ya cit.).
47. Escribe A. Burgos: «Si algo detestable han hecho los socialistas en sus muchos años de administración en la Junta, en las diputaciones y en los ayuntamientos de Andalucía ha sido crear una sociedad subvencionada. Vamos, aquí está subvencionado hasta el Giraldillo». (A. Burgos, «El PER de la Iglesia andaluza», *El Mundo*, 17 de febrero de 1994, pág. 5).
48. Las reflexiones de J. Le Goff en este sentido, aunque con respecto a Europa, en su «Prefacio» al libro de J. Fontana, *Europa ante el espejo*, ya cit., pp. 7-8. Con respecto a las perspectivas de futuro, son muy sugerentes las páginas que a esta cuestión dedica J. Aurioles, *Claves actuales de la economía andaluza*, op. cit., pp. 237-256.

to significa profundizar los desequilibrios, acrecentar la heterogeneidad estructural del sistema productivo, incrementar la distancia entre lo moderno y lo marginal, que va aumentando su peso relativo. En definitiva, este crecimiento inducido y subordinado de la economía andaluza, que supone una continua adaptación a necesidades ajenas, lejos de estimular un proceso que haga posible la acumulación regional, sumerge a Andalucía en una dinámica que supone una pérdida progresiva del dominio sobre la gestión de sus recursos y por tanto de la riqueza que se genera en su interior»[49].

---

49. M. Delgado Cabeza, «Andalucía en el camino de una integración desigual» estudio cit., pp. XXXIIII-XXXIV.

ESTRIBOS Y ALGAIDAS DE LA ECONOMIA ANDALUZA

*Manuel Martín Rodríguez**

Malinvaud, en el medio plazo

EN LOS ULTIMOS años ha venido a mi memoria en no pocas ocasiones aquel clásico de Morgenstern, *Sobre la exactitud de las observaciones económicas*, que los economistas de mi generación, interesados más en el medio que en el corto plazo, leímos con avidez tras su publicación en España en la primavera de 1970. De entre todas ellas, recuerdo muy especialmente aquel junio de 1992 cuando, en plena orgía de los grandes acontecimientos nacionales de ese año y cuando no se había dejado oír aún una sola voz sobre la fuerte ralentización del crecimiento económico en nuestra región, en el acto público de presentación del *Informe económico-financiero 1991* de ESECA, sociedad que tenía entonces el honor de presidir, di a conocer que la economía andaluza había crecido tan sólo un 2.2 por 100, ¡dos décimas por debajo de la media nacional en ese año!. Fueron tan desproporcionadas y ayunas de sentido las reacciones oficiales ante una simple estimación privada del crecimiento económico regional, bien sustentada por otra parte en un modelo econométrico contrastado a lo largo de años pero sujeta en cualquier caso a las limitaciones que el economista de Princeton había expuesto medio siglo antes, que ya no tuve la menor duda de que habíamos perdido el rumbo del análisis y que en esa dirección nunca sería posible encontrarlo ni establecer unas bases sólidas en las que sustentar el desarrollo económico de Andalucía.

Estas reacciones oficiales no constituyeron, sin embargo, una salida extemporánea respecto al modo habitual de plantearse el crecimiento econó-

* Catedrático de Economía Aplicada. Universidad de Sevilla.

mico de Andalucía en estos años. A raíz de la aprobación del Estatuto de Autonomía, y con muy pocas y notables excepciones, el interés por el medio y largo plazo y por las interpretaciones globales acerca de nuestro particular modelo de desarrollo habían ido cediendo el paso poco a poco a simples estudios sectoriales o puntuales en el muy corto plazo. Aquella rica literatura económica sobre Andalucía de los años sesenta (Comín, Cazorla, Capelo) y setenta (Bernal, Morilla, Tedde, Nadal, Moreno, Delgado, Lacomba), interesada por desentrañar las causas del hundimiento histórico de la economía andaluza y por sus posibles vías de recuperación, había sido finalmente sustituida por una mediocre y acrítica literatura de informes oficiales, trabajos de consultoras y lecturas simplistas de estadísticas regionales, siempre centradas en aspectos parciales de nuestra economía colocados en un primer plano de la actualidad por la última moda o por la última peripecia de la administración pública.

Sería muy instructivo indagar en las causas por las que haya podido ocurrir esto, seguramente imputables en buena medida a la euforia del estreno de nuestra autonomía y a la confianza casi ilimitada en las posibilidades que se atribuyeron inicialmente a su instrumentación al servicio del desarrollo económico de la región, pero en cualquier caso los economistas académicos deberíamos culparnos de no haber sabido evitar que una simple tasa anual de crecimiento del PIB, en años de crisis primero, en años de expansión económica más tarde y de nuevo en años de crisis, haya podido convertirse en el único referente de la evolución económica de nuestra comunidad con omisión de todo tipo de referencia al modo de generación de la renta y a su distribución.

En julio de 1993, Malinvaud, tal vez el número uno de los economistas franceses, saliendo por una vez de su proverbial reserva académica, ha puesto su firma a la cabeza de un breve texto *(L´ambition d´une iniciative européene)*, suscrito también por otros prestigiosos economistas del College de France y de Louvain-la Neuve, en el que, sin ningún tipo de condicionamientos doctrinales previos, se hace una defensa vigorosa de la evitabilidad de la alta tasa de paro en la que está instalada Europa desde hace quince años y se formulan propuestas concretas acerca de cómo conseguirlo. Cuando en una entrevista publicada en la Monde (16 noviembre 1993) se le preguntaba por las razones que le habían llevado a poner en marcha esta iniciativa, Malinvaud, después de señalar que no era la coyuntura sino el medio plazo lo que debía preocupar a los economistas académicos, respondía abiertamente: «cuando una asociación de universitarios ve que después de quince años de paro elevado, éste va a prolongarse otros cuatro o cinco años, o todavía más, tal asociación no puede dejar de prestar atención a este problema».

Tal vez por todo ello, esta convocatoria a economistas académicos de las distintas universidades andaluzas para exponer sus respectivos puntos de vista sobre la situación actual y sobre las perspectivas de la economía andaluza en esta Facultad de Ciencias Económicas y Empresariales de la Universidad de Sevilla significa para mí, en cierta medida, la recuperación de aquella tradición de los sesenta y setenta, en la que importaba mucho más el todo que la parte, la tendencia que la coyuntura, el modelo que la improvisación. No es casualidad que ésta haya partido del profesor M. Delgado, una de esas raras y notables excepciones a la que antes me refería, a quien agradezco, ante todo, que la haya propiciado, y en segundo lugar que haya tenido la amabilidad de invitarme a participar en ella.

Aunque irá, sin duda, en la dirección que se me pide, no debe, sin embargo, esperarse demasiado de mi intervención. Por lo que he apuntado anteriormente, la invitación nos coge a casi todos un tanto desentrenados y habría sido arriesgado volver de una vez a los viejos registros. No obstante, les ofreceré unas reflexiones estilizadas sobre la evolución reciente de la economía andaluza que creo podrán servir a todos para ir reconstruyendo ese nuevo modelo explicativo en el medio y largo plazo. El marco temporal de referencia será el periodo 1973-1991, que marca el final de sendas etapas de fuerte crecimiento económico, pero no omitiré referencias más lejanas cuando lo considere útil a mis propósitos.

Cantillon y los días de Electra

Andalucía, que había contado tradicionalmente con una agricultura poderosa y gozado durante casi tres siglos del monopolio del comercio americano, llegó al final del siglo XVIII con el 20.2% de la población española y el 25.7% de su producción. En los primeros años del siguiente siglo, pero muy particularmente durante el segundo tercio, llegaría incluso a liderar, junto a Cataluña, la primera revolución industrial en España, pese a lo cual vería cómo en 1860 su población se reducía levemente hasta el 18.5% y su participación en el producto hasta el 21.6% del total nacional. A partir de esta fecha, sin embargo, mientras la caída de su participación en la producción fue vertiginosa, su población relativa mostró una fuerte resistencia a la baja, con la consiguiente disminución relativa de su productividad por habitante. Un siglo más tarde, en 1960, cuando otras regiones españolas habían realizado ya los ajustes demográficos adecuados a la evolución de su potencial productivo, apoyado todavía básicamente en la agricultura, la población andaluza había aumentado hasta el

19.4% de la población total española, en tanto su producción continuaba cayendo hasta el 13.7%. Para entonces, el PIB por habitante de Andalucía era tan sólo un 70.6% de la media nacional, aunque todavía tenía detrás a Extremadura, Galicia y Castilla- La Mancha. El granero andaluz parecía agotado.

No fue el primero en hacerlo y tampoco pasaría a la historia por haberlo hecho, privilegio que correspondería inmerecidamente a Malthus cuatro décadas más tarde, pero sí fue quien se refirió a la vieja relación población-subsistencias, la más elemental de las relaciones económicas, con todo su dramatismo: «los hombres se multiplican como las ratas en un granero si cuentan con los medios para subsistir». Cantillon, a quien obviamente me refiero y a quien corresponde esta cita, no se limitó, sin embargo, a establecer esta elemental relación, sino que fue mucho mas lejos al identificar claramente la relación entre población y demanda de empleo. En una sociedad dividida en terratenientes y trabajadores, diría él, la población no depende tanto del potencial de alimentos como de la demanda de trabajo y de los factores que la determinan. Partiendo precisamente de esta relación, no han sido pocos los historiadores andaluces que han intentado explicar los contradictorios movimientos de ambas variables en nuestra región introduciendo como variable independiente una demanda regional de empleo a bajos salarios, sellada mediante ese gran pacto nacional entre la oligarquía agraria andaluza y el poder central que dura todo el largo periodo de la restauración borbónica y del primer franquismo.

Nunca podrá establecerse qué fue más duro y doloroso para los andaluces, si todo un siglo de decadencia y vinculación a una tierra que pagaba salarios de hambre o los tres lustros de emigración que median entre 1959 y 1973. Sin embargo, y desde una perspectiva estrictamente analítica, la sangría demográfica de estos quince años, que redujo la población andaluza hasta el 17.4% de la población total española, permitió aproximar su PIB por habitante hasta el 72.7% de la media nacional, condujo a una distribución sectorial de su población activa más acorde con la media nacional y produjo unos efectos claramente positivos sobre su estructura productiva. La demanda de empleo no partió en este caso de Andalucía, ni produjo por consiguiente efectos directos sobre su demografía, de acuerdo con las previsiones de Cantillon, pero terminó produciendo efectos económicos positivos en su interior.

Cantillon, en cambio, no habría podido explicar en su tiempo lo que ha ocurrido en la economía andaluza entre 1973 y 1991. Mientras su PIB disminuía del 12.6% al 12.4% del total nacional y se perdían 116.000 empleos, el 6% de los existentes en 1973, casi un millón de nuevos habitantes volvían a elevar su población hasta el 17.9% del total español, reduciendo así su productividad por habitante al 69.6% de la media nacional, la posición más baja a lo largo de toda su historia, y elevando el número de parados hasta 661.000, una cifra que se aproxima en estos momentos a los 900.000. Simultáneamente, sin embargo, su bienestar económico relativo, medido por la Renta Familiar Disponible por habitante, se elevaba desde el 77.6% de 1973 al 81.8% de 1991. De esta forma, Andalucía se desprendía al fin de la abominable y antigua dependencia caciquil y de la no menos dura emigración sustitutiva para entregarse abiertamente en brazos de un paternal Estado, que no sólo prometía una rápida aproximación a los estándares de vida europeos sino que daba todo tipo de garantías sobre una cómoda inmovilidad funcional y geográfica. Eran los días de Electra.

Sería difícil asegurar si Electra ha llegado por la incapacidad de la economía andaluza para generar empleo o si ha ocurrido lo contrario. En cualquier caso, es obvio que no se trata de una visita desinteresada y que antes o después terminará cobrándose un alto precio. Cuando nos abandone, la economía andaluza tendrá una estructura productiva parecida al conjunto de la economía española y estará íntimamente vinculada a la economía internacional, pero sus desajustes en la dotación de recursos productivos serán ya insalvables. Por ello mismo, no resulta aventurado prever que, cuando esto ocurra, sólo podrá dejarnos un bello recuerdo y la peligrosa añoranza de volver a tenerla pronto de nuevo entre nosotros. Eso, sin embargo, no dependerá ya de los andaluces sino de la propia Electra.

La dalla europea

La progresiva internacionalización de la economía española ha hecho que la agricultura andaluza se vea sometida desde 1959, pero muy especialmente desde nuestra incorporación a la UE en 1986, a la doble tenaza de una fuerte contención o reducción de precios agrícolas y de un aumento en el uso y en los precios de los inputs de fuera del sector. Ello ha obligado a una racionalización de la misma, mediante el abandono de tierras marginales y el aumento del nivel de mecanización, de forma que la remuneración total de los trabajadores agrícolas ha descendido del 40% del valor añadido del sector en 1973 al 20% en 1991.

Este proceso de modernización ha llevado a un espectacular aumento de la productividad aparente, que ha crecido a una tasa anual acumulativa del 9% en el periodo 1973-1991. Este resultado, sin embargo, no se ha conseguido gracias a un aumento importante de la producción, que ha crecido sólo un 80%, sino a una caída drástica del empleo, que se ha reducido desde 664.000 puestos de trabajo en 1973 a 273.000 en 1991, con una pérdida media anual de más de 42.000 durante nuestro tiempo de permanencia en la UE. La relativa inmovilidad demográfica a la que antes me refería, obligada primero por la crisis económica y alentada más tarde por las transferencias públicas cuando la expansión económica pudo haber continuado con los ajustes, han terminado por configurar lo que constituyen hoy los dos rasgos característicos del medio agrario andaluz, el paro y la subsidiación.

A tenor de las actuales tendencias de la PAC, de la estructura productiva de las demás regiones españolas y de la enorme diversidad tipológica, estructural y sectorial de nuestra propia agricultura, tampoco resulta difícil hacer un pronóstico sobre su previsible evolución. Las ventas del sector agrario andaluz suponen todavía la cuarta parte de las ventas andaluzas al resto de España y entre un 3 y un 4 por 100 del total de las exportaciones españolas al resto del mundo. Sin embargo, si se repara en que buena parte de esta agricultura vive gracias a las ayudas FEOGA y en que, por ejemplo, Holanda, con una población agraria ocupada similar a la de Andalucía y una tercer parte de su superficie agraria, dispuso en el periodo 1986-1991 de unos pagos FEOGA seis veces superiores a los de ella, el panorama no parece tan optimista. Si Andalucía desea ir a un proceso de convergencia, sólo caben dos salidas, o exige que la PAC modifique sustancialmente sus actuales criterios de subsidiación para tomar en consideración la superficie agraria actual y la población vinculada a ella, o en otro caso la agricultura andaluza se verá obligada a continuar su particular proceso de reducción de población agraria y disminución de tierras cultivables.

Las inevitables consecuencias de esta última opción son, o más paro y subsidios interiores a través de mecanismos perversos en tanto Electra siga entre nosotros, o un cambio radical en el rumbo de nuestra economía que permita reducir la población activa agraria a la mitad de sus efectivos actuales en forma no traumática, que ni resulta fácil ni puede plantearse exclusivamente desde aquí. Por ello, y por muy escasas que sean las posibilidades de éxito, la vía de presionar para que se modifique la PAC no debería descartarse, puesto que no faltan argumentos para ello. Los cereales, el aceite y los cultivos industriales, sobre los que viene recayendo el 80% del total de las ayudas comunitarias a la agricultura andaluza, apenas representan la mitad de nuestra producción final agraria y, en hortalizas, con un 40% de la producción total, está sometida a una competencia especialmente agresiva por parte de paises de fuera de la UE. La dalla europea, al tiempo que siega los perecederos frutos de Electra, discrimina descaradamente contra la agricultura andaluza.

Una nueva desindustrialización

Resulta difícil no evocar el clásico título de Nadal y todo su riquísimo arsenal analítico a la hora de establecer las pautas de la industrialización y desindustrialización en Andalucía. ¿Cómo explicar que la industria fabril andaluza haya pasado del 24.0% del total nacional en 1856 al raquítico 8.3% de 1991? En éste más que en ningún otro sector de nuestra economía sería imprescindible irse muy atrás en el tiempo para encontrar las claves del proceso, pero debemos mantenernos aquí en el medio plazo, comenzando para ello en 1960, fecha en la que se abre un nuevo periodo de industrialización en nuestro país.

A lo largo de etapa expansiva 1960-1973, con un sector agrario en claro retroceso y un sector servicios que aún no había despegado abiertamente, la industria se convirtió en la principal responsable del crecimiento de la economía andaluza. De esta etapa data la implantación en nuestra región de un conjunto de instalaciones de gran dimensión en ramas industriales maduras (química básica, papel, industria metálica, cemento y otros materiales de construcción), vinculadas a instrumentos de desarrollo regional promovidos desde la Administración Central (Plan Jaén, Polos de Sevilla y Huelva, Campo de Gibraltar) y al «boom» turístico de esos años, que significaron de hecho un avance considerable en la modernización de su estructura industrial. Paralelamente, en estos tres lustros se destruyó una parte considerable de la industria artesanal, muy intensiva en mano de obra y dispersa a lo largo y ancho de la geografía regional. El saldo final de todo ello fue que la industria andaluza continuó perdiendo peso en el conjunto nacional, bajando del 11.5% al 10.1% del total, que el empleo industrial creció sólo un 3% cuando en España lo hacía en un 33%, con un total de 345.000 empleos en 1973, y que el peso total de la industria en la estructura productiva regional se redujo a un 22.8%.

Todos estos hechos contribuyeron decisivamente a desarrollar de nuevo unas determinadas características que en absoluto resultaban extrañas al modelo histórico de industrialización de la región: una gran industria de enclave, dependiente de inputs y mercados exteriores y, por tanto, con muy escasa integración con el resto de sector industrial y que acentuaba los desequilibrios territoriales; una industria dual, en la que una treintena de empresas con un alto porcentaje de capital extranjero acaparaba las dos terceras partes de las inversiones en capital fijo, en tanto el empresariado andaluz se veía forzado a recluirse en las ramas más tradicionales; y una industria inadecuada a las necesidades de creación de empleo de la región en unos años de fuerte éxodo rural.

Esta falta de apoyo en el interior de la región, esta fuerte vinculación a capital extranjero estrechamente asociado a estrategias de conglomerados financieros e industriales duramente afectados por la crisis y esta dependencia de mercados exteriores con demanda débil para sus productos, fueron determinantes para que la industria andaluza perdiera más de 100.000 empleos en la etapa recesiva de 1974-1985, el 28% de los que tenía al comienzo de la misma y siete puntos porcentuales por encima de la media nacional. Por otra parte, el bajo nivel de actividad y la debilidad de las nuevas inversiones fueron la causa de que se desplomara hasta representar sólo el 8.5% del PIB industrial nacional y de que, al mismo tiempo, se acentuara la concentración espacial en torno a su primitivo reducto del triángulo Sevilla-Cádiz-Huelva. Dentro de la propia estructura productiva regional, la industria se redujo aún más, hasta un 18% del total, frente al 26.4% nacional.

No casualmente, estas mismas características de debilidad y dependencia, acentuadas por una creciente globalización de determinadas ramas industriales de bienes de consumo duradero, de equipos de transporte y de las ramas más tradicionales del sector agroalimentario, han sido también las que han llevado a la industria andaluza a crecer por encima de la media nacional en el último periodo expansivo 1986-1991, más corto y menos intenso que el inmediatamente anterior. En estos seis años se han creado en la región 39.000 empleos industriales, el 13.6% de los existentes al comienzo del periodo, muy por encima del 2.9% del total nacional, lo que no ha servido sin embargo para que aumente el peso del sector industrial andaluz en el total nacional, que se mantiene en el 8.5%, una manifestación inequívoca de los escasísimos progresos realizados en la articulación real de una industria de alta productividad. Y dentro de la estructura productiva regional, el sector industrial ha continuado descendiendo hasta el 16.3% del PIB, muy por debajo de ese 24.1% que representa a nivel nacional.

Pero de todo cuanto ha ocurrido en estos años de extraordinario dinamismo económico en toda España, debidos fundamentalmente a los efectos iniciales de nuestra integración en la UE y a la propia expansión económica que se ha vivido en todo el mundo occidental, hay algunos rasgos específicos que conviene destacar porque seguramente van a resultar decisivos para el futuro de la industria andaluza. El primero de ellos es que, a finales de 1991, sólo cuatro ramas industriales (Productos Alimenticios, Minerales y metales, Minerales y Productos no metálicos y Productos químicos), las mismas de etapas anteriores y todas ellas de demanda débil y fuertemente vinculadas a recursos naturales cuya renovación resulta cada vez más difícil y costosa, que en conjunto suponen casi la mitad de la industria regional, presentaban coeficientes de especialización positivos respecto a las correspondientes ramas nacionales.

Especialmente significativo resulta, en segundo lugar, el caso de la industria alimentaria, todavía con un 16.3% del total nacional, pero viniendo de un 24.7% en 1960 y un 19.5 en 1973, que muestra claros síntomas de debilitamiento a causa de la progresiva pérdida de control de la región sobre sus propios recursos naturales a medida que éstos necesitan de una mayor transformación, como ya ocurriera con sus productos mineros a lo largo del siglo XIX. El hecho de que sectores estratégicos de la industria alimentaria andaluza (aceite, azúcar, cerveza, vinos, aguas envasadas) estén hoy en poder de multinacionales (Ferruzzi, Ebro Agrícolas, Guinness, Domecq, BSN) acaba definitivamente con el viejo mito de que el mercado terminaría asignando a Andalucía un papel clave en esta industria dentro del ámbito de la Unión Europea. Como evidencian inequívocamente algunas de sus propias estrategias en los últimos años, las multinacionales del sector parecen mucho más interesadas en la alta propensión media al consumo de la región que en sus potencialidades productivas.

Durante esta etapa concluyeron los planes de reconversión industrial iniciados tardíamente en 1984. Pese a los esfuerzos realizados por la Administración y, muy en particular, por la Junta de Andalucía, que entendió al fin la importancia estratégica de los conglomerados industriales, ninguna de las ramas afectadas (el textil de Hytasa e Intelhorce, los semitransformados de Ibercobre, la construcción naval de Aesa y Bazán y los fertilizantes de Fesa-Enfersa) ha encontrado una vía airosa. En la actualidad, todas ellas padecen una profunda crisis y en buena medida son las responsables de la dramática caída del empleo en el sector industrial de la región, que a finales de 1993 apenas contaba con 225.000 ocupados, el 65% de los existentes veinte años atrás, en 1973.

Ha continuado también en esta etapa el proceso de desnacionalización del conjunto de la industria andaluza, y no sólo en la rama de Productos alimenticios. Las ramas más dinámicas del sexenio 1986-1991 han pivotado sobre matrices extranjeras o sobre proyectos del INI vinculados a convenios internacionales. Este es el caso de Construcción de vehículos automóviles (Suzuki, Ford y General Motors), o de Construcción naval (Aesa y Bazán), o de otro material de transporte (CASA) o del Papel (ENCE Y Torras Papel) o de Química intermedia y final (Universal Flavours), por no citar sino los casos más significativos. No puede extrañar ahora, y no sólo por el efecto sede, que la crisis haya afectado tan duramente a todas esta ramas industriales en Andalucía.

Y, por último, en estos años se ha acentuado la dualidad en la industria andaluza, particularmente en lo relativo a dimensión, productividad y costes laborales. El tamaño medio de las empresas industriales andaluzas es de apenas 10 trabajadores por empresa, un 40% por debajo de la media nacional, y del total de empresas existentes sólo un 1.7% emplea a mas de 250 trabajadores, lo que, al margen de que puedan disponer aún de alguna ventaja comparativa, les sitúa muy lejos de las economías de escala indispensables para competir en mercados abiertos. La productividad aparente, similar a la media nacional, es mucho más alta que ésta en las ramas de fuerte especialización andaluza y presencia de grandes factorías (Minerales y metales, Industria química, Minerales y productos no metálicos y Productos alimenticios). Y otro tanto ocurre con los costes laborales por trabajador, aunque aquí la industria andaluza todavía conserva una leve ventaja de un 10% pero con tendencia a estrecharse.

En resumen, pues, puede concluirse que a lo largo de estos últimos años se han acentuado todas y cada una de las tendencias históricas del modelo de industrialización y desindustrialización de Andalucía: una industria raquítica y regresiva, recluida cada vez más en un reducido número de ramas industriales maduras muy concentradas geográficamente o en empresas tradicionales de reducida dimensión, entregada progresivamente al capital extranjero, con un deterioro progresivo de sus ventajas iniciales en costes laborales unitarios e incapaz de contribuir a la creación de empleo.

La caja de Pandora

En sólo treinta años, entre 1960 y 1991, el porcentaje de ocupados en el sector servicios ha pasado del 29.3% al 59.6% del total de los empleos de Andalucía. Tan fuerte crecimiento no se ha debido exclusivamente a un impulso autónomo del sector sino también, y sobre todo, a la incapacidad de la industria andaluza para absorber al menos una parte de los fuertes excedentes agrarios que se han ido generando a lo largo de este periodo. Ha sido así como, gracias a actividades familiares escasamente productivas y al espectacular avance de determinados servicios públicos, el sector ha venido actuando como válvula de cierre del particular modelo de crecimiento de Andalucía, cuya capacidad para saldar el inmenso potencial de su mercado de trabajo es, sin embargo, cada vez menor. Este largo proceso se ha hecho aún más intenso en el bienio 1992-1993, en que dicho porcentaje se ha elevado hasta el 65.6%, con un total de 1.105.000 empleados y 237.000 parados.

La especialización en ramas terciarias con limitadas perspectivas de crecimiento, por agotamiento de los recursos naturales y de las iniciales ventajas de costes (Hostelería y restauración), o por la rigidez de nuestras propias posibilidades presupuestarias (Servicios públicos), y la debilidad extrema de ramas terciarias básicas para el desarrollo (Transportes y comunicaciones y Ahorro y seguros) muestran claramente la realidad de la situación actual. A ello habría que añadir que, fruto de este peculiar proceso de crecimiento y de su propia composición, la productividad aparente del sector es un 16% más baja que la media nacional, con los consiguientes efectos negativos sobre las dos terceras partes de la producción andaluza.

Como en el viejo mito de Hesiodo, esta inmensa caja de Pandora en que se ha convertido hoy el sector servicios, bien podría contener en el futuro, o toda una desconocida plétora de dones que termine derramándose generosamente sobre la economía andaluza, o todo ese conjunto de efímeros bienes que se han venido presentado hasta ahora con tan excelente apariencia. Habrá que esperar para comprobarlo y para ver si somos capaces aún de invertir las actuales tendencias.

El piélago andaluz

Todas y cada una de las grandes oportunidades históricas de que ha gozado la economía andaluza en la época moderna han tenido como escenario alguno de los puntos de su amplia fachada marítima. El proceso de industrialización de la Baja Andalucía en los años inmediatamente posteriores a la pérdida del monopolio comercial con América (1765-1835), el protagonismo inicial malagueño en las industrias siderúrgica y textil (1826-1885), la minería del plomo de las sierras almerienses de Gádor y Almagrera (1822-1868), la industria azucarera cañera de las costas mediterráneas (1845-1907) y el más reciente proceso de industrialización de la Bahía de Cádiz, de Huelva y del Campo de Gibraltar, a partir de 1960, pueden ser las más llamativas e importantes experiencias en este sentido, pero no las únicas. Podríamos añadir a ellas una larga lista, como el esparto y la uva almeriense, el algodón motrileño, el turismo de la Costa del Sol, los cultivos bajo plástico del poniente almeriense, los frutales subtropicales granadinos y malagueños o el fresón onubense, y aún quedaría un largo etcétera.

Que ninguna de ellas, ni siquiera las más importantes, haya conseguido tirar definitivamente del conjunto de la economía andaluza, y ni tan siquiera de su más inmediato entorno geográfico, ha sido interpretado por muchos como el fracaso en Andalucía del modelo de crecimiento de base exportadora, a causa de que el destino de los bienes o materias primas resultantes de todas estas actividades han sido siempre fundamentalmente los mercados exteriores. Se ha argumentado para ello que, en todos y cada uno de estos casos, la dimensión de las explotaciones fue pequeña y no hubo por ello posibilidad de acumulación, que cuando existió ésta fue siempre en favor de capital extranjero que la reexportó sistemáticamente, que la burguesía andaluza fue incapaz de defender un marco regulatorio en defensa de sus actividades económicas y que, por tratarse siempre de bienes básicos, sólo consiguieron disponer de una demanda débil y elástica que hizo imposible la explotación del mercado.

Por otra parte, un atlas histórico demográfico y económico de Andalucía nos mostraría la rápida y creciente litoralización de su población y de sus actividades económicas a lo largo de los últimos veinte años. Entre 1973 y 1991 las comarcas del litoral, con sólo un 15% del territorio andaluz, han pasado de tener el 30% de la población el 33% de la renta total de Andalucía a tener el 36% y 38%, respectivamente. La agricultura más dinámica (cultivos hortifrutícolas del litoral, con más de un tercio de la producción final agraria regional) y la industria mejor dimensionada (Huelva, Bahía de Cádiz, Campo de Gibraltar, entorno del puerto fluvial de Sevilla, Málaga y puerto de Carboneras, con más de la mitad de todas las inversiones andaluzas en el periodo 1986-1991) se encuentra en estas comarcas.

Sin duda, los factores señalados anteriormente han sido determinantes para que Andalucía no haya conseguido crear su propio tejido industrial, ni en sus anteriores oportunidades históricas, ni en la más reciente de 1960. Sin embargo, el factor geográfico, que a mi juicio ha resultado siempre decisivo, no ha sido suficientemente valorado en estas explicaciones. Una franja costera muy estrecha, dividida en zonas prácticamente estancas por fuertes barreras naturales y alejada del interior por estas mismas dificultades orográficas ha hecho imposible hasta nuestros días la creación de un espacio económico andaluz volcado a su fachada marítima, capaz de aprovechar las economías de escala de los mercados exteriores y de desarrollar un verdadero entramado industrial.

Todo lo más que pudieron hacer nuestros antepasados fue aprovechar la topografía más favorable de la región para construir la N-IV (Madrid-Cádiz) por el valle del Guadalquivir y la N-342 Puerto Lumbreras-Baza-Cádiz, con el ramal adicional de la N-334, (Antequera-Sevilla) por el Surco Intrabético y conectarlas débilmente con el intransitable tramo andaluz de la N-340 (Gerona-Cádiz, por el litoral mediterráneo) a través de los tres ejes transversales menos difíciles (N-331 Málaga-Córdoba, N-323 Bailén-Motril y N-324 Almería-Guadix). En cuanto al ferrocarril, el medio de transporte fundamental cuando Andalucía gozó de sus mejores oportunidades históricas, las realizaciones fueron aún menores, ya que, aparte otras limitaciones, faltó el cinturón básico del litoral. En conjunto, pues, una estructura espacial demasiado débil como para poder aprovechar su privilegiada situación marítima y articular en torno a ella el conjunto de la economía andaluza. De esta forma, pese a sus más de

800 Kilómetros de litoral, Andalucía ha sido, y continúa siendo aún en buena medida, un inmenso piélago de casi 80.000 Kilómetros cuadrados.

Lo realmente sorprendente es que, con tantas y tan variadas experiencias históricas y con tan evidentes tendencias evolutivas en las últimas décadas, nos obstinemos en mantener la situación, dando prioridad a proyectos de infraestructuras de dudosa rentabilidad y, en cualquier caso, mucho menos articulantes que los llamados a unir el conjunto de la economía andaluza a su dinámico litoral, en el que podrían desarrollarse nuevas actividades productivas altamente generadoras de empleo. Todavía en 1991, los puertos andaluces, que absorben el 22% del total de mercancías de los puertos españoles, ni siquiera pueden cumplir con su función básica de transporte intermodal, en muy alta medida a causa de la ausencia de ese cinturón que recoja el litoral andaluz.

El poder autonómico

En 1980 Andalucía votó por su autogobierno y dos años más tarde dispuso de su Estatuto de Autonomía. Parecía tener entonces todo cuanto deseaba y necesitaba para cambiar el rumbo de su modelo de crecimiento económico. Sin perder un solo instante y sin competencias y medios todavía, el gobierno preautonómico puso inmediatamente en marcha un Plan Económico de Urgencia (PUA, 1980-1982). A éste le han sucedido luego tres más, hasta el actual Plan Andaluz de Desarrollo Económico (PADE 1991-1994). Entre 1983, año en que comienzan a recibirse las competencias autonómicas, y 1994, el Presupuesto de la Comunidad Autónoma de Andalucía se ha multiplicado por 22.5, hasta alcanzar la cifra de 1.800,5 miles de millones de pesetas, más de un 20% del PIB regional. Y al final de este ejercicio, la deuda pública autonómica será 551.445 millones de pesetas, el 7% del PIB regional.

Pese a este entusiasmo autonómico y a esta impresionante escalada presupuestaria, las tendencias evolutivas de la economía andaluza no sólo no se han quebrado sino que se han acentuado, según se ha puesto de manifiesto anteriormente. No sé si será justo resumir en una sola cifra la brecha que separa los buenos propósitos iniciales de la dura realidad actual, pero era precisamente en aquel lejano PUA 1980-1982 donde se afirmaba ya rotundamente que los 308.000 parados andaluces de finales de 1979 constituían el «problema número uno» de la Comunidad y que por ello mismo cualquier posible estrategia económica pasaba necesariamente por potenciar esta inmensa fuerza productiva. Catorce años después, la cifra de parados se ha triplicado y este potencial productivo continúa esperando el momento de poder contribuir al crecimiento económico de la región.

Naturalmente, hay que preguntarse inmediatamente si la inutilidad de todo este gigantesco esfuerzo del gobierno autonómico se ha debido simplemente a que las fuerzas que trataba de contrarrestar eran demasiado poderosas o si es que, por el contrario, se ha orientado en una dirección equivocada. A quienes nos resistimos aún a creer en la fatalidad de los procesos económicos, nos resulta muy difícil resignarnos a que la economía andaluza no llegue alguna vez a disponer de bases sólidas en las que apoyar su futuro económico. Por ello mismo, y prescindiendo ahora de toda esa parcela del sector publico autonómico relativa a la prestación de servicios públicos, debemos reflexionar sobe la responsabilidad relativa de ambos hechos. Es lo que me propongo hacer en cinco breves puntos para concluir mi intervención.

a) *El monopolio ideológico*

Por fortaleza propia o por debilidad ajena, a raíz del referéndum por la autonomía andaluza de 1980, el partido socialista y la Junta de Andalucía han intentado, y conseguido, monopolizar la base ideológica e instrumental del modelo de desarrollo económico de la región. Durante todo este tiempo, ha existido una perversa y plena identificación entre progreso, democracia, distribución justa de la renta y gobierno autonómico. De aquel rico debate de los setenta entre quienes explicaban de formas muy diferentes el subdesarrollo económico andaluz y proponían, al mismo tiempo, fórmulas alternativas para superarlo, se ha pasado a la empobrecedora uniformidad actual de las explicaciones y soluciones oficiales.

No es momento éste para discernir si los universitarios hemos sido víctimas o verdugos de esta situación, pero en cualquier caso, y con muy pocas excepciones, hemos asistido al proceso como colaboradores aplicados, en unos casos, o como complacientes espectadores, en otros. Alfonso Comín, aquel malagueño de adopción que tanto amó a Andalucía y que tantas veces se rebeló contra las muchas injusticias que vio en ella, ya nos advirtió en su *España del Sur* sobre la actitud de quienes trataban de silenciarle: «La salud de un pueblo se revela por la capacidad de crítica que puede soportar». Durante años, la salud andaluza, y no me refiero ahora sólo a la estrictamente económica, ha sido frágil y, en plena orgía autonómica, ni siquiera hemos tenido tiempo de auscultala. En mi opinión, este monopolio ideológico, esta complacencia autonómica, esta falta de dura crítica constructiva han contribuido en forma decisiva a desviarnos del buen camino que estuvimos a punto de iniciar.

anteriores para situarse de un solo salto, de nuevo anacrónicamente, no se sabe bien si en el país de las mil maravillas o en el de irás y no volverás. La competitividad exterior de la economía andaluza en todos y cada una de sus manifestaciones y la subordinación de la política territorial a la competitividad del modelo se presentan como los ejes fundamentales de la política regional. La más clara y reciente manifestación de este cambio de rumbo la constituye el Programa Industrial para Andalucía, prometido en el propio Plan, cuyas páginas más bien parecen escritas por Piore o Jacquemin que por quienes tienen la responsabilidad de hacer frente a la grave situación actual. Y no es que Andalucía tenga que renunciar a tener distritos industriales o subsistemas industriales urbanos, o a contar con un buen sistema de creación y transferencia tecnológica, pero ahora el principal problema debería consistir en adecuar todo ello a nuestras actuales dotaciones de recursos, especialmente a los que están ociosos, y a su previsible en el medio plazo.

d) *Las contradicciones de la política económica regional*

Los errores de la planificación económica andaluza no se han limitado a estos anacronismos programáticos, sino que se han extendido también, y esto ha sido lo más grave, a las diferentes estrategias diseñadas a lo largo del tiempo y a las propias realizaciones. Sería prolijo referirse a todas ellas, pero algunos ejemplos especialmente significativos pueden revelar hasta que punto se ha carecido de una línea de acción coherente y adecuada a las necesidades de la economía andaluza.

La Ley de Reforma Agraria no sólo constituyó una estrategia anacrónica y equivocada, según he sostenido anteriormente, sino que consumió, al mismo tiempo, las mejores energías del primer gobierno autonómico, precisamente cuando éste más las necesitaba. Después de cinco interminables años de vida, en los que el gobierno tuvo que hacer frente a un largo y estéril rosario de conflictos, a contracorriente siempre de la política agrícola común y, en todo caso, con nulas posibilidades de que unos eventuales resultados jurídicos favorables a la Administración hubiesen podido aportar algo al conjunto de la economía andaluza, terminó finalmente enterrada, con el amargo recuerdo de una nueva frustración que podría fácilmente haberse evitado.

Por tratarse de la más importante y beligerante de las competencias autonómicas en relación con el desarrollo económico regional, mucho mas graves han sido, a mi juicio, las consecuencias de esa inmensa brecha abierta entre el diagnóstico de necesidades, en general acertadas, las propuestas iniciales, por lo general contradictorias, y las realizaciones finales de política territorial, muy lejos de la jerarquización que cabía esperar. De la articulación territorial que se proponía en un principio como medio para mejorar la capacidad productiva de la región, se pasó luego a una propuesta de equilibrio territorial en favor de las áreas menos favorecidas, para terminar finalmente en un modelo despilfarrador que ha subordinado el conjunto del territorio andaluz a la centralidad de Sevilla, con independencia del potencial productivo de las distintas comarcas e incluso del objetivo de eliminar las principales disparidades de renta. Es cierto que esto último se ha obviado mediante generosos y justos programas de equipamientos sociales y efímeros programas de empleo, pero lo primero se ha hecho a costa nada menos que de inmovilizar a las comarcas más dinámicas de la región, especialmente a la mayoría de las situadas en el litoral, donde mayores eran las posibilidades de crear empleo.

En parte como consecuencia de lo anterior, pero también con componentes propios, ha resultado no menos frustrante el proceso de segmentación y compartimentación territorial de buena parte de las actividades económicas, del que hay numerosísimos ejemplos. Disponemos de ocho universidades, que pronto serán más, y no hemos conseguido aún crear un sistema de distrito único para alumnos y profesores que haga mucho más permeables los procesos de transferencia científica y tecnológica. Creíamos que las políticas de polos de crecimiento estaban definitivamente enterradas y asistimos a la creación del Parque Tecnológico de Málaga y de Cartuja 93, con un futuro incierto y, en cualquier caso, en detrimento de una política flexible de corredores industriales en la dirección de los actuales ejes de crecimiento de la economía española. Deberíamos estar obligados a impulsar la movilidad geográfica y funcional de la población activa en paro y, en aras de una política asistencial que podría tener alternativas menos onerosas, la atornillamos a sus actuales emplazamientos rurales, mediante una estéril política de empleo compartimentada a nivel de municipio. Decimos necesitar una economía productiva y dinámica y llevamos años convirtiendo a la capital autonómica en una ciudad parasitaria que amenaza con devorar las energías de toda la Comunidad Autónoma.

Cuando desde aquellos lejanos tiempos del PUA 1980-1982 el paro constituye el primer problema de Andalucía, parece como si, prescindiendo de la impresionante sangría que ello supone para la producción andaluza y del drama que representa para los casi 900.000 parados de la región, sólo sirviera para hablar de él en las grandes declaraciones de los textos oficiales, pero sin emprender ninguna acción realmente eficaz para solucionarlo. No otra cosa sugiere, por ejemplo, el convenio anual de la Junta de Andalucía con las entidades financieras de la región, que subsidia la formación de capital en lugar de la creación de empleo, o la entrega incondicional de las redes comerciales regionales a las multinacionales, en una suicida política de modernización de las estructuras comerciales cuando el coste de oportunidad del trabajo en la región es cero y cuando cabe razonablemente pensar que el comercio tradicional constituye un firme apoyo de una futura política de turismo. Es cierto que corren tiempos de crisis, pero ahora hablamos de tendencias y deberíamos comparar nuestro 33.7% de parados con el 13.5% de La Rioja, una región especializada en industria agroalimentaria, o con el 15.8% de Baleares, especializada en turismo, precisamente los dos sectores potencialmente más eficaces de nuestra economía para crear empleo, a fin de entender que lo que actualmente se hace no es lo único posible.

e) ***Público y privado***

Con los resultados finales sobre nuestra producción y empleo que acabo de exponer, la Junta de Andalucía ha ido ocupando una a una todas las parcelas que le permitía el Estatuto de Autonomía. Mediante la Ley de Reforma Agraria, el Plan de Empleo Rural y la administración de los fondos estructurales comunitarios ha intervenido de hecho el sector agrario. Las inversiones en infraestructuras y los sucesivos Planes de Vivienda han polarizado la mayor parte de las actividades de la construcción. El convenio con entidades financieras a que antes me refería, que exige la intervención preceptiva del IFA mediante informes previos a la concesión de préstamos privilegiados o subvenciones públicas a las PMES, ha puesto las cuentas de explotación y las actividades de la inmensa mayoría de estas empresas, que son las más en nuestra Comunidad, en poder de la administración autonómica. La ley de Organos Rectores de las Cajas de Ahorro, que en nuestra Comunidad disponen del 42.5% de los depósitos bancarios, ha entregado éstas al sector público autonómico, sin que hasta el momento se hayan invertido claramente las tendencias tradicionales de flujos financieros a la inversión productiva, sin que tampoco se hayan comprometido en el tejido productivo de la región mediante participaciones en capital o préstamos a largo plazo, y sin que siquiera hayan conseguido mejorar su posición competitiva con respecto a la media del sector. Y, para no citar sino una actuación más, dos de cada diez ocupados en el sector servicios trabajan para una administración pública que concede autorizaciones, expide licencias, vigila el cumplimiento de una intrincada normativa legal y decide sobre la vida y hacienda de sus administrados.

Esta progresiva y nefasta imbricación de la administración autonómica en el tejido productivo andaluz ha estado acompañada, por el contrario, de una total inhibición a la hora de asumir directamente responsabilidades productivas en áreas estratégicas de nuestra economía. El Instituto de Fomento de Andalucía, que debía haberlo hecho, ha terminado convirtiéndose en un simple canalizador de subvenciones públicas y en un frágil holding horizontal de participaciones minoritarias en empresas de pequeña dimensión. El generoso y quebradizo apoyo financiero a empresas foráneas buscadoras de recompensas ha puesto de manifiesto la debilidad de la estrategia seguida para potenciar en Andalucía industrias de alta tecnología y de transporte. El fracaso en la creación de una gran empresa aceitera con capital andaluz a partir de la antigua UTECO, hoy integrada en Patrimonio del Estado, ha evidenciado la incondicional subordinación del poder autonómico a los intereses de la administración central. Y el aplazamiento «ad calendas graecas» de la creación de la Corporación Industrial de Andalucía, con o sin la iniciativa privada, constituye un claro ejemplo de la desconfianza del gobierno regional a asumir ese papel hegemónico y selectivo en la industrialización andaluza.

Dos únicos ejemplos más, creo que suficientemente significativos, pueden ayudarnos a entender mejor esta incoherente política de hechos del sector público andaluz. En el periodo 1988-1992, la subvención autonómica al plan de modernización de Santana, con una aportación al PIB regional de 12.000 millones de pesetas y 3.300 empleos directos, ha supuesto más del doble del total de gasto público de la Dirección General de Turismo de la Junta de Andalucía en un sector que representa por si solo el 14% del PIB regional y casi 200.000 empleos, y del que esperamos pueda contribuir de forma importante a nuestro futuro crecimiento económico. Por otra parte, si con un inteligente programa cuatrienal de inversiones públicas equivalente al 1 anual del PIB europeo, Malinvaud, a quien aludía por ello al comienzo de mi intervención, ha calculado que podría conseguirse una tasa anual de crecimiento de la economía europea del 3% con un aumento de un punto porcentual en el empleo, ¿debemos resignarnos nosotros a dedicar dos veces y media más a un plan de empleo rural con tan magros resultados para la economía regional?

No debo alargarme más. Si es correcto mi análisis, y creo que lo es, todo parece indicar que el cada vez más estrecho margen de maniobra que ha ido quedando al gobierno autonómico en materia de política económica ha sido mal utilizado. Andalucía, precocidad y madurez al mismo tiempo, lo ha visto todo y lo ha sabido todo. Decía Sermet, por ello, en su otra *España del Sur*, que no se cuenta el tiempo aquí por siglos sino por milenios. Esta puede ser, tal vez, nuestra última y gran esperanza, porque en el medio plazo, estas algaidas que lo invaden todo, y no sólo nuestra seca y quebradiza geografía, amenazan con continuar debilitando aún más nuestros ya muy frágiles estribos.

ANDALUCIA DENTRO DE SU CONTEXTO

*Carlos Román**

Introducción

No quisiera entrar directamente en materia sin romper antes una lanza en favor de la sensibilidad que suele ser negada a los economistas, leyéndoles a Vds. un trozo de un poema escrito en 1959, por un poeta fallecido de sida no hace mucho tiempo, y cuya redacción me parece perfectamente aplicable al momento presente. Dice el poema:

Definitivamente
parece confirmarse que este invierno
que viene, será duro.

Adelantaron
las lluvias, y el Gobierno,
reunido en Consejo de Ministros,
no se sabe si estudia a estas horas
el subsidio de paro
o el derecho al despido,
o si sencillamente, aislado en un océano,
se limita a esperar que la tormenta pase
y llegue el día, el día en que, por fin,
las cosas dejen de venir mal dadas.

El título del poema es «Noche Triste de Octubre 1959», y fue escrito, como muchos de Vds. habrán reconocido, por Jaime Gil de Biedma.

---

* Catedrático de Economía Aplicada de la Universidad de Sevilla y Director del Instituto de Desarrollo Regional.

Mi intervención estará dividida en tres partes. En la primera de ellas pasaré una breve revista a la evolución de la economía andaluza entre 1986 y la actualidad.

En ella incluyo el examen del «quinquenio brillante» 1987-91 y la título, como en aquella famosa sentencia del que fuera Lord del Almirantazgo británico Sir Joshua Beveridge «Otra victoria mas y estamos perdidos». Comienzo mi análisis en 1986 por varias razones. Entre ellas:

-Porque en esa fecha publiqué un trabajo en el que analizaba lo sucedido en la economía andaluza hasta aquel entonces.

-En segundo lugar, porque en ese año tuvo lugar nuestra integración en la Comunidad Económica Europea, como miembros de pleno derecho. La Europa desarrollada se convirtió así, no sólo en el contexto funcional, sino también en el institucional-oficial de la economía española y, en consecuencia, de la andaluza.

-Y, en tercer lugar, porque en esa fecha hay un claro punto de inflexión en la evolución de la coyuntura económica.

En la segunda parte de mi intervención me dedico a analizar las líneas de fuerza fundamentales del contexto amplío en el que se inscribe la economía andaluza; las claves básicas o generales de su funcionamiento y, si queremos decirlo así, sus grandes retos.

Definir con detalle las características, los problemas, las tendencias, etc., de tal contexto requeriría un tiempo del que ahora, evidentemente, no disponemos, pero al menos si me gustaría perfilar, de una parte, la nueva configuración o reestructuración de nuestro entorno, próximo y no tan próximo, y de otra, los grandes desafíos a los que éste debe enfrentarse.

Conocerlos me parece decisivo para inferir cuáles son las posibilidades de actuación de la economía andaluza dentro de ese su contexto, dentro de su «nuevo» marco de referencia. Cuál es el papel, en definitiva, que esta economía regional puede jugar en ese teatro de operaciones.

En la última y tercera parte, me ocuparé precisamente de eso, de qué, cómo y para quién puede producir la economía andaluza. La titulo «El monopolio virtual» y espero que, en el transcurso de mi exposición, se pongan de manifiesto las razones por las cuales he elegido esa denominación.

Otra victoria más y estamos perdidos

Y ya, sin más prolegómenos, quiero comenzar con una afirmación que, entrada, puede parecerles tan rotunda como subjetiva: «Andalucía sigue siendo, en 1994, un caso claro de subdesarrollo económico y social». Me apresuro a reconocer que tal afirmación es enteramente subjetiva y, desde luego, no compartida por todo el mundo. Y subrayo esto porque, desde hace algunos años, la palabra «subdesarrollo» ha sido excluida del lenguaje de las autoridades económicas andaluzas. En efecto, la voz «subdesarrollo» ha sido sustituida por la expresión «menor nivel de desarrollo relativo».

En algún caso se ha llegado a afirmar que -y cito textualmente- «Andalucía es una de las regiones más desarrolladas del mundo», lo que podría ser tan cierto como demagógico. Sólo que, en éste caso, ni siquiera es cierto, porque «desarrollo» o «subdesarrollo» son, en Economía, conceptos de manual, perfectamente bien definidos. Y para hablar de desarrollo es necesario que se cumplan una serie de requisitos en términos de satisfacción de necesidades básicas de la población, de niveles de producción, de renta, de empleo, tecnológicos, etc. De rasgos estructurales y funcionales de una organización social determinada. Porque, de lo contrario, es decir, de no cumplirse tales requisitos, estaremos ante una situación de «subdesarrollo», de mayor o menor intensidad, más o menos difícil de resolver, pero en una situación de subdesarrollo.

Ocurre aquí, como en Medicina, que cuando alguien tiene las transaminasas muy altas, la piel pigmentada de amarillo, etc., decimos que padece hepatitis. No A, no B, muy grave, poco grave, con buen o mal pronóstico, pero hepatitis al cabo.

Así, pues, de Andalucía lo que habría que decir es que, dentro del contexto mundial, «es una de las regiones de menor nivel de subdesarrollo». Y esto no es una mera precisión semántica porque, para continuar con el símil de la Medicina, un diagnóstico equivocado puede conducir a un tratamiento letal.

¿Y cuáles son los rasgos de lo que podemos llamar, con toda propiedad, el subdesarrollo andaluz?. Pues, en primer lugar, sus bajos niveles de producción (que sólo representa el 12 % de la nacional, mientras que tanto la población como el territorio andaluz equivalen, aproximadamente, al 17 % de los totales españoles); de empleo (los últimos datos de paro rondan la espectacular cifra del 33 % sobre población activa); de inversión (la formación bruta de capital fijo en Andalucía representa la décima parte de la realizada en España); de renta (la media andaluza no llegar a alcanzar el 75 % de la nacional); de nivel de vida y de calidad de vida (la mayor parte de los promedios andaluces -escolarización, teléfonos por habitante, camas hospitalarias, etc.- está por debajo de los nacionales).

En segundo lugar, Andalucía tiene un problema de estancamiento. Esto es, no se trata sólo de que la producción de bienes y servicios sea anormalmente baja, sino que, además, su ritmo de crecimiento es inferior al español medio. Esto ha sido así durante los últimos 25 años, con la sola excepción del periodo 1986 a 1989, ambos inclusive, y significa, obviamente, el aumento de la distancia relativa con las regiones más desarrolladas de España.

Un tercer problema es el de la desarticulación del tejido económico, en el sentido de una fuerte concentración productiva y espacial de las actividades económicas (sólo tres sectores -Alimentación, Construcción y Productos Metálicos- y tres provincias -Sevilla, Cádiz y Huelva- acaparan el 60 % de la producción regional) unida a la debilidad de los vínculos, funcionales y territoriales, entre ellas. La existencia de «islotes de actividad» es un rasgo recurrente del aparato productivo andaluz.

Pero esa desconexión de los núcleos de actividad económica respecto de su entorno mas próximo, tiene su contrapartida en la conexión u orientación (vía compra de factores, venta de productos, toma de decisiones, etc.) hacia y desde centros localizados fuera del espacio andaluz. La elevada extraversión de la economía andaluza es otra de las características esenciales de su subdesarrollo; a la que se une, como no podía por menos de suceder, una fuerte dependencia productiva, energética, financiera, comercial, etc.

Nuestro panorama se va completando, si a lo anterior añadimos, de una parte, la escasa cultura empresarial y el bajo nivel de cualificación de la mano de obra (junto al de formación básica de la población). No hay en Andalucía una «cultura productiva», al modo en el que esta expresión se entiende en los ámbitos convencionales, sino que lo que hay es una cultura «consuntiva» (con las ventajas e inconvenientes que ello conlleva).

En otro orden de cosas, pero, desde luego, no menos importante, hemos de incluir el progresivo deterioro del medio ambiente regional (contaminación atmosférica; paisajística; de los ríos, costas y playas; desforestación y desertización; crecimiento urbano desordenado, etc.).

Esas son razones esenciales por las que resulta pertinente hablar de «subdesarrollo» en Andalucía.

Hay sin duda aspectos positivos que permiten albergar un cierto optimismo con respecto a nuestro futuro económico y social. Y no tanto por la reciente, y ya acabada, fase de expansión que hemos atravesado, cuanto por la existencia de factores de desarrollo potencial que pueden ser usados a nuestro favor. Así pues no me refiero exactamente a la emergencia de algunas actividades en «sectores de futuro» (estrechamente vinculados a la implantación de empresas multinacionales de alta tecnología) o a la importante entrada de capital extranjero habida (buena parte del cual ha sido dinero «caliente», es decir, especulativo); sino, mas bien a la consolidación de determinadas actividades en el sector agroalimentario, al cambio de la dotación infraestructural, y, sobre todo, a la existencia de factores de desarrollo de carácter mas general y, si acertamos en su utilización, mas definitivo.

Estoy aludiendo a características esenciales de la estructura socieconómica de Andalucía tales como su propia extensión superficial (que equivale a la de Portugal o duplica a la de países como Dinamarca, Holanda o Suiza); su volumen de población (aspectos ambos esenciales para la determinación de una variable tan importante como es el tamaño del mercado); su posición geoestratégica (encrucijada entre dos mares y dos continentes) y lo que ello implica en términos climatológicos y sus consecuencias (producciones agrarias, actividades turísticas, etc.); su historia ...

Son esos, como digo, rasgos estructurales, permanentes, de nuestra situación y de nuestra condición.

Pero vale la pena echar una ojeada, siquiera sea brevemente, a la evolución coyuntural; al pasado inmediato transcurrido desde nuestra incorporación oficial a la Europa Comunitaria, porque avizorar cual puede ser nuestro futuro, ahora con el Tratado de la Unión Europea ya firmado, es, en buena medida, el sentido de esta reflexión que hoy comparto con Vds.

Enero de 1986 es, como decía, un buen término de referencia inicial por ser la fecha de nuestra incorporación, como miembros de pleno derecho, a la C.E.E., esto es, de la institucionalización «oficial» de nuestro contexto. Y 1994 es también un buen año para cerrar el paréntesis de este análisis en perspectiva de nuestro pasado reciente. Mejor que 1992, por ejemplo, que fue, en tantos sentidos, año excepcional y emblemático donde los haya: la Conferencia de Madrid sobre la paz en Oriente Medio, los Juegos Olímpicos de Barcelona, el Encuentro de Presidentes de Países Iberoamericanos, la Exposición Universal de Sevilla, etc.

Después de la euforia de aquel año llegó la depresión; pero alguna ventaja había de tener este paso del tiempo y ahora tenemos, al menos, cierta perspectiva, para observar con un poco de distancia, la evolución del «quinquenio brillante», de la segunda mitad de los ochenta, y sus consecuencias inmediatas. Aprender del pasado es signo de sabiduría.

La difícil situación actual de la economía andaluza no es el resultado de la casualidad. El hecho de que la tasa de desempleo sea tres veces superior a la media comunitaria europea, mientras que la producción sólo rebase, ligeramente, la mitad de dicha media, creciendo, además, a ritmos tan bajos que postergan indefinidamente la posibilidad de alcanzarla, y estando colocada Andalucía en la cola de la clasificación de las regiones españolas -y, por supuesto, de las europeas- no es consecuencia del azar.

Como tampoco lo es el que subsistan buena parte de los problemas estructurales (escasa capacidad empresarial y baja cualificación de la mano de obra, dualismo, desarticulación del tejido económico, extraversión, dependencia, etc.) que vienen caracterizando a la economía andaluza desde hace décadas, y a los que hace un momento he aludido. Todo ello tiene explicaciones que están a este lado de la metafísica y que tienen poco que ver con una conspiración antiandaluza. Bueno será que aceptemos estas hipótesis de partida si queremos asumir nuestro tanto de culpa y abordar con realismo el examen de posibles soluciones.

Uno, en particular, de esos rasgos -el estancamiento- cambió notablemente en la segunda mitad de la pasada década: la tasa de crecimiento de la producción andaluza llegó a ser (con independencia de las discusiones sobre décimas al respecto) incluso algo superior a la media española.

A partir de ahí muchos responsables políticos irresponsables echaron al vuelo las campanas y, en el clima favorable de la fase de expansión por la que atravesaban los países desarrollados del mundo occidental, contagiaron su optimismo a los ciudadanos, buena parte de los cuales llegaron a enfermar de euforia.

Fue, sin lugar a dudas, un acto de irresponsabilidad -sólo comprensible en el contexto del muy corto plazo en el que trabajan bastantes políticos- porque en economía, mucho más importante que cuánto se crece es cómo se crece, porqué se crece, cuánto cuesta ese crecimiento, qué consecuencias tiene, etc. En suma, ¿contribuye el crecimiento de la producción a la resolución de los problemas fundamentales del espacio económico de que se trate?.

Dar respuesta a esas preguntas requeriría un análisis que desborda, obviamente, los límites de una ocasión como ésta. Si me gustaría, empero, compartir con Vds. algunas reflexiones al respecto.

Sin duda hubo entonces cambios en la economía andaluza. Pero en esencia afectaron a los «indicadores de superficie». Ahí están los datos sobre el crecimiento de la producción, el empleo, la renta, la inversión, las importaciones y las exportaciones. Pero, como digo, se trata de cambios «de superficie». De otra parte no era dable esperar que unos buenos años de coyuntura resolvieran los sempiternos problemas estructurales. Y ahí sigue «clavado» el P.I.B. andaluz en torno al 12 % del español, y el P.I.B. por habitante sigue sin superar el 72 % de la media nacional y no abandonamos la posición 158 de las 160 regiones europeas.

Parece ser una idea de aceptación generalizada la de que, en Andalucía, en el periodo de expansión 1985-89, los protagonistas del cambio fueron algunos subsectores industriales y el sector de la construcción (dado que en la agricultura contrastan los años «buenos» de 1985, 1987 y 1988, con los años «malos» de 1986 y 1989; y el comportamiento de los servicios fue semejante al del promedio español).

En la construcción fue la obra pública, por encima de la vivienda privada, el factor decisivo. Sin duda hubo crecimiento en la construcción de viviendas -propiciado por la expansión del sector turístico y la especulación inmobiliaria, pero, sobre todo, se trató de:

-La realización del nuevo plan de carreteras,

-El nuevo acceso ferroviario a Andalucía y

-Las obras de infraestructura de la Exposición Universal.

Dentro del sector industrial el principal responsable del crecimiento fue la construcción naval -conectada, en buena medida, a los presupuestos del Ministerio de Defensa- junto a algunos subsectores industriales muy específicos -vinculados a empresas de alta tecnología.

¿Qué significado económico puede tener que sean ésos y no otros los protagonistas del crecimiento?. El más inmediato es que tanto en el caso de la obra pública, como en el de la construcción naval, el impulso es externo a la economía andaluza como tal. Y en el caso de las empresas de alta tecnología, o en el de las actividades relacionadas con el turismo, el impulso es también externo.

Es decir que la economía andaluza creció en aquellos años no tanto porque fuese capaz de generar por sí misma actividad económica, sino porque se benefició, sea de las inversiones exteriores determinadas por la favorable coyuntura de entonces, sea de inversiones públicas decididas con criterios esencialmente políticos.

Parece, pues, claro que el motor fundamental del crecimiento de la economía andaluza está, no exclusiva, pero sí principalmente, fuera de la economía andaluza, tanto en el sentido espacial, como en el sentido funcional. Tanto si se trata de inversión pública, como si se trata de inversión privada.

Por eso mismo resulta, no sé si sarcástico o patético, que, en estas condiciones, se llegue a afirmar, desde las mas altas instancias políticas de la

Comunidad Autónoma, que Andalucía será el motor económico de España. Yo, por el contrario, he recordado alguna vez aquel cuento de «Las Aventuras del Barón de Münchhaausen» en el que el protagonista sale a dar un paseo a caballo por los alrededores de su castillo. Tropieza y cae de bruces en una ciénaga de arenas movedizas. Se agarra a las ramas de un arbusto cercano, pero éstas se rompen y nuestro hombre se va hundiendo progresivamente en el lodo. Se aferra a las bridas del caballo que quedó a salvo y le ordena que retroceda para sacarle de donde está. Pero las bridas se parten y la muerte parece ya inevitable. El Barón, sin embargo, no pierde la compostura. Cogiendo entre los dedos sus propios cabellos tira de sí mismo hacia arriba y consigue salir, de ese modo, de una situación tan comprometida. Lamentablemente la economía andaluza no me recuerda al protagonista de este cuento.

Pero, volviendo al hilo de nuestro razonamiento, y como queda dicho, la favorable coyuntura exterior y las decisiones del poder político central jugaron, durante el periodo de referencia, un papel bastante más relevante que la propia capacidad autónoma de crecimiento. Y ello constituye un hecho muy importante que hemos de tener en cuenta a la hora de examinar el futuro de la economía andaluza en el contexto de la Unión Europea.

La economía regional no parece tener una dinámica propia capaz de autosostener su crecimiento económico. Y en la fase de expansión recibió el impulso de la inversión exterior, de la que, de otra parte hay que decir que:

-Tuvo un ritmo de crecimiento que fue verdaderamente importante, llegando a alcanzar entre 1988 y 1989 -el periodo «estrella»- una tasa de incremento del 130 %.

-Se localizó, preferentemente, en las mayores empresas. Esto es, en aquellas con mas de 100 trabajadores y/u 800 millones de pesetas. Lo mismo que, por otra parte, hizo la inversión pública, contribuyendo así a aumentar el grado de dualismo existente, de por sí excesivamente elevado.

-Se localizó, preferentemente, en los denominados sectores con futuro. Es decir, agriculturas atípicas (Holanda), industria agroalimentaria (Francia, Reino Unido), industria electrónica-automóvil-aviónica (Estados Unidos, Japón), turismo-touroperadores (Reino Unido), construcción y distribución comercial (Francia).

-Procedió, no sólo, pero sí preferentemente, de países miembros de la Unión Europea.

Si a ello unimos el reforzamiento de la ya de por sí importante orientación hacia y desde ese espacio de nuestros flujos de exportaciones e importaciones, la vocación comunitaria de la economía andaluza queda fuera de toda duda.

Formalizada desde el punto de vista institucional en 1986, nuestra incorporación funcional se intensifica, inequívocamente, a partir de ese momento.

La recentísima publicación de las Tablas Input-Output de la Economía Andaluza 1990 no deja ninguna duda al respecto. Digámoslo en negativo: Andalucía está cada vez mas extravertida, mas encadenada al exterior, mas marginada o es menos autónoma; o en positivo: Andalucía está cada vez mas insertada en su contexto, mas conectada, mas vinculada (mas «eslabonada», expresión tan propia de las T.I.O.), pero el aumento del nivel de integración es, para lo positivo y para lo negativo, cualesquiera que sean los términos de referencia que se utilicen para medirla, innegable.

Y tal hecho no es, de suyo, ni bueno ni malo. Todo depende del modo en que se produce la inserción; de la posición que se ocupa -o es posible ocupar; de las funciones que se asumen; de las relaciones de dependencia, o interdependencia, que se establezcan; de la fortaleza o vulnerabilidad de la economía que se integra; de cómo se saben aprovechar las ventajas y atenuar los inconvenientes; etc.

Y por lo que se refiere al otro elemento «exógeno», es decir a la inversión en obra pública, es evidente que la lluvia de millones caída sobre Andalucía y, especialmente, sobre Sevilla, no forma parte -a pesar de las declaraciones en contrario del entonces Ministro Virgilio Zapatero- de un Plan de Desarrollo Regional, sino que responde a una operación de imagen, de Estado o de Gobierno -esa es otra cuestión- pero, desde luego se trata, fundamentalmente, de una operación de imagen.

Diferentes estimaciones establecen esa lluvia en torno a los dos billones, para el periodo 1986-1992, teniendo en cuenta tanto al dinero público como al privado, y parece obligado preguntarse qué ha sucedido con esa importante cantidad de fondos de financiación, de los que, desde luego, no hay precedentes regionales. ¿Adónde han ido a parar? ¿Qué ha hecho la Administración? ¿Qué han hecho los agentes sociales?.

Ciertamente que una suma como esa ha tenido efectos muy importantes, y de muy diversa naturaleza, para la economía andaluza, entre los que destacan los que se refieren a las infraestructuras de transportes y comunicaciones, o a la aparición de determinados núcleos de tecnología avanzada.

Pero conviene aclarar que el cambio de la dotación infraestructural responde mas a la conexión con el exterior -acentuando así la ya considerable extraversión- que a la articulación del tejido económico interior. De hecho los desequilibrios espaciales se han intensificado (con sus consecuencias en términos de migraciones interiores, desde el medio rural al urbano y desde el interior a la costa) y a ello no es en absoluto ajena la concentración de las inversiones en puntos tan concretos del espacio andaluz.

Hay, sin duda, mas aspectos positivos, conectados a la fase de expansión-modernización; y a la referida mejora de la dotación infraestructural se une

- la consolidación de algunas actividades del sector agroalimentario,
- la emergencia del denominado «complejo de alta tecnología», constituido, dentro del subsector «maquinaria y equipos», por:

  los dispositivos de control y regulación,
  los equipos informáticos y telemáticos,
  los componentes pasivos,
  las telecomunicaciones en general,
  los equipos electrónicos para el automóvil,
  los componentes microelectrónicos

pero todos ellos tienen, para usar la misma terminología del Plan Andaluz de Desarrollo Económico, mayor peso cualitativo que cuantitativo y, por ahora, escasa conexión con su entorno económico próximo.

La realidad es que no parece que la economía andaluza haya sabido aprovechar sus años de crecimiento para resolver sus problemas de desarrollo.

Precisamente por eso, y, en particular, por la excesiva dependencia de factores exteriores, se explica que tan pronto como éstos desaparecen o se atenúan (porque la coyuntura económica internacional es menos favorable, o porque las administraciones públicas recortan sus inversiones), la economía regional sea incapaz de mantener su propio funcionamiento por encima de unos niveles mínimos de actividad.

Por supuesto que en Economía, como en la vida, todo es una cuestión de grado, y que sería impensable -aparte de improcedente- defender la autosuficiencia económica de Andalucía en el contexto de la Europa integrada y en la víspera del siglo XXI. Pero una cosa es la «autarquía regional» y otra la «extraversión desmesurada».

Sólo teniendo en cuenta las consideraciones anteriores adquiere su correcto significado la expresión «responsabilidad exterior» a la que, con tan gran desenfado, suelen atribuirse nuestros males.

Esos males que, a pesar de los años de crecimiento, siguen caracterizando a la «patria andaluza» (como gustaría decir Lucas Mallada) y que requieren, sin mas aplazamientos, de un tratamiento diferente, teniendo, como telón de fondo, un contexto también diferente.

El contexto de la economía andaluza

La caída del muro de Berlín, en Noviembre de 1989, señaló el punto álgido de un proceso de reestructuración que había venido teniendo lugar a lo largo de esa década -y de parte de la anterior- y cuyo aspecto mas sobresaliente es, para muchos analistas, el progresivo desplazamiento del centro de gravedad de la economía mundial desde la cuenca del Atlántico a la cuenca del Pacífico.

Pero estamos hablando de un proceso, es decir, de una serie de etapas o fases, cuyos últimos acontecimientos mas destacables son, sucesivamente, el abandono generalizado del modelo socialista; la guerra del Golfo Pérsico, en Enero de 1991; el golpe de Estado en la U.R.S.S., en Agosto de 1991; la guerra civil yugoslava; la reincorporación de la Europa del Este; la intensificación de los desequilibrios económicos y sociales en la mayor parte del planeta; etc.

En realidad, si hay algún rasgo que define este último tramo del siglo XX, ese rasgo es, sin duda, el del cambio. El de tantos cambios en nuestras organizaciones sociales, ocurridos con intensidad y diversidad tan abrumadoras que nos desbordan y aturden, provocando, cuando menos, nuestra perplejidad. Porque, además del número, está el ritmo, vertiginoso, de los cambios. La verdad es que nunca en la historia de la sociedad humana habían pasado tantas cosas en tan poco tiempo...

De hecho, se nos ha quedado viejo nuestro concepto del mundo. Y, lo que es aún peor, nuestros instrumentos de análisis. Se nos han hecho prácticamente inservibles nuestras herramientas para interpretar el mundo. Nuestras categorías de análisis, y los conceptos que nos eran mas familiares. «Izquierda», «derecha», «clase social», «capital», «trabajo», «nación», «espacio», «tiempo», «naturaleza», etc., quieren decir ahora cosas muy distintas de lo que significaban hace sólo algunos años.

A mayor abundamiento un gran cambio escénico se ha producido. En muy pocos años se ha modificado todo el «teatro de operaciones». Los escenarios son distintos y distintos son también los actores, que interpretan ahora un nuevo papel dentro del nuevo reparto. Sus funciones son otras y diferentes son la obra y el argumento. Incluso los directores de escena parecen ser distintos.

En cualquier caso, lo que a nuestros efectos conviene poner ahora de relieve es el fin irreversible del mundo partido en dos mitades que fue el «contexto general», diseñado tras la Segunda Guerra Mundial, sobre la base de los acuerdos económicos de Bretton Woods y políticos de Yalta. Ese mundo, ese contexto, ya no existe mas. Aquel orden social, económico, político, militar, etc., vigente durante mas de cuarenta años, saltó hecho añicos y sus fragmentos se han «reordenado» ahora de otro modo, componiendo una nueva estructura cuyos elementos están relacionados entre sí -son fragmentos conectados- pero de forma muy distinta a la de la etapa anterior. Son mas numerosos, de naturaleza mas diversa, con conexiones entre ellos mas complejas y pesos específicos muy diferentes. Conforman lo que podríamos denominar una «estructura multipolar jerarquizada», dentro de la cual es posible identificar, cuando menos, los siguientes seis «bloques»:

1. Africa (distinguiendo el Magreb árabe -Mauritania, Marruecos, Argelia, Túnez, etc.- y otros espacios del continente -como la región sub-sahariana, o la República Surafricana, por citar dos casos extremos).
2. América Latina (sin incluir plenamente a México, que ocupa una posición de difícil definición, a caballo entre Canadá y los Estados Unidos de una parte, y el resto del continente americano, de otra, al tiempo que teniendo en cuenta las importantes diferencias existentes entre Chile, Brasil, Argentina, Venezuela y los otros países continentales y del Caribe).
3. Asia (excluyendo a Japón y a los Países Recientemente Industrializados -«Nic's» de la Primera Generación, como Singapur, Taiwan, Corea del Sur y Hong Kong, o de la Segunda, como Indonesia, Malasia, Tailandia o Filipinas- así como, por otras razones, a los países productores de petróleo de Oriente Medio).
4. El bloque de países asiáticos desarrollados, encabezado por Japón, y seguido por aquellos otros a los que se hace referencia en el punto anterior.
5. Norteamérica (Estados Unidos y Canadá y, a bastante distancia, como país en vías de desarrollo, México).
6. Europa (distinguiendo a la Europa Occidental desarrollada de los países del Este que intentan incorporarse a ella, y que pueden considerarse en vías de desarrollo o subdesarrollados -la antigua República Democrática Alemana o Albania, por ejemplo).

Dentro de esa nueva estructura internacional multipolar, articulada y de geometría flexible, Europa Occidental es, obviamente, nuestro «teatro de operaciones» mas próximo, nuestro contexto mas inmediato. No es ésta la ocasión adecuada para examinar con detalle la estructura y el funcionamiento concretos del contexto, lejano o próximo, de la economía andaluza, pero permítaseme, al menos, dejar apuntados algunos de los mas importantes problemas a los que éste se enfrenta, y que constituyen sus retos mas apremiantes. Porque conocerlos es absolutamente decisivo para comprender el papel de la economía andaluza dentro de ese su contexto, e inferir, a partir de ahí, algunas conclusiones sobre sus posibilidades de actuación.

Los países desarrollados, en general, y Europa Occidental, en particular, han de hacer frente en los próximos años a algunos desafíos verdaderamente importantes, entre los que cabe destacar:

El demográfico
El tecnológico
El medioambiental
El del nuevo papel del Estado

El reto demográfico

En sentido amplio incluye todos los problemas relacionados con la población, pero, en particular, los desafíos básicos son el aumento y/o la resistencia del paro, el envejecimiento de la población y los movimientos migratorios -la mayoría de ellos de nuevo signo- con sus consecuencias (tensiones sociales, problemas de ordenación del territorio y del sistema de ciudades, crisis de los presupuestos públicos, etc.) y, claro está, con sus causas (intensificación de los desequilibrios en la distribución de la renta, explosión demográfica en los países subdesarrollados, etc.).

No cabe duda de que el mas importante de todos ellos es el desempleo, cuya tenacidad no parece tener antecedentes históricos. Europa se ve obligada a convivir -desde la crisis de los años setenta- con una tasa de paro que no baja, en términos de promedio, del 10 % (para no citar el caso extremo de España, en el que dicha tasa supera ampliamente el 20 %, o el aún mas extremo de Andalucía, donde se rebasa el 30). Esas cifras desbordan de sobras la barrera del desempleo «natural» establecida en los manuales de Economía convencional y, además, se resisten tenazmente a descender.

El asunto es de una enorme trascendencia y tanto sus consecuencias, como sus soluciones, son muy difíciles de prever o de definir. Las tensiones sociales sobrepasan con mucho las simples secuelas de la inactividad y, por ejemplo, han llegado a hacer renacer sentimientos de fanatismo nacionalista y xenofóbico, que parecían ya superados, y que han resurgido con una notable violencia. Pero mas allá de estos casos, el gran problema, el de mas difícil solución, es que cada vez menos población trabajadora tiene que sostener a cada vez mas población no trabajadora (fenómeno relacionado no solo con el desempleo, sino también con el envejecimiento progresivo de la población).

El reto tecnológico, al que enseguida aludiremos, está estrechamente conectado a esta cuestión. Porque, en el fondo, lo que están atravesando los países desarrollados es una crisis de reestructuración que les obliga a adaptarse a un mercado, mas globalizado y mas competitivo, y que fuerza la introducción de nuevas tecnologías ahorradoras de trabajo. En muchos casos el coste del trabajo ha llegado a convertirse en un árbol que nos impide ver el bosque, pero conviene recordar que el salario es solo uno de los elementos que componen la estructura de costes de una empresa -que en las industriales, por añadidura, representa entre el 25 y el 35% de los totales. Si se tiene en cuenta que, por citar dos casos extremos, el precio por hora trabajada es cincuenta veces menor en China que en Alemania (no el 50% de, sino la quincuagésima parte de), resulta difícil aumentar la competitividad mediante, básicamente, la congelación o la reducción de los costes salariales. Por supuesto ello no es así en todos los casos ni en todos los momentos y, de hecho, se ha producido un importante desplazamiento de procesos productivos -o, mas exactamente, de algunas de sus fases- a países de salarios mas bajos, condiciones laborales mas favorables para la empresa (disciplina, horarios, bajo nivel de sindicación y reivindicaciones, etc.) que hacen recordar a los peores tiempos del capitalismo manchesteriano y que han puesto sobre la mesa el asunto del «dumping social» (o, en otro orden de ideas, el del «dumping ecológico»).

El fenómeno no deja de ser paradójico en la medida en que hay muchas empresas de países desarrollados -países con problemas de paro- que crean nuevos puestos de trabajo en países subdesarrollados (los empresarios andaluces, por ejemplo, lo hacen en Marruecos). Ello es perfectamente coherente con la lógica de las economías de mercado, en las que la rentabilidad cuenta mas que el patriotismo, y desmiente la famosa afirmación del antiguo presidente de General Motors, Charles Wilson, por la que parece haber pasado a la historia: «Lo que es bueno para los Estados Unidos es bueno para General Motors. Y viceversa.»

En cualquier caso el gran dilema, la gran contradicción, subsiste: hay que ser cada vez mas competitivos, en un mundo que es un solo mercado, mediante la incorporación de nuevas tecnologías, ahorradoras de trabajo, y, al tiempo contribuir a la solución del problema del desempleo.

La cuestión es lo suficientemente enrevesada como para que una sola respuesta pueda resultar satisfactoria. No basta, como queda dicho, con limitar nuestra atención al problema de los costes salariales y, desde luego, no existe una solución única, mágica y universal. En todo caso hay que pensar en una batería de medidas que puedan contribuir a mejorar, a medio plazo, la situación.

La O.C.D.E., la Comisión Europea, el Grupo de los 7, etc. vienen formulando una serie de propuestas -muchas de las cuales adolecen de una gran vaguedad- que propugnan la lucha contra la inflación o contra los déficits presupuestarios, mediante la reducción del gasto publico; la liberalización del comercio o la apertura de nuevas producciones («nuevos sectores de desarrollo»). La palabra clave en la mayor parte de los paquetes de medidas propuestos suele ser «flexibilización». De las empresas para adaptarse a la demanda, pero, en general, de los mercados de trabajo, para hacer mas fáciles los despidos; de las fórmulas de contratación; de las condiciones y formas de trabajo, promoviendo el trabajo a domicilio (nuevo «putting off» que, en los Estados Unidos, emplea ya a diez millones de personas que usan, en sus propias casas, la combinación ordenador + teléfono). A todo ello debe añadirse la modificación de las estructuras salariales vigentes y de los sistemas de protección al desempleo.

De ese modo se pretende aumentar la productividad -y, junto a ella, la competitividad- al tiempo que limitar los efectos desincentivadores a la hora de buscar empleo. Se recomienda reducir la cuantía de las prestaciones y endurecer los requisitos para percibirlas, así como no estimular las jubilaciones anticipadas.

Se trata de aplicar políticas de empleo activas que favorezcan la creación de puestos de trabajo en las pequeñas y medianas empresas, facilitándoles el camino hacia la innovación tecnológica y la formación permanente de la mano de obra.

La apertura de nuevas líneas de producción, sobre las que inicialmente se pueda ejercer un cierto control oligopolístico, es otro de los elementos centrales de la política de empleo. A esa idea responden el Informe Christophersen, sobre las nuevas redes transeuropeas -de ferrocarriles y autovías- y los grandes proyectos energéticos -gas y electricidad, fundamentalmente-, el Informe Bangemann, sobre autopistas de la información o el Programa Konver, de reconversión de la industria militar hacia producciones de tecnología punta, en el sector medioambiental, en el de equipos hospitalarios, aviónica, explotación de espacios naturales, prestación de nuevos servicios sociales, etc., actividades solo accesibles a los países industriales avanzados.

El alto nivel de desarrollo económico, social, cultural, etc., unido a la aplicación, desde hace décadas, de políticas de control demográfico, así como a la reducción de la tasa de mortalidad, la incorporación masiva de la mujer al mundo del trabajo -con la consiguiente reducción de su fertilidad efectiva- o el cambio de estructura de la familia nuclear, explican, combinadamente, que la explosión demográfica no sea, en absoluto, un problema europeo. De hecho las tasas medias de crecimiento de la población rondan el 1 %, cifra perfectamente asumible para el nivel de desarrollo existente. Sin embargo, ello tiene como contrapartida negativa el envejecimiento progresivo de la población. No podía ser de otro modo: la reducción de la tasa de natalidad junto al aumento de la esperanza de vida dan como resultado necesario dicho envejecimiento, que ni siquiera se ve compensado por la llegada de los jóvenes inmigrantes (del Sur o del Este de la propia Europa, o del Norte de Africa).

Según el último Informe sobre escenarios demográficos elaborado por el Instituto Internacional de Análisis de Sistemas Aplicados de Laxenbur, la esperanza de vida ha crecido en Europa a un ritmo de tres años por década, desde 1950, estimándose que, para la primera mitad del siglo XXI, la mujeres europeas vivirán entre 84 y 95 años. El envejecimiento generalizado de la población europea (en 1990 las personas de 65 o mas años representaban el 7'5% de la población total y en 2020 representarán el 20%) puede provocar un auténtico colapso en los servicios sociales, a menos que, a partir de ahora, se tomen las medidas necesarias oportunas para aumentar sensiblemente su provisión.

Los presupuestos públicos tendrán serias dificultades para hacer frente a esa nueva situación, de cuya envergadura dan prueba los términos de la actual polémica sobre la crisis del Estado del Bienestar, asunto este al que tendremos ocasión de aludir mas adelante.

Aunque no es el envejecimiento de la población, sino el de su expansión incontrolable, el reto de los países del Segundo y Tercer Mundo, las consecuencias para el Primero, son evidentes. Las previsiones de Naciones Unidas al respecto (Informe «Full House») son verdaderamente escalofriantes. En el supuesto -altamente probable- de mantenerse las tendencias actuales, la población mundial habrá aumentado en 1.200 millones de personas desde ahora hasta el año 2000, correspondiendo el 93 % de ese crecimiento al Tercer Mundo (donde cada día mueren de inanición 35.000 niños), y alcanzándose entonces la cifra de 6.800 millones de habitantes. Para el año 2025 se habrá llegado a los 8.500 y a los 14.000 en 2050.

Ello explica, en buena medida, el actual aumento de la presión migratoria del Sur sobre el Norte. La Europa desarrollada es ahora el destino anhelado por miles de ciudadanos africanos -y de otros continentes- cuya supervivencia les obliga al éxodo, cumpliendo una vieja regla de comportamiento humano que establece que si el capital no va allá donde está la población, ineludiblemente la población irá allá donde está el capital. Ese principio general cobra un significado especial en cada caso concreto o en cada momento histórico específico. De ahí que la situación actual se parezca bien poco al reclutamiento de mano de obra que los países de Europa Occidental practicaron durante el periodo de expansión económica comprendido entre 1950 y 1973. Entonces el Norte atraía, hoy el Sur expulsa. La naturaleza del fenómeno migratorio es, desde la crisis de los años setenta, cada vez mas compleja. No se trata solo de que los bajos niveles de renta de los países subdesarrollados fuercen a la emigración, sino de que, además, la profunda reestructuración de los procesos de trabajo a nivel planetario, moldea el carácter, el contenido y la dirección de los movimientos de población. Así, por ejemplo, la revolución microelectrónica ha modificado los patrones de demanda de mano de obra, que igualmente acusa la expansión del sector servicios en los países mas desarrollados. Y otro tanto sucede con el crecimiento de la economía informal o sumergida, sea en el sector primario, en el secundario o en el terciario. Los mercados de trabajo reflejan esas, y otras transformaciones (el éxodo por razones políticas, étnicas o religiosas, por ejemplo), alterando, a su vez, las pautas de contratación, en el sentido mas duro de la expresión (precarización, contratos «basura», etc.).

Con independencia de las soluciones globales que el problema demográfico en los aspectos apuntados (desempleo, envejecimiento o movimientos migratorios) pueda tener, la consideración de este gran reto, al que se enfrenta nuestro contexto mas próximo, es crucial para el futuro económico y social de Andalucía, región atrasada, con una elevadísima tasa de desempleo y que ha dejado de expulsar mano de obra para convertirse en una de las puertas mas importantes de entrada al continente europeo.

El reto tecnológico

En realidad es difícil exagerar la importancia que el reto tecnológico tiene para los países desarrollados -que no es menor del que supone para los subdesarrollados, aunque deban ser salvadas las correspondientes distancias- porque, como no podía por menos de suceder, su solución está vinculada y condiciona a la de los demás desafíos. En esencia, y para el caso de nuestro contexto mas próximo, el de la Unión Europea, el problema tiene una doble vertiente que ya ha sido apuntada. Me refiero a la contradicción de términos que supone intentar aumentar la competitividad de los productos europeos reduciendo el gasto en mano de obra y, a la vez, resolver el problema del desempleo. Pero aún hay mas.

Europa -y los Estados Unidos- deben hacer frente a la Revolución Industrial desencadenada por Japón. Ese nuevo modo de producción, o esa nueva organización del trabajo -ambas son caras de la misma moneda- representa un desafío que no es posible dejar de afrontar.

La organización productiva característica del periodo de expansión 1950-1973 -la «organización 'fordista' del trabajo», como dieron en llamarla los sociólogos franceses- ya no está en condiciones de resistir la competencia de la organización «flexible» o «ajustada» de la producción («lean production»).

La primera Revolución Industrial introdujo la manufactura. A principios del siglo XX, con el traspaso del liderazgo económico de Inglaterra a los Estados Unidos, la manufactura fue sustituida por la producción en serie o en masa. Y a la altura de los años setenta los japoneses ya tenían bien desarrollada la producción ajustada o flexible. La decisión sobre si se trata o no de una nueva revolución industrial es puramente discrecional, pero lo cierto es que las modificaciones que conlleva son verdaderamente importantes. Y sus consecuencias mas.

La producción artesanal estaba basada en el empleo de mano de obra altamente cualificada que usaba herramientas simples, pero versátiles, para fabricar exactamente lo que el consumidor demandaba. La producción en serie -o fordista- emplea a profesionales altamente cualificados para diseñar productos que luego han de ser elaborados, en grandes cantidades, por trabajadores no o semicualificados, mediante la utilización de una maquinaria muy cara, muy especializada y, por tanto, escasamente flexible o adaptable a funciones distintas de aquellas para las que fue concebida. Con este procedimiento los costes de producción se redujeron espectacularmente, pero también lo hizo la variedad, a diferencia de la etapa anterior en la que la demanda había de «plegarse» a los dictados de la oferta.

En el caso de la producción ajustada o flexible tiene lugar una combinación de las dos fórmulas anteriores, en la medida en que a las ventajas de la producción artesana se unen las de la producción en serie, con menores costes y mayor flexibilidad, empleando a trabajadores adaptables a tareas muy diversas -«multicualificados»- y usando de una maquinaria altamente versátil, cada vez mas automatizada, al tiempo que capaz de introducir muy diversas modificaciones en el proceso y, sobre todo, en el producto final. Es «lean» porque usa menos de todo en comparación con la producción en serie: menos mano de obra, menos espacio para producir y almacenar, menos maquinaria, menos tiempo para diseñar y rediseñar, etc. La eficiencia es mucho mayor, los costes son menores, así como los defectos o errores, y la variedad puede aumentarse muy sensiblemente.

De otra parte, el trabajo, como tal, es mas creativo y menos rutinario, porque es mas participativo. La asunción de mayores responsabilidades desciende hasta los estratos mas bajos de la empresa y se altera la relación tradicional entre trabajo en equipo y jerarquía.

El proceso de cambio en la organización productiva se originó en el sector del automóvil -de ahí que también se use para denominarla, y por diferenciación con el fordismo, el término de «toyotismo»-, pero ya se ha extendido a todas las ramas de la producción industrial y aún de los servicios. En el terreno teórico la investigación aplicada de los economistas de empresa se ha orientado hacia la implantación de nuevas y mas sofisticadas fórmulas de gestión de la producción tales como: T.Q.M. («Total Quality Management»); J.I.T («Just in Time»); M.R.P. («Materials Requirement Planning); O.P.T. (Optimized Production Technology»); B.P.R. (Business Process Reengeniering); etc.

Europa no puede, bajo ningún concepto, permanecer al margen de un cambio tecnológico de esta envergadura. De lo contrario habrá perdido definitivamente la batalla productiva del siglo XXI. Pero abordarlo implica, dadas las especiales características de la diversidad continental, importantes renuncias a lo que, para muchos ciudadanos remisos, son auténticas señas de la identidad europea. Es posible que sea necesario replantear la filosofía paneuropea que subyace en el Tratado de Maastricht; es posible que haya que renegociar la traslación de soberanía que el Tratado implica. Todo ello puede ser discutido de nuevo, pero ante el gran reto tecnológico Europa será una o no será absolutamente nada.

El reto medioambiental

Es verdaderamente sorprendente el corto espacio de tiempo que ha sido necesario para que la expresión «medio ambiente» (valga la redundancia) se introduzca en nuestro discurso cotidiano. En muy pocos años lo que era tan sólo un tema, mas o menos exótico, de discusión en los cenáculos académicos se ha convertido en uno de los grandes retos de nuestro tiempo. Ha escalado puestos en la escala de preocupaciones del ciudadano medio, cuya sensibilidad al respecto está hoy a flor de piel. Buena prueba de ello la da el hecho de que la protección medioambiental constituya un elemento central en la estrategia programática electoral de la gran mayoría de los partidos políticos -atentos siempre al veredicto de las urnas- de Occidente.

Como no podía por menos de suceder, los medios de comunicación han jugado un papel decisivo en el aflorar de la conciencia medioambiental del hombre de la calle y, en muchos casos, se ha llegado a pasar de esa mera toma de conciencia a poner en tela de juicio la misma supervivencia de la especie humana. En ese sentido, un importante cambio cualitativo puede detectarse en la actitud con que el problema es ahora abordado. En una primera fase, los países mas desarrollados reaccionaron ante la gravedad de la situación, protegiendo su propio medio con normas estrictas que prohibían la realización, en su territorio, de actividades agresivas. Muchas de esas actividades fueron desplazadas a otros espacios, menos desarrollados, donde la sensibilidad ecológica era menor o la legislación mas permisiva. Pero hoy, en los países desarrollados ya se tiene plena conciencia de que la destrucción del medio ambiente no es tolerable, ni siquiera en los países subdesarrollados. La deforestación de la Amazonia o del Sureste Asiático, afecta a la calidad de la vida en los Campos Elíseos o en la Quinta Avenida. Y, además, la preocupación al respecto es mayor en Francia o en los Estados Unidos, que en Brasil o en Vietman.

Y no es que la sensibilidad ecológica sea directamente proporcional a la distancia sino que, en todo caso, lo es al nivel de renta. En este sentido la defensa del medio ambiente es entendida como un lujo que solo los pueblos que tiene garantizada su subsistencia inmediata pueden permitirse. Comprensiblemente los seres humanos tendemos a conceder mayor prioridad a nuestra propia existencia que a la de los hijos de nuestros hijos.

En cualquier caso el desafío medio ambiental no es, a pesar de lo repentino de su irrupción, el que plantea los mayores problemas de tratamiento, entre otras razones debido a que, la toma de conciencia de su existencia ha sido también considerablemente rápida. Un solo cambio de generación parece haber bastado para que empiecen a manifestarse actitudes ciudadanas que hubiesen sido impensables hace muy poco tiempo. Ello no quiere decir que la asunción del reto sea fácil, pero al menos existe esa ventaja comparativa respecto de otros problemas sociales cuyo «tempo» de acción y reacción ha sido, históricamente hablando, mucho mas lento.

¿Qué ha sucedido en este caso?. Para empezar, que el problema no ha adquirido tintes de gravedad sino hasta fechas muy recientes, que no van mas allá de veinticinco o treinta años. Periodo que, no casualmente, coincide con el inicio de la denominada «fiebre desarrollista» en las economías industriales avanzadas. En efecto, una vez que éstas hubieron remontado la fase de reconstrucción que sucedió a la Segunda Guerra Mundial, el crecimiento del Producto Nacional Bruto, casi a cualquier coste, se convirtió en objetivo dominante en la política económica de la mayor parte de los gobiernos de los países occidentales. Y ello se compadece mal -como la realidad ha tenido ocasión de demostrarnos luego- con el exquisito cuidado a que obliga la preservación del medio natural en el que la vida humana se desenvuelve, tanto por lo que se refiere a la filosofía económica subyacente en aquel modelo de crecimiento, cuanto a las pautas extractivas, productivas, tecnológicas, consuntivas e, incluso, conductivas, inherentes al mismo.

Todo eso en relación al mundo de los hechos, porque en el mundo de la ideas el retraso tiene también causas perfectamente identificables. El paradigma mecanicista cartesiano que ha presidido el desarrollo de las Ciencias Físicas y de la Naturaleza fue trasplantado, tal por cual, al campo de las Ciencias Sociales y, en particular, al de la Ciencia Económica. ¿Cómo era posible esperar que la ciencia de la escasez se ocupase del estudio de los recursos abundantes?. Mas de una generación de economistas habrá de recordar todavía la lectura de algún manual introductorio en el que la contraposición entre bienes económicos y no económicos se ejemplificaba -poco premonitoriamente, por cierto- con los diamantes y el agua o el aire, bienes éstos que eran considerados tan abundantes y libres que quedaban fuera del campo de estudio de la Economía.

Pero aún hay mas, porque la concepción mecanicista implica también unas exigencias cuantificadoras que a veces son muy difíciles de satisfacer cuando se abordan los problemas medioambientales. De acuerdo con tal paradigma, adoptado sin ambages por los economistas neoclásicos, la fragmentación de la realidad y el supuesto de causalidad lineal entre los fragmentos, son pilares epistemológicos básicos, pero también lo es la medición cuantitativa. Y, a ser posible, la medición cuantitativa en términos de precios. Y, mejor aún, en términos de precios no contables, sino de mercado. Sin embargo, cuando nos movemos en este terreno resulta, obviamente, muy difícil contestar a preguntas del tipo: ¿Cuántas pesetas vale la destrucción de una puesta de sol? Y es que la realidad, toda, tiene aspectos cuantificables y aspectos cualificables. Los primeros deben ser cuantificados y los segundos cualificados.

La conciencia reciente de la importancia del reto medioambiental tiene también, a su vez, sus razones. Algunas de ellas coinciden, «sensu contrario», con las que acaban de apuntarse. La mas palmaria de todas es la gravedad del problema, y es tan evidente lo que la humanidad se juega en esta partida que no vale la pena insistir en el asunto. Por eso el cambio del modelo económico y el de las pautas de comportamiento individual son ineludibles.

A ambos puede contribuir el hecho de que un nuevo paradigma, una nueva concepción del análisis científico de la realidad, se va abriendo paso, a trancas y a barrancas. En el plano científico general lo que, afortunadamente, ya se debate es la sustitución del método científico tradicional por otro en el que la causalidad lineal ceda su puesto a la multicausalidad global y el análisis fragmentario a la ecointegración sistémica. Los conceptos de globalidad, realimentación, interdisciplinariedad, caos, sostenibilidad, etc., tan consustanciales con los estudios medioambientales, encontrarán aquí un terreno mucho mejor abonado.

Las consecuencias de esa polémica de carácter, sólo aparentemente, metodológico serán muy importantes para el asunto que ahora nos ocupa. De hecho ya se ha producido el enfrentamiento entre las denominadas Economía Medioambiental y Economía ecológica.

A las razones expuestas se añade otra, de naturaleza distinta, pero igualmente importante. Se trata del «olfato» del mercado para detectar actividades rentables. Dicho en román paladino: el medio ambiente puede ser negocio. La gravedad del problema, la reacción ciudadana ante ella, la promulgación de una normativa legal reguladora de la situación, etc. han hecho que las actividades productivas vinculadas al medio ambiente se hayan convertido, en un corto periodo de tiempo, en un sector con una tasa de expansión espectacular. La restricción se ha convertido en recurso y las fuerzas del mercado se han adaptado a la nueva situación.

El fenómeno es relativamente reciente, lo que hace que haya aún muchos huecos que ocupar y muchas posibilidades para los espacios en vías desarrollo -Andalucía, por ejemplo- que sepan incorporarse a un mercado que dista mucho de estar saturado. En seguida nos ocuparemos de ello.

El nuevo papel del Estado

La polémica sobre el papel del Estado en las economías de mercado es casi tan vieja como la propia existencia de la Ciencia Económica. No en balde la obra de Smith ha sido muchas veces presentada como un alegato en contra de la intervención del Estado en la vida económica. Pero el fondo de la discusión es lo suficientemente complejo como para haber hecho correr ríos de tinta -y aún de sangre- entre quienes conciben al Estado capitalista como el mero brazo ejecutor de la clase dominante y quienes, desde posiciones bien distintas, consideran que cualquier cosa que la iniciativa privada hace mal, la iniciativa pública puede hacerla aún peor. Probablemente, una vez mas, el quid de la cuestión estriba en el empecinamiento de los economistas -contagiados por otros científicos- en encontrar fórmulas magistrales de aplicabilidad universal, cuando puede que lo mas razonable sea encargar al Estado el cumplimiento de unas u otras funciones, según cuales sean las condiciones objetivas y subjetivas del desarrollo histórico de cada sociedad determinada, en cada momento específico. Parece, sin embargo, que las prescripciones sobre el grado y la calidad de la intervención pública han seguido, a lo largo de los últimos cuatrocientos o quinientos años un movimiento pendular -semejante al de los vaivenes de la moda- de acuerdo con el cual las recomendaciones reguladoras de los mercantilistas preceden a las propuestas de cuasi-inhibición clásicas y neoclásicas, a las que, a su vez, se superponen y suceden las prescripciones intervencionistas de marxistas y keynesianos, salvadas sean las enormes distancias existentes entre una y otra corriente de pensamiento.

Pero, para acercar la diatriba a momentos mas próximos en el tiempo, parece claro que desde hace ya algunos años un nuevo (?) fantasma recorre el mundo: el fantasma del neoliberalismo. Los ritos neoliberales oficiados en nombre de la «reaganomics» norteamericana y el «thacherismo» británico han hecho furor en el universo mundo, con especial relevancia en la segunda mitad de la pasada década. Los regulacionistas (afrancesados o no) de los países desarrollados se han visto forzados a entrar en un periodo de hibernación, no solo por la pujanza arrolladora que desde el poder han ejercido los «policy makers» (llamados en España, no se sabe porque incomprensibles razones «beautiful people», o «gente guapa»), sino por la caída en dominó de los países de socialismo real, hasta entonces única prueba palpable de que el Estado-empresario también era una opción posible.

En los países subdesarrollados, por su parte, los defensores de la intervención y la regulación han debido retirase también a sus cuarteles de invierno, para «perder una década» y salvar sus vidas ante el desembarco de los liberales del Norte recibidos en el Sur con palmas y olivos por muchos gobiernos conservadores, ultraconservadores o, simplemente, desesperados.

La otra falacia que entrevera la polémica (la primera es la de la pregunta absurda sobre si el Estado debe o no debe intervenir en la vida económica) es la del conflicto entre eficiencia y equidad. Como si ambos extremos fueran, en tanto que tales, irreductibles o irreconciliables. Sin duda, la actitud mas desprejuiciada y, por tanto, mas científica, sería la de sacudirse cualquier apriorismo teórico que, bajo la forma de ley económica, dictamine la capacidad o incapacidad del Estado para ser buen o mal empresario (para ilustrar la discusión podríamos traer a colación, por ejemplo, algunos de los postulados fundamentales de la Escuela Institucionalista, de acuerdo con los cuales es esencial la consideración del marco institucional dentro del que se contextualizan cada una de las instancias del proceso de toma de decisiones. La eficiencia del sector público está condicionada, así, por las circunstancias reales concretas en las que se ve obligado a funcionar. Ello daría entrada en el análisis a un amplísimo espectro de variables que van desde la cultura, en la acepción mas amplia del término, hasta las fórmulas específicas de organización administrativa y sus mecanismos de funcionamiento: sistemas de incentivos y sanciones, de control del gasto y de la gestión, etc.).

Pero, en cualquier caso, si bien es cierto que la experiencia ha demostrado hasta ahora que el Estado es el paradigma de la ineficiencia cuando dedica sus esfuerzos a la fabricación de llaves inglesas, a la recolección de maíz, o a la gestión de peluquerías de señoras, no es menos cierto que cuando las fuerzas del mercado son dejadas a su libre albedrío generan tal cúmulo de tensiones, desequilibrios y desigualdades cuya existencia no puede consentir ninguna sociedad mínimamente civilizada.

Alguien poco sospechoso de totalitarismo intervencionista ha escrito que «los dos vicios que caracterizan al sistema económico en el que vivimos son, en primer lugar, que en él no está asegurado el pleno empleo y, en segundo, que el reparto de la riqueza y de la renta es arbitrario e injusto». Las palabras son, como una vez mas parece inevitable, de John Maynard Keynes.

Siendo así las cosas, lo mas pertinente es, como decíamos, definir claramente las funciones de cada Estado en cada sociedad. Tampoco aquí sirve la escapista recomendación bíblica de dar al Estado lo que es del Estado y al mercado lo que es del mercado, porque el problema radica, precisamente, en aplicar esa fórmula general a cada situación concreta. Parece obvio insistir en que lo que el sector público debe y puede hacer en Suecia se parece muy poco a las que habrían de ser sus actuaciones en Bolivia.

Teniendo como referencia que en cualquier caso son de su competencia:

1) Garantizar la satisfacción de las necesidades básicas de la población y
2) Ordenar el proceso económico,

tales responsabilidades pueden asumirse en la práctica de mil formas diferentes; y una vez que se ha hecho frente a la primera, compensando los desequilibrios personales, espaciales y funcionales, generados por el mercado en su «libre» funcionamiento, mediante la provisión de los servicios sociales necesarios (el «nivel de necesidad» es, por supuesto, un concepto relativo e histórico) en materia de alimentación, sanidad, vivienda, educación, medioambiente, etc., queda todavía pendiente la función «organizadora».

Si la sociedad civil, por su nivel de desarrollo histórico, es capaz de asumir la dirección y ejecución del proceso económico, el Estado puede pasar a un plano, desde el que asegure la creación del clima necesario para que prosperen las capacidades de actuación de los agentes sociales privados, estimulando la creatividad y la asunción de riesgos y no abriendo, sino cerrando, las vías a la especulación improductiva o a la mera picaresca (a ellas contribuye el propio Estado cuando prima con altos tipos de interés determinadas inversiones en los mercados financieros, o usa del gasto social no con criterios redistributivos, sino clientelistas).

Ahora bien, si, por el contrario, la situación es tal que la iniciativa privada demuestra estar privada de iniciativa y se revela incapaz de asumir las funciones productivas y distributivas necesarias para el normal desenvolvimiento de la actividad económica general, entonces alguien tendrá que asumir tales funciones. Y no parece que haya otra alternativa mejor que la que el propio sector público representa.

Con todas la cautelas que se quiera, con todo el carácter indicativo y provisional que sea necesario, para ir adaptándose, progresivamente, a los cambios que las condiciones reales vayan experimentándose. Pero, si no hay líderes, alguien tiene que liderar; si no hay una clase empresarial mínimamente capaz, alguien tiene que promover su desarrollo.

Una vez mas las formas de hacerlo son, prácticamente, infinitas y, desde señalar orientaciones económicas generales, hasta desempeñar directamente tareas productivas concretas, hay un amplio espacio dentro del cual deben ser definidas las funciones específicas del Estado. Todo depende, no importa repetirlo, de las condiciones objetivas y subjetivas de cada caso. Y en Europa, unas y otras varían profundamente de, por ejemplo, Cheshire, en el Reino Unido, a Wesfalia, en Alemania, o de Norland, en Suecia, a Andalucía, en España.

Habrá, pues, que decidir en consecuencia cómo el Estado debe crear capital físico, capital humano, organizar el funcionamiento de la economía o combinar tales tres funciones, mediante una gama de intervenciones muy amplia y muy diversa que -por apuntar algunas sobresalientes- puede incluir la mejora de la dotación infraestructural; la inversión en I+D; la elevación del nivel tecnológico; el aumento del grado de cualificación de la mano de obra; la creación de una cultura productiva y empresarial; etc. Y todo ello, sea limitándose a señalar líneas de actividad prioritarias, asumiendo por sí mismo funciones productivas, o bajando al detalle de establecer con precisión los incentivos monetarios, fiscales, o de cualquier otro tipo, que va a utilizar para cebar la bomba y sacar de su atonía a los agentes económicos privados.

El monopolio virtual

Si esas son las características fundamentales del contexto en el que se encuentra inserta la economía andaluza, y esos los retos principales a los que aquel debe enfrentarse, parece adecuado intentar ahora definir algunas líneas de actuación consecuentes con unos y otras.

Comenzando por lo mas general, para descender progresivamente en el grado de concreción, procede reiterar, de entrada, la necesidad, inaplazable ya, de optar por el modelo de desarrollo regional que algunos economistas venimos defendiendo desde hace ya bastante tiempo, y que el espejismo provocado por el crecimiento de ciertos indicadores macroeconómicos durante 3 ó 4 años, ha permitido seguir posponiendo a quienes suelen confundir la contabilidad con la política económica.

Tal modelo está tan definido (de «surdesarrollo» lo he denominado en alguna ocasión) que basta con recordar aquí que de lo que se trata, básicamente, es de apoyar prioritariamente aquellas actividades que mas contribuyan a resolver los problemas estructurales de la economía andaluza -desempleo, desarticulación, extraversión, dependencia, etc.-, en lugar de construir nuevos engranajes de maquinarias productivas foráneas. Hay, pues, que, anteponiendo la inversión productiva a la especulativa, promover un desarrollo mas acorde con los recursos y capacidades de la región en el que, siendo esenciales las notas de globalidad y sostenibilidad, se contribuya a crear el clima necesario para que el proceso, en su conjunto, cobre impulso propio.

Con ese telón de fondo, el modelo debe caracterizarse, además, por el predominio de las estrategias a medio y largo plazo sobre las tácticas a corto, por anticiparse al futuro, en lugar de «apagar fuegos» sobre la marcha, por elegir la opción tecnológica -alta o intermedia- mas compatible con y mas vinculada al aparato productivo regional; y así sucesivamente. De otra parte, tiene que basarse en la promoción de actividades productivas posibles (en el sentido de que haya recursos disponibles para su realización) y viables (en el de que existan, dentro o fuera de Andalucía, mercados para los bienes o servicios finales).

Se trata, pues, de pensar en términos globales y actuar en términos locales («Think global, act local», dicen los anglosajones). Y de usar los recursos propios, garantizando su preservación a lo largo del proceso económico -condición sin la cual no-, para colocar la producción en el mercado local, regional, nacional, comunitario o mundial.

Ello requiere bastante mas que un esfuerzo de imaginación. De hecho, por donde hay que empezar es por ser realistas y asumir que la fiesta terminó hace ya un par de años. Que la crisis económica no permite esperar que el flujo de la inversión extranjera -especulativa o productiva- o el gasto publico, continíen siendo los estímulos básicos de la actividad económica regional. Hay que aprender las lecciones de la experiencia y aceptar que en un mundo fragmentado y diversificado, complejo y reversible, como es el nuestro, cada espacio económico tiene que encontrar dentro de sí mismo su impulso fundamental. Tiene que definir su propio perfil y buscar sus propios huecos.

Porque el capital humano, en la mas amplia acepción de la expresión, es la clave de bóveda de toda la construcción, los agentes sociales tienen que, a partir de ahora, asumir su responsabilidad de un modo distinto. Las Administraciones públicas, por su parte, no pueden seguir pensando en Andalucía como la sede que fue de la Exposición Universal de 1992. Aquella operación de imagen ya terminó y, en este momento, una vez que la fachada fue revocada, de lo que hay que ocuparse es de ordenar el interior del inmueble. De articular el tejido económico regional con obras de infraestructura, quizá menores, que conecten pero, unos con otros, los centros de gravedad situados dentro de la economía andaluza. De hacer que el capital financiero vaya allá donde está la gente, y no al revés. De promover la creación de capital humano, tanto por lo que se refiere a la formación profesional, cuanto al desarrollo de una clase empresarial como tal todavía inexistente. De estimular la investigación aplicada y el desarrollo tecnológico al servicio del aparato productivo regional, atendiendo a sus necesidades con tecnología vinculada al mismo; a diferencia de lo que, en buena medida, ha venido sucediendo hasta ahora, según un esquema de funcionamiento en el que, el esfuerzo tecnológico, respondía, principalmente, a la condición de eslabón en la cadena de montaje de la empresa multinacional de turno.

Y los empresarios lo que tienen que hacer es emprender. Basta ya de comprar un terreno barato por la mañana, para venderlo caro por la tarde. Lo que los empresarios tienen que hacer es combinar factores de producción para crear empleo y riqueza. Tienen que producir competitivamente para poder colocar a sus productos en el mercado. En cualquier mercado. Y plantear a medio plazo la rentabilidad de sus inversiones. Y leer mas «La Riqueza de las Naciones» que «El Lazarillo de Tormes».

Y los trabajadores han de aprender a sentirse parte activa del aparato productivo, no meras piezas del mecanismo, buscando nuevas fórmulas de participación en el proceso económico. Asumiendo sus funciones con responsabilidad y ejerciéndolas con profesionalidad, para contribuir, en respuesta a estímulos de muy diversa naturaleza, al aumento de la productividad de su trabajo, asunto que en absoluto les es ajeno. Han de reivindicar, mas allá de simples subidas salariales, su participación en el proceso de toma de decisiones en las empresas en las que trabajan.

Y también los ciudadanos de a pie han de cambiar su actitud y aceptar que acabó la feria del consumo. Que la euforia colectiva de los años pasados tiene que convertirse en austeridad individual. Para ahorrar mas y hacer mas fácil una mayor inversión. Para producir mas y mejor. Y no hay riesgos de que esa disminución de la demanda interior perjudique a la oferta productiva porque para eso formamos parte de un gran mercado. Sepamos aprovechar, de ese modo, las ventajas de nuestra extraversión, vendiendo fuera lo que no vamos a consumir dentro.

Desborda los limites de una ocasión como ésta entrar en el detalle concreto de cuales habrían de ser los apartados específicos de la «cartera de proyectos» de la economía andaluza. No quisiera acabar, sin embargo, sin apuntar a algunas grandes líneas de producción que, en mi opinión, debieran ser objeto de una atención prioritaria, y que pueden constituir los rasgos básicos de ese perfil económico al que antes aludía. En realidad el desarrollo económico de Andalucía es una empresa difícil, pero en absoluto imposible. No se trata de un espacio económico de un tamaño inabordable, superpoblado y carente de recursos. Garantizar un nivel de vida digno a siete millones de personas con una renta de situación y unos recursos como los que Andalucía dispone es, en esencia, un problema de racionalidad económica y de capacidad organizativa para poner en funcionamiento un aparato productivo que -sin prestar demasiada atención a las recetas de manual sobre la prioridad de la agricultura, de la industria o de los servicios- podría centrar ya sus esfuerzos en las siguientes líneas de producción:

1ª. Equipos y servicios medioambientales.
2ª. Energías renovables.
3ª. Alta tecnología vinculada.
4ª. Empresas de servicios avanzados.
5ª. Industrias del ocio.
6ª. Agroindustria.

En todas ellas hay actividades concretas en las que es posible llegar a ejercer un monopolio virtual basado en la especificidad, en la «unicidad», del producto, en su calidad, en la existencia de unos servicios eficaces, en la seriedad en el cumplimiento de los compromisos adquiridos, etc.

-Tomemos, por ejemplo, el caso de los equipos y servicios medioambientales. He ahí un subsector con demanda en expansión que, previsiblemente, podrá absorber cantidades crecientes de bienes y servicios, algunos de los cuales podrían ser producidos o prestados en Andalucía. La competencia es dura porque muchas empresas están ya instaladas y han elaborado una tecnología que las coloca situación de ventaja inicial. Pero esa ventaja no es comparable a la de otros sectores en los que el tren está definitivamente perdido. Carece de sentido que Andalucía se plantee la posibilidad de competir con Boeing en la fabricación de aviones, con Toyota en la de automóviles o con I.B.M. en la de ordenadores. Pero en el caso de los servicios y equipos medioambientales, ni la distancia es tan insalvable, ni la propia naturaleza del bien o del servicio impiden la búsqueda de huecos en los que aún es posible ser eficientes y competitivos. No es todavía inabordable el diseño y la producción de equipos para, por ejemplo, el control de la contaminación atmosférica -sensores, medidores, catalizadores, etc.- o del agua -del mar, de los ríos, de las ciudades-, destinados al tratamiento de la misma mediante la fabricación de plantas potabilizadoras, de desalinizadoras, de depuradoras, de turbinas, etc. O a la defensa contra la erosión -en el interior y en el litoral-, al tratamiento de los residuos sólidos no peligrosos -urbanos, industriales, agrícolas, biosanitarios- o peligrosos -nucleares-, tanto por lo que se refiere a almacenamiento como al desarrollo de actividades de reciclaje y sus derivadas. A todo ello puede añadirse la prestación de servicios de consultoría y asesoramiento, a la Administración pública y a las unidades económicas de producción privadas -sea sobre la reducción del déficit en equipamientos medioambientales o la puesta en valor de espacios de interés ecológico, sea sobre la ingeniería de procesos y productos- lo que requiere, como es lógico, la formación previa de tecnólogos especializados, de expertos en estudios de impacto ambiental, en evaluación, etc.

-Por lo que se refiere a las energías renovables la situación es, en bastantes sentidos, semejante. La demanda potencial es enorme y la oferta disponible completamente insuficiente. Las tasas de consumo energético actual son, fuera de toda duda, insostenibles y, aunque existen diversas previsiones sobre el plazo de agotamiento de las energías convencionales, su inevitable extinción no se discute. La energía que estamos usando es, por definición, no renovable y debe, en consecuencia, ser no sólo ahorrada, sino, además, sustituida por otra de naturaleza diferente, con menores limitaciones en su disponibilidad -funcional, espacial, etc.- y mas bajos niveles de agresividad medioambiental.

Por ahora el listón de marginalidad de las energías alternativas al petróleo está colocado a la altura del precio del barril, pero esa situación no puede durar indefinidamente y habrá de cambiar por el posible, pero improbable, descubrimiento de otras formas energéticas radicalmente nuevas, por la conversión en viables de las energías renovables en las que ahora se trabaja, por el ahorro energético, o por una combinación de todo ello.

Para Andalucía tanto la investigación, como la eventual producción de energías renovables, son actividades que merecen ser objeto de una atención especial. Para empezar, por la posición geoestratégica de la región. Hay ahí una renta de situación potencial que podría ser explotada usando la ventaja comparativa que supone disponer de unos recursos que no están al alcance de otros espacios mas desarrollados (parece mas razonable instalar una planta fotovoltáica en Almería que en Estocolmo, una de energía eólica en Tarifa que en Bruselas, una de energía maremotriz en Huelva que en Luxemburgo o una de biomasa en Jaén que en Bonn). A diferencia de otras producciones, contamos, además, con una cierta experiencia empresarial, que no implica un retraso tecnológico importante respecto a otros países, y que no puede ser desaprovechada.

De otra parte, y con independencia de su contribución a la reducción del déficit energético de la región, se trata de actividades que tienen una notable capacidad de arrastre sobre otros subsectores industriales. Así, por citar ejemplo, la promoción de la arquitectura bioclimática, favorecería, a su vez, el desarrollo de una tecnología y una industria propias en un conjunto de líneas de producción muy diversificado y de alto valor añadido (aislamientos térmicos, vidrios termosolares, microdifusores de agua, sistemas «inteligentes» de regulación, paneles solares, materiales de acumulación térmica, etc.).

Es necesario, desde luego, analizar los recursos y las oportunidades efectivas; las aplicaciones mas factibles (generación de electricidad a partir de residuos agrícolas, por ejemplo); la viabilidad económica, las barreras financieras, institucionales o, aún, políticas; los obstáculos a la difusión, etc. Todo ello requiere un importante esfuerzo en materia de investigación, cuyos resultados positivos no serán inmediatos, pero sí son, sin duda, seguros. E imprescindibles para que Andalucía incorpore a su tejido productivo un complejo de actividades estratégicas y altamente dinámicas, en condiciones de competencia y rentabilidad.

-Trátese de energías renovables, de equipos y servicios medioambientales, o de cualquiera otra de las líneas de actividad que hemos propuesto, fabricar y distribuir con la tecnología mas adecuada es uno de los mayores retos de la economía andaluza dentro de su contexto actual.

La competitividad es la clave de la supervivencia -y del éxito- en un mercado globalizado en el que la protección arancelaria, o de otro tipo, es una reliquia del pasado, cuando no una violación de la legalidad vigente. Pero la elección de la tecnología apropiada a cada caso es, además, un asunto especialmente delicado, entre otras razones por la ya señalada dificultad de conciliar la imperiosa necesidad de crear puestos de trabajo con las exigencias de la eficiencia competitiva.

Habrá pues que mirar muy de cerca a cada mercado que vamos a servir -externo e interno- para decidir la estrategia productiva mas compatible, dentro de la cual la tecnología es una variable principal, pero no única. Y, desde luego, la opción tecnológica elegida, sea de proceso o de producto, no puede seguir siendo considerada, como hasta ahora, una variable «suelta» y dependiente de decisiones exógenas, sino que, por el contrario, ha de estar estrechamente vinculada al aparato productivo regional, a cuyas exigencias debe atender con prioridad. Por encima de las habituales subvenciones a la esperanza de una mas que hipotética transferencia posterior, el gasto en tecnología debe orientarse a la adopción, o adaptación, de las fórmulas ya existentes que resulten mas adecuadas a los procesos productivos que se desarrollan en Andalucía (esto es, para fabricar con alta tecnología) y, excepcionalmente, a la producción de tecnología específica (esto es, para fabricar alta tecnología) cuya finalidad prioritaria sea también esa. A ambos efectos es especialmente relevante el desarrollo completo del plan andaluz de investigación y la consolidación del sistema ciencia-tecnología-industria + mercado.

-Frente a la tradicional y generalizada identificación de industrialización con desarrollo económico, la reestructuración funcional y espacial experimentada por la economía internacional ha concedido al sector terciario un papel de creciente importancia en los países industriales avanzados (hasta el punto de hacer hablar de ellos como economías «post-industriales»).

Sin ánimo de entrar ahora en la discusión sobre cuál debe ser el sector dominante en una economía (discusión tan estéril como la ya referida sobre «Estado sí o Estado no»), resulta incontestable que este sector es el único que, desde hace ya bastantes años, está siendo capaz de crear empleo de manera significativa. Y no olvidemos que es ese uno de los grandes retos de nuestro tiempo y de nuestro espacio.

En efecto, mientras que la industria ve como cada vez mas el capital invertido se traduce en cada vez menos puestos de trabajo, los servicios -comenzando con su versión tradicional, siguiendo con los prestados a la industria y terminando con los servicios «nuevos» o «avanzados»-, han entrado en una fase de expansión que se refleja en su volumen de facturación, de valor añadido, de exportaciones y, en particular, de creación de empleo.

Ello es especialmente cierto en el sub-sector de los servicios avanzados, concepto de difícil definición, tanto por su diversidad, como por su dinamismo (muchos servicios «avanzados» dejan de serlo en muy poco tiempo). En cualquier caso es claro que se trata de actividades muy nuevas, muy especializadas y muy sofisticadas. A título de mera enunciación he aquí una relación de algunas de ellas:

- Estudios y proyectos: Viabilidad, inversiones, financiación, localización, ingeniería civil e industrial, edificación, energía, impactos medioambientales.
- Recursos humanos: selección, formación, evaluación.
- Ingeniería de la producción: diseño industrial, control de calidad, asesoramiento en I+D.
- Planificación estratégica: organización y control de gestión.
- Logística de mercados: información, detección, publicidad, imagen corporativa, diseño gráfico.
- Informatización: diseño ayudado de ordenador (C.A.D), fabricación ayudada de ordenador (C.A.M.), asesoramiento informático, implantación de sistemas y redes.

En su mayor parte el nacimiento de estas actividades es consecuencia de la aludida reestructuración de la economía mundial, así como de la aparición y desarrollo de las nuevas tecnologías a las que se encuentran tan íntimamente vinculadas y de las que tanto dependen. Son también rasgos que definen a los servicios avanzados: su alta productividad, su flexibilidad y reversibilidad, su elevado grado de concentración espacial (localización preferente en núcleos urbanos de elevado peso específico en el sistema de ciudades de cada país) y, uno en particular que es, a la vez, causa y efecto de su rápido crecimiento: su «externabilidad». Esto es la posibilidad de «producir» fuera de la empresa -mediante subcontratación, por ejemplo- un servicio que antes se realizaba dentro, o que ni siquiera existía, e «importarlo», utilizando para su «transporte» las nuevas formas de telecomunicación.

Otra de las razones de la expansión de los servicios avanzados es su evidente impacto positivo sobre las actividades a las que se prestan. La reducción de costes, la mejora de la calidad, la versatilidad, reversibilidad y flexibilidad (posibilidad de adaptación rápida a las necesidades de la empresa-cliente), redundan finalmente en la mejora de la eficiencia productiva y distributiva y, por tanto, de la competitividad.

En el caso de Andalucía la conveniencia de prestar una especial atención a estas actividades no se debe tanto a razones de disponibilidad de recursos, experiencia, etc., como de viabilidad y oportunidad. Se trata claramente de un sub-sector con futuro en el que tiene sentido concentrar inversiones para mejorar el capital humano (por ejemplo, a través de su cualificación en Universidades y centros de formación especializados), así como el capital físico (por ejemplo, a través de la conexión, cofinanciada con fondos comunitarios, a las autopistas europeas de la información). Uno y otro tiene efectos horizontales y la mejora de su dotación redundará, adicionalmente, en la del aparato productivo regional en su conjunto.

Sobre la conveniencia de continuar en el mercado con algunas otras de las líneas de producción enunciadas hay un acuerdo generalizado, por lo que, probablemente, no vale la pena insistir en los ejemplos tópicos del turismo o la agroindustria. Pero sí procede subrayar la necesidad de aprender las lecciones de la experiencia y corregir algunos de los muchos errores cometidos.

-En el caso del turismo, por ejemplo, es obvia la importancia de la actividad para la región, cualesquiera que sean los indicadores que se utilicen para medirla (valor añadido bruto, empleo, número de visitantes, oferta hotelera básica o complementaria -bares, cafeterías, discotecas, etc.- u oferta extrahotelera -apartamentos, urbanizaciones, etc.). Debiéramos, sin embargo, ir un poco mas allá del manejo de los simples indicadores cuantitativos del tipo de los que acabo de aludir y examinar, con un criterio mas amplio, el papel motor de este subsector dentro de la economía regional, tomando en consideración sus impactos sobre otras muchas actividades encadenadas. Me refiero a aspectos tales como los efectos de arrastre sobre la industria textil, la agricultura, la pesca, la industria agroalimentaria, el comercio y los transportes, la construcción y sus derivados, y así sucesivamente. Se trata de valorar su capacidad motriz como actividad generadora de empleo y renta directos e indirectos, suministradora de divisas, determinante de cambios estructurales y espaciales, así como, porqué no tomarlo en consideración, modificadora de pautas de comportamiento y culturales.

Una valoración en esos términos, permite trascender el mero examen de la «contabilidad turística» y da entrada a variables que son claves básicas para comprender qué es lo que ha pasado en un sector que contaba con todo a su favor y que, poco a poco, se ha convertido en uno de los mas problemáticos.

Un principio de aplicabilidad general a la hora de discernir «responsabilidades» es el de la diferencia de óptica, con que la iniciativa privada y la pública enfocan respectivamente sus actuaciones. En efecto, la primera adolece de una cierta miopía -ve mejor de cerca que de lejos- y la segunda de una cierta presbicia -ve, por el contrario, mejor de lejos que de cerca. Y el caso de turismo andaluz no es una excepción.

Los empresarios privados, encandilados con los buenos resultados de la actividad han ido aumentando la oferta, sin mas sentido de la mesura que sus propias disponibilidades financieras. Ello ha tenido como consecuencia una sobresaturación de plazas que es en la actualidad uno de los grandes problemas del sector. La iniciativa privada es responsable de la edificación descuidada y desmedida ante las expectativas de beneficios elevados e inmediatos. Pero tampoco los poderes públicos han estado a la altura de las circunstancias porque, por ejemplo, han prestado escasa atención a la construcción de la dotación infraestructural necesaria (autovías, aeropuertos o depuradoras) para que el desarrollo turístico no agotase el filón del que dependía.

Como consecuencia de lo uno y de lo otro hoy es baja la calidad del producto, las instalaciones han envejecido, el servicio está escasamente profesionalizado, la fórmula tradicional sol-playa es excesivamente dominante, la dependencia de los operadores turísticos extranjeros es demasiado elevada, la seguridad ciudadana es un problema importante y el medio ambiente ha sido seriamente agredido en la tierra, en el mar y en el aire.

Todos estos problemas exigen atención urgente, con el telón de fondo de la experiencia de los tiempos pasados y la perspectiva de los escenarios futuros. La regulación del sector requiere la reparación medioambiental, tanto como el uso de las autopistas de la información para la comercialización del producto. Y por supuesto necesita de la imaginación creativa para sumar a los productos tradicionales nuevas variedades en el terreno del turismo deportivo, de aventura, de espacios naturales, histórico, cultural, científico, de salud, residencial, etc.

-Y otro tanto sucede con la agroindustria. El peso específico del primario andaluz es -como de sobras se sabe- muy importante. Y a pesar de ello muchas de sus posibilidades de explotación están casi intactas. La calidad de la tierra, en una extensa porción de la superficie regional, del clima (a pesar del dicho agorero: «Una tierra feraz con un clima feroz»), y de otros recursos naturales; la existencia de bastantes empresas con una larga tradición productora y bien establecidas en los mercados de exportación, el buen nivel tecnológico de algunas de ellas; etc.; suponen ventajas comparativas (verbigracia, la posibilidad de colocar en los mercados centrales europeos productos «atípicos» tales como los extratempranos, de primor, subtropicales, etc.) que este subsector ya está aprovechando. Pero para el conjunto es necesaria una profunda reordenación, tanto por lo que se refiere al diseño y la instrumentación de la política económica, como a su dimensión microeconómica: producción, gestión y distribución. Una y otra deben contribuir a contener la sangría de valor añadido, a la vez que garantizar el crecimiento de las rentas que es posible generar, en el marco de un proceso de desarrollo, rural y urbano, sostenible.

El campo de actuaciones es amplísimo e incluye desde la intervención pública en materia de dotación infraestructural, regadíos, formación, fomento de la concentración y cooperación empresarial (especialmente para la comercialización), etc., hasta la introducción de nuevas tecnologías en la producción tradicional, en el diseño de nuevas producciones para aumentar el grado de diversificación (alimentos naturales, biológicos, con alto contenido de fibras, nuevos zumos y otros) y de diferenciación (marcas, denominaciones de origen), en la transformación industrial, en la gestión empresarial -normalización de los procesos productivos, calidad, plazos, precios-, en el establecimiento de redes de comercialización, en la promoción exterior y así sucesivamente. Constituiría un auténtico despilfarro no proceder a la modernización de una actividad de tanta tradición, tanta importancia y tanta capacidad de expansión como ésta.

La disponibilidad de recursos unida a las posibilidades de absorción del mercado, han ser el gran estímulo para superar los consabidos problemas de atomización, escasa inversión en I+D, bajo nivel tecnológico medio, desconexión entre centros de investigación y empresas, falta de técnicos especializados en determinadas producciones, escasa informatización, debilidad de las redes de comercialización, dependencia de empresas extranjeras, etc., que estrangulan, en la actualidad, el desarrollo de las industrias agroalimentarias andaluzas.

Hay, pues, muchos problemas, pero también hay soluciones. Y esta afirmación es, sin triunfalismos utopistas, extensible a toda la economía andaluza en su conjunto. Puede que para muchos todo lo anterior no requiera un cambio de estrategia, sino de táctica, que no se trate de hablar otro idioma, sino de pronunciar el mismo con otro acento. Da igual. A los efectos de una economía subdesarrollada y periférica, como es la andaluza, que se integra en el contexto de otra desarrollada y central, los cambios -no de palabras, sino de hechos- que aquí se proponen, pueden ser absolutamente decisivos.

Nada mas. Muchas gracias por su atención.

CRECIMIENTO ECONOMICO Y DISTRIBUCION DE LA RENTA EN ANDALUCIA. VIEJOS PROBLEMAS, EXCUSAS MODERNAS

*Juan Torres López**

> *«¿Qué ocurriría si algún día los economistas llegaran a estar realmente interesados y preocupados por el paro, la pobreza y la desigualdad?. Si eso ocurriera, tal vez comenzarían por interesarse menos en el crecimiento de la economía y el producto nacional y más en la distribución de ese producto entre los sectores ricos, medios y pobres». R. Lekachman. «Jaque a los economistas». Cuatro Vientos Editorial. Santiago de Chile 1988, p. 45.*

TODAS las fuentes estadísticas mundiales coinciden en expresar que en los últimos años se ha producido un deterioro notable en la distribución de la renta en el mundo desarrollado y mucho más en el de los países pobres. En consecuencia, la insatisfacción social se ha generalizado[1].

Por tanto, desde el punto de vista del bienestar humano puede decirse que los cambios en la situación económica de los últimos años y las políticas económicas que se han adoptado han sido negativos para el conjunto de la población[2].

---

* Catedrático de Economía Política. Universidad de Málaga.

1. Torres López, J. «Economía y calidad de vida». Primeras Jornadas Internacionales de Política Social y Calidad de Vida *La Unión Europea y el Bienestar Social.* Diputación Provincial de Granada. Granada 1994. De próxima publicación.
2. En la conocida como Declaración de Salzsburgo se reconocía que «los costes sociales y económicos del proceso de ajuste de los años ochenta no se pueden justificar ni aceptar bajo ninguna circunstancia, ni siquiera con el pretexto de que alientan el crecimiento». Cit. En Haq, K. y Kirdar, U. (Comp.). *Desarrollo humano, ajuste y crecimiento.* Fondo de Cultura Económica, México, 1990, p. 319.

Como es natural, las peores consecuencias de esta extensión del malestar social la han padecido principalmente las naciones, las regiones y los ciudadanos más pobres de todo el planeta. Quienes afrontaron esos cambios en condiciones de mayor privilegio han obtenido, por el contrario, una mejoría -en ocasiones muy notable- en las condiciones de vida, en sus niveles de ingreso y en la capacidad, por tanto, para hacer frente a sus necesidades.

En Andalucía, como en general en España, los últimos 15 años han tenido una connotación algo diferente. La instauración de un régimen político democrático primero y el reconocimiento de la autonomía después han permitido a los agentes sociales disponer de formas más accesibles para defender sus intereses socio-económicos. Pero además, y sobre todo, la generalización de las políticas, los servicios y prestaciones propias de los Estados de Bienestar que en puridad no se había desarrollado en España durante la Dictadura de Franco, han permitido una cierta mejora en la concentración de la distribución personal de la renta, que había sido una de las lacras más importantes del franquismo.

A pesar de ello, no puede decirse que Andalucía haya superado su posición netamente atrasada respecto a España o la Comunidad Europea de la que ya formamos parte si se tiene en cuenta que la Renta Regional andaluza tiene ahora menos peso en el total nacional que en 1955. Como tampoco se puede considerar, a pesar del avance del Estado del Bienestar, que disfrute de una distribución de la renta mínimamente equitativa si se comprueba, simplemente, su nivel de desempleo (del 34.2% en el último trimestre de 1993) o, si se quiere, que en 1991 el 10% de sus hogares más ricos disponían aproximadamente de diez veces más ingresos que el 10% más pobre o que el 20% más rico dispusiera del 40.5% de los ingresos totales, poco más de lo que le corresponde a todo el 60% más pobre.

Significativamente, sin embargo, en estos últimos años se ha ido produciendo una pérdida progresiva de interés por las cuestiones distributivas, por los efectos de las actividades económicas sobre el disfrute distinto de los agentes sociales e, incluso, sobre la sostenibilidad de un sistema de relaciones económicas que genera niveles extraordinariamente elevados de insatisfacción humana. Y esta es una tendencia que se da también en Andalucía a la hora de diagnosticar sus problemas y a la de proponerle soluciones.

Se trata de una verdadera despreocupación sobre la situación de reparto existente que se expresa, por una parte, en la supeditación efectiva de los objetivos de equidad a la hora de elaborar las políticas económicas para procurar alcanzar los de eficiencia o competitividad de los que me ocuparé más adelante y, por otra, en la generalización de un discurso teórico que, aunque se autodefine como innovador y moderno, no es en realidad sino una pura metamorfosis de los viejos dogmas liberales característicos de los periodos históricos en los que fue necesario procurar la acumulación de capitales a costa de cualquier otro objetivo de bienestar social.

Me parece evidente que esta despreocupación es causa y consecuencia, a su vez, del malestar creciente y además -como analizaré después- incluso de la poca efectividad de las propias políticas económicas para lograr alcanzar los objetivos eficientistas que con tanta fe y ahínco se proponen.

Causa, porque ha implicado una disminución en la financiación de los gastos públicos que pueden dar cobertura a las necesidades sociales que no puede resolver el mercado, al cual se le ha concedido el mayor protagonismo; porque por ella se ha desdeñado operar sobre los efectos desequilibradores y desigualadores más perversos que es conocido que provoca la dinámica imperfecta del mercado. Y consecuencia, porque para impulsar el crecimiento económico sobre la exclusiva base de la recuperación del beneficio privado ha sido necesario aplicar políticas económicas tendentes a favorecer las diversas rentas del capital en perjuicio de las percibidas por el trabajo, y en general, por los propietarios de los factores empobrecidos.

En mi opinión, la extensión de las situaciones de malestar social debería ser la principal cuestión a plantear en el análisis de los hechos económicos recientes y la valoración de sus efectos sobre el bienestar el criterio más relevante para establecer las orientaciones de la política económica. Pues, como se dice en el Informe sobre el Desarrollo Humano de las Naciones Unidas de 1993, «a toda institución -y a toda acción política- se la debe juzgar conforme a un criterio decisivo: ¿hasta qué punto satisface las auténticas aspiraciones de la población? Es esta una prueba muy sencilla, pero de enorme alcance»[3].

Con estos presupuestos, y puesto que el interés de partida es analizar las condiciones en las que los andaluces podrían disfrutar de un mayor nivel de satisfacción, pretendo analizar los rasgos del modelo de crecimiento económico de Andalucía desde la perspectiva de la distribución de la renta que origina; y eso, desde el convencimiento también de que no es posible lograr el desarrollo equilibrado y justo que todos y siempre proclaman si no es cuestionando, sobre todo, quiénes han de ser los que finalmente pueden hacer suyos los resultados del esfuerzo y del trabajo de los andaluces.

Para eso analizaré, en primer lugar, la naturaleza de las fuentes que desencadenan la actividad económica y luego el origen y el destino de las rentas

3. PNUD. *Informe sobre el Desarrollo Humano 1993*. CIDEAL. Madrid 1993.

que genera. Me detendré después sobre las condiciones para el bienestar que ello depara y, finalmente, reflexionaré sobre las condiciones y las posibilidades para hacer frente a los problemas de esta naturaleza que hoy día dejan a la sociedad andaluza en una situación de empobrecimiento y frustración que a todos se nos antoja tan dramática como simplemente inmerecida.

Una caracterización previa: los estrangulamientos de la economía andaluza

Cuando se observan los datos referentes a la economía y a la sociedad andaluza para un periodo largo de tiempo se puede comprobar que, siendo ésta la comunidad autónoma más importante de España en función de la población y la segunda por extensión, tanto las magnitudes puramente económicas como las referidas al bienestar social muestran que Andalucía está en el furgón de cola de las regiones españolas y que esa situación se ha mantenido a lo largo del tiempo (cuadro nº 1)[4].

Como se ha puesto muy reiteradamente de manifiesto, su estructura productiva y la naturaleza de su vinculación con el sistema económico nacional la configuran como una región atrasada y muy dependiente de los motores principales de la actividad económica en el conjunto nacional.

Pero la situación andaluza no es sólo de retraso, sino que su desigualdad interna, su desarticulación territorial y productiva y el diferencial negativo que presenta en cuanto a los indicadores de bienestar la definen como un espacio económico sub-desarrollado, en el sentido de que posee unas «plataformas» para el relanzamiento económico menos potentes que las del conjunto español.

---

4. Son afortunadamente muy variados ya los análisis de la estructura y los problemas de la economía andaluza a lo largo del tiempo. Aunque toda selección sería desafortunada me parece que para tener un excelente visión de conjunto se pueden consultar los siguientes trabajos: Aurioles J. *Claves actuales de la economía andaluza.* Agora, Málaga 1989; Delgado, M. *Dependencia y marginación de la economía andaluza.* Monte de Piedad y Caja de Ahorros de Córdoba. Córdoba 1981; Martín Rodríguez, M. (dir.). *Estructura económica de Andalucía.* Espasa. Madrid 1993; Román, C. *Sobre el desarrollo económico de Andalucía.* Arguval. Málaga 1987.
El lector interesado en un seguimiento más puntual de estas cuestiones puede consultar los diversos números de Papeles de Economía Española dedicados a la situación de las autonomías o los Informes económico-financieros de Andalucía de ESECA editados por la Caja General de Ahorros de Granada.
En todo caso, en el manual dirigido por el profesor Martín puede encontrar bibliografía sobre aspectos más concretos.

De hecho, el desequilibrio intersectorial, las corrientes migratorias que la han caracterizado, el desempleo crónico, las mayores tasas de analfabetismo, la mayor carencia de infraestructuras sociales y comunitarias o el más profundo deterioro del medio físico son limitaciones estructurales que, aunque no sean obstáculo para alcanzar en ocasiones ritmos de crecimiento de la actividad económica notables e incluso superiores a los del sistema en el que se inserta, impiden que estos se traduzcan en un salto cualitativo para la mejora del bienestar.

Así, por ejemplo, a pesar de haber disfrutado de periodos -como el de 1964-1973 o, después, el de la segunda mitad de los años ochenta-, en los que el crecimiento económico andaluz fue superior al de España, la única magnitud que mejora respecto a 1960 es la Renta Familiar Disponible, lo que más bien indica, como veremos, que la dependencia de los ingresos familiares andaluces respecto a las transferencias estatales ha aumentado. La capacidad relativa de generar rentas endógeneas, sin embargo, disminuye ligeramente a lo largo del tiempo, como pone de relieve que la renta interior de principios de los años noventa tenga menos peso en el conjunto nacional que a mitad de los cincuenta.

Todos los diagnósticos de la economía andaluza ponen de relieve la presencia de graves escollos estructurales que provocaron su retraso después de haber sido una de las regiones más dinámicas y florecientes de España.

Aunque no es este el lugar de hacer un análisis detallado de todos ellos me parece necesario, sin embargo, enunciar brevemente los rasgos estructurales de la economía andaluza que permitan más adelante contrastar la naturaleza de su modelo de crecimiento económico y su conexión con la pauta de distribución de la renta que lleva consigo.

En mi opinión, los más importantes de todos ellos son los siguientes:

- Mayor escasez relativa de recursos energéticos propios, lo que implica una mayor dependencia exterior y un mayor coste de suministro para las familias y empresas andaluzas.

- Desarticulación productiva, provocada por la escasa interrelación entre las actividades económicas motivada por una especialización desigual, dependiente y sobrevenida como consecuencia de la vinculación de los excedentes producidos en Andalucía con intereses económicos orientados a lograr, exclusivamente, una localización competitiva de sus inversiones en territorio andaluz.

- Desarticulación espacial, provocada por la carencia relativa de infraestructuras y por las políticas de sub-centralización predominantes históricamente, lo que produce un mayor encarecimiento relativo del proceso productivo y una falta de la necesaria integración en el espacio económico interno.

- Alto grado de ociosidad de los recursos potenciales, especialmente significativa en los sectores energéticos y agrícolas e incluso en los recursos humanos como consecuencia del desempleo, de la inadecuada capacitación profesional y de la carencia de impulsos cooperativos.

- Predominio del sector agrario, con una estructura interna heterogénea en donde conviven muy diferentes tipos de condiciones productivas, con alto grado de latifundismo e importantes bolsas de pobreza que han impedido históricamente la conformación de un mercado interior potente y suficiente.

Además, el sector agrario es especialmente poco productivo en su conjunto, genera una escasa reutilización de los productos agrarios y es extraordinariamente dependiente de la tecnología y de las empresas (en los últimos tiempos multinacionales) que controlan la comercialización.

A partir de la entrada de España en la Comunidad Europea la dependencia, además, deriva de que las estrategias de producción y precios están determinadas por la Política Agraria Común que ha supuesto (y supondrá en mayor medida en el futuro) una pérdida sustancial de producción en los cultivos en los que tradicionalmente se había sostenido la producción agraria y los ingresos de la población allí ocupada.

- Escasa implantación del sector industrial que, además, muestra tradicionalmente una enorme especialización subsectorial, una estructura acusadamente desequilibrada desde el punto de vista de la localización y, todo ello, en un contexto de predominio del minifundismo empresarial.

- Hipertrofia del sector servicios, como consecuencia, principalmente, de la obligada dependencia respecto a la provisión de bienes públicos, y, sobre todo, de la especialización andaluza en las actividades terciarias vinculadas al turismo.

A pesar de la mayor dinámica de crecimiento de este subsector se mantienen, e incluso se han agudizado, algunos problemas estructurales relevantes que permiten afirmar que la terciarización de la economía andaluza más que un resultado del desarrollo equilibrado es fruto de una especialización prematura. Entre ellos, la insuficiente infraestructura de comunicaciones, la estacionalidad turística y su escasa rentabilidad relativa, la falta de renovación de la base física de la oferta turística, la práctica inexistencia de un auténtico subsistema financiero andaluz, la concentración de los canales de comercialización y los costes elevados que de ahí se derivan y, por último, el predominio de las actividades terciarias (los llamados servicios de producción) vinculadas a la actividad improductiva, a la especulación y la intermediación de todo tipo.

- En último lugar, pero ello es especialmente relevante, las relaciones comerciales con el exterior muestran una constante principal de la economía andaluza. El predominio de las grandes empresas no andaluzas en la exportación regional y la masiva colonización de las más rentables por capital nacional y extranjero traen como consecuencia que «los excedentes por cuenta corriente no se corresponden con altos niveles de inversión, con el resultado paradójico de que mientras la economía regional es incapaz de garantizar un nivel de vida apropiado para sus residentes -lo que obliga a altas transferencias públicas- está creando riqueza en otras regiones»[5].

Como señalé anteriormente, la persistencia de estas deficiencias, que por ello calificamos de estructurales, es la tónica evolutiva de la economía andaluza. Y es que la existencia de estrangulamientos en el sistema productivo y en la estructura social implican que los simples aumentos en la actividad económica, el mayor ritmo de crecimiento económico, no sólo no sea garantía de transformación efectiva sino que además agudice los problemas existentes. Y de ahí que, como ha señalado con acierto M. Delgado, mientras que no se produzcan cambios profundos en la estructura productiva, el simple crecimiento de la actividad económica «significa profundizar los desequilibrios, acrecentar la heterogeneidad estructural del sistema productivo,... sumerge a Andalucía en un proceso de continua degradación»[6].

Es precisamente por ello que creo útil analizar, desde la perspectiva de la distribución que refleja la pauta de satisfacción prevaleciente, un período reciente de crecimiento económico en Andalucía que permita poner de relieve la naturaleza última de estos estrangulamientos y avanzar en propuestas que supongan condiciones efectivas para el progreso de todos sus ciudadanos.

Pero previamente me parece necesario hacer una sucinta reflexión sobre la perspectiva de análisis que entiendo más adecuada para ello.

---

5. Curbelo, J. L. *Andalucía: crecimiento y equidad.* Instituto de Desarrollo Regional. Sevilla, 1990, p. 113.
6. Delgado, M. «Condicionantes del futuro económico de Andalucía». *Revista de Estudios Regionales*, nº 28, 1990, p. 38.

El enfoque «moderno» del desarrollo andaluz: una solución que es parte del problema

Cuando ha sido necesario justificar el deterioro del bienestar social en los últimos años y las expresiones crecientes de insatisfacción generalizada (desempleo, pobreza, discriminación,...) o cuando ha sido preciso hacer frente a las demandas más o menos relevantes de mayor justicia en el reparto, el discurso convencional que guía las políticas aplicadas sólo mantiene -aunque, eso sí, con aparente convencimiento y cansino ahínco- que para distribuir mejor es necesario conseguir antes un ritmo de crecimiento económico sostenido y de magnitud suficiente.

Los más ilustrados han acudido a la conocida -pero suficientemente puesta en cuestión por la experiencia- hipótesis de Kuznets, según la cual la distribución más equitativa es un resultado del crecimiento económico, de manera que la equidad es realmente un coste de oportunidad en los momentos de despegue y algo que se logra cuando las economías consolidan la senda del crecimiento. Lamentablemente, los datos ilustran de manera evidente (piénsese en el caso más conocido de Estados Unidos) que ni tan siquiera alcanzar un elevado ritmo de crecimiento económico evita los padecimientos sociales de una distribución muy desigual de la renta.

Otros menos instruidos, pero quizá más convincentes para el gran público, suelen acudir a un ejemplo de confitería manido y simplista: es preciso que primero se haga la tarta para después poder repartirla.

En cualquiera de sus dos versiones, se trata de soslayar el problema de la distribución desigual como asunto a plantear sobre el tapete de las decisiones de política económica; lo que equivale naturalmente a dar por aceptada la pauta de reparto establecida que se traduce, inevitablemente, en una pérdida de peso de los ingresos de los más desfavorecidos en el conjunto de las rentas.

Este discurso implica entonces una auténtica subversión de los presupuestos del crecimiento, tal y como este se había concebido en los años anteriores. Mientras que antes se asumía que era preciso garantizar una participación suficiente (e incluso creciente para favorecer los incrementos de productividad) de las rentas del trabajo, para hacer posible el sostenimiento de una demanda potente que permitiese realizar una producción extensiva, ahora (y frente a los cambios en la base tecnológica del sistema que requieren modificaciones en toda la estructura productiva) se tratará de recuperar los ritmos de acumulación mediante la disminución de costes que faciliten la reconversión del equipo productivo.

Estos cambios de perspectiva han afectado también a los análisis de las disparidades regionales y de las causas que originan el atraso de los espacios más pobres.

Como ha señalado Cuadrado «el problema básico de la mayoría de las políticas regionales era la reducción de las disparidades que existían entre regiones pobres y regiones ricas y, en particular, la superación del subdesarrollo en el que estaban sumidas algunas regiones concretas dentro de cada país y/o a nivel europeo, según los casos»[7]. Hoy día, por el contrario, los enfoques considerados más modernos se centran principalmente en desarrollar las «posibilidades propias de crecimiento» estimulando desde el lado de la oferta el «crecimiento regional creativo»[8].

Como no era menos de esperar, el diagnóstico y las propuestas de política económica para la economía andaluza no han sido ajenos en los últimos años a estos cambios en la concepción del crecimiento.

En este sentido, es extraordinariamente significativo el contenido del Informe Económico Financiero de Andalucía (1992) de ESECA, servicio de estudios que constituye un punto de referencia de gran importancia para la economía andaluza, amparado por las instituciones financieras más relevantes de la comunidad y normalmente bien recibido (por ejemplo en sus presentaciones públicas) por las autoridades económicas.

En ese informe se considera (p. 169) que los enfoques que tradicionalmente habían servido de soporte a los análisis a mi parecer más rigurosos de la economía andaluza, los que ponían de relieve su marginación y su dependencia como consecuencia de su incardinación en un contexto global desequilibrado, estaban «fuertemente ideologizados»[9]. E igualmente se afirma (p. 173) que «es evidente» que el discurso tendente a procurar una perspectiva «regeneradora

---

7. Cuadrado, J. R. «Cuatro décadas de economía del crecimiento regional en Europa: principales corrientes doctrinales». En varios autores, *Economía española, Cultura y sociedad. Homenaje a Juan Velarde.* Eudema. Madrid 1992, p. 556.
8. Ibídem.
9. Es habitual que el discurso convencional, aséptico de valores a su propio parecer, considere resultado tan sólo de la ideología a los enfoques que le son contradictorios. No perderé ni un segundo en comentar la vacua prepotencia que se deriva de ese proceder. Baste tan sólo recordar, por ejemplo, que para Kuznets ni tan siquiera la medición es ajena a ellos: «ninguna medición económica es *neutral*, es decir, está al margen de los efectos de las teorías económicas de la producción, valor y bienestar, y de la filosofía social que con carácter más general las acompaña». Kuznets, S. *Investigación cuantitativa del crecimiento económico.* Ariel, Barcelona 1979, p. 38. Quizá sería más deseable que se siguiera el consejo de Galbraith cuando decía que si todo científico debe renunciar a los dogmas establecidos, el economista debe renuncia además al interés de los grandes poderes económicos (*Historia de la economía.* Ariel, Barcelona, 1989, pp. 311 y 312).

de desigualdades, integradora, interdependiente y solidaria»[10] ha ido perdiendo protagonismo[11].

Por el contrario, se asume que la modificación en las relaciones económicas internacionales y el cambio contextual de la economía andaluza obligan a que el enfoque del desarrollo, en lugar de basarse en sus connotaciones desigualitarias, dependientes y periféricas (p. 281) y por tanto persiga su corrección, se centre mejor en el logro de la competitividad y en admitir «al mercado como mecanismo básico de asignación de recursos»[12] para conseguir que «independientemente de la articulación interna de la región, evite quedarse fuera de las grandes áreas de intercambio mundiales» (p. 281).

Como es natural, el discurso formal tiene sus prevenciones y, así, se señala que todo ello debe realizarse «sin menoscabo de los niveles de renta y bienestar» (p. 281) Pero estos no podrán ser el resultado de operar sobre el sistema primario de generación de rentas (en nuestro caso, el mercado). Se aceptará, si acaso, una actuación re-distributiva posterior pero que, lógicamente, deberá llevarse a cabo siempre que respete de manera sustancial una tónica de reparto que sea favorable a la competitividad y al mercado.

Por lo tanto, lo que se debe procurar no es que el crecimiento sea equilibrado e igualador, es decir con equidad (de hecho, esto sería muy posiblemente desincentivador para la dinámica del mercado) sino tan sólo que se produzca, pues se establece el supuesto de que de ahí se derivará un mayor bienestar.

Pero estos intentos de divorciar en el discurso teórico el asunto distributivo del problema del crecimiento, además de mostrar demasiados puntos débiles que luego analizaré, son verdaderamente un intento perverso de esquivar la cuestión del bienestar y la satisfacción; aunque resulten extremadamente útiles para legitimar una situación de reparto desigual dada.

Sucede que el crecimiento económico es simplemente un proceso de generación de actividades económicas, pero estas constituyen inmediatamente una fuente de rentas que deben ser y de hecho son apropiadas por los agentes sociales. De manera que produciéndose el crecimiento económico se está distribuyendo al mismo tiempo la renta; es precisamente al desarrollar actividades económicas cuando unos individuos u otros están haciendo suyos los ingresos, las rentas, que proporciona lo producido.

---

10. Se refiere a Delgado, M. «Condicionantes del futuro económico de Andalucía», *Revista de Estudios regionales*, nº 28, 1990, p. 55 o a R.
11. Al enfoque de Delgado o Román los denomina el Informe de Eseca «de base nacionalista», a mi parecer sin el más mínimo fundamento.
12. Eseca, ob. cit., p. 173.

En consecuencia, asomarse a un determinado proceso de crecimiento implica contemplar conjuntamente un proceso de distribución de la renta. Y analizar el crecimiento económico desde esta perspectiva del reparto que proporciona es precisamente lo que permite evaluar de la manera más significativa sus efectos sobre el bienestar social, pues es lo que permite comprobar hasta qué punto las actividades económicas que se están llevando a cabo proporcionan capacidad efectiva de satisfacción a los distintos agentes sociales, en qué medida cada uno de éstos puede hacer frente al problema de la necesidad.

Por ello, además, que cualquier modificación en un proceso de crecimiento -bien en las bases en que se fundamenta o en su propia magnitud cuantitativa- suponga una modificación inmediata en la situación distributiva, esto es, en el grado en que los distintos agentes pueden satisfacerse.

Esta es la razón por la que es tan difícil establecer cambios en las dinámicas de crecimiento, y una de las causas por las que éstos cambios suelen conllevar no sólo desajustes en lo puramente productivo sino también buenas dosis de conmoción social. Cuando se producen; cuando, por ejemplo, se modifican las fuentes del crecimiento, se imprimen impulsos distintos a la actividad económica que por su propia naturaleza discriminan a los agentes sociales, o, incluso, cuando se establecen nuevos sistemas de incentivos, se está afectando a la pauta de reparto y eso origina normalmente (y en la medida de las posibilidades de cada agente social) las naturales reacciones de defensa para mantener o aumentar la parte de cada uno en los ingresos que se generan.

Por esta causa resulta que los procesos de crecimiento económico, sus bloqueos y sus despegues, tienen mucho que ver con la capacidad de la que disponen los agentes para hacer fuertes sus respectivas posiciones, procurando para ello acomodarse lo más firmemente posible en las instituciones (de todo tipo) desde las cuales se adoptan las decisiones que afectan a los hechos económicos, es decir, a sus posibilidades de satisfacción. Como detectaron con inteligente sagacidad los primeros economistas -cuya tradición fue perdiéndose precisamente en la medida en que el discurso económico se constituyó en otra institución desde la cual defender los intereses sociales contradictorios-, no es posible entonces analizar las puras cuestiones económicas si no es tomando en cuenta también la dimensión política que es propia de todo proceso de adopción de decisiones desde preferencias sociales diversas.

Si se tiene todo esto en cuenta creo que podrá valorarse de forma más concomitante con el problema del bienestar el objetivo básico de «lograr la competitividad a través de la modernización tecnológica»[13] para poder integrarse con éxito en los mercados mundiales que guía estos nuevos enfoques.

De ahí que lo que entonces debería llamar nuestra atención sea un tipo de problemas distinto. Desde luego tenemos que saber qué impide, antes que nada, que una economía como la andaluza no pueda intervenir en condiciones de igualdad en las relaciones de intercambio. Pero, también, qué efectos sobre la satisfacción y el bienestar social tendría el que una economía atrasada lograse efectivamente, como se supone que es deseable, incorporarse a las relaciones dominantes en condiciones de eficiencia de mercado. Y además de ello no podríamos dejar de preguntarnos hasta qué punto es factible -de ser incluso aceptable- una estrategia de esta naturaleza si es que la dependencia y la relación de intercambio desigual que afecta a una economía atrasada constituyen *precisamente* las condiciones que hacen posible la ventaja competitiva de otras economías y/o agentes económicos.

Y es que podría ocurrir que al centrarse la política en lograr la competitividad, no se esté sino reproduciendo en el interior de una economía atrasada las condiciones que han sido, justamente, las causas mismas de su retraso.

El último periodo de crecimiento económico: el espíritu de lo efímero

Es una opinión generalizada que durante la segunda mitad de los años ochenta la economía andaluza alcanzó un notable ritmo de crecimiento económico y que logró incluso superar al conseguido por el conjunto nacional y por la propia Comunidad Europea, de la que también pasó a formar parte.

Con las fuentes estadísticas disponibles se puede confirmar el fuerte crecimiento, pero es más problemático hacerlo con la diferencial lograda en las tasas alcanzadas.

Como es sabido, el valor medido de las grandes macromagnitudes económicas españolas no es uno, y con frecuencia es más que trino. A un sólo Producto Interior Bruto, por ejemplo, se le reconocen diversas medidas, no todas, por definición, verdaderas. En consecuencia, es difícil precisar con exactitud las tendencias y la magnitud del crecimiento económico.

Sin duda eso debe contrastar con la enorme fe con que los gobernantes se afanan por conseguir los equilibrios macroeconómicos que les diseñan los

13. Eseca, ob. cit., p. 173.

economistas que tienen la posibilidad de hablarles en los oídos. Cabría quizá preguntarse por el sentido último que tiene esa aparente precisión y sobre todo el exigir a la población, con tanta frecuencia, sacrificios rigurosos en aras del preciso equilibrio de una contabilidad nacional de cuya realidad dan versiones tan diferentes los distintos arcanos del poder.

Pero no es este un asunto para tratar aquí. Baste señalar tan sólo que según cual sea la fuente estadística utilizada se deducirá una tasa de crecimiento u otra para la economía andaluza o para la española y, en consecuencia, se definirán periodos distintos de expansión o recesión.

El cuadro nº 2 muestra precisamente tres de las estimaciones más frecuentemente utilizadas. Se han seleccionado esas, y los periodos que se señalan, para reflejar las correspondientes tasas tal y como se presentan en cada fuente, sin necesidad de operaciones añadidas.

Como puede apreciarse, y aunque las tasas de crecimiento respectivas son distintas, las estimaciones de FIES y del BBV muestran que, efectivamente, entre 1983 y 1989 la economía andaluza crece más que la española. Sin embargo, según los datos del BBV la diferencial positiva del periodo a favor de Andalucía se debe a la ventaja que se adquiere entre 1983 y 1985, mientras que los datos de FIES muestran que esa ventaja se adquiere entre este último año y 1989.

Aunque todas esas tasas (y la periodificación) pueden ser discutidas, creo que permiten confirmar, en todo caso (y si se acepta que los datos de la Contabilidad Nacional son los más alejados de la realidad, como suele ser opinión general), que la economía andaluza disfrutó en ese periodo de un ritmo de crecimiento relativamente alto que es lo que me interesa destacar[14].

Siguiendo las estimaciones del BBV[15] se deduce efectivamente que entre 1983 y 1989 la economía andaluza creció a una tasa real anual acumulativa del 4.63%, por encima del 4.44% correspondiente a España.

El siguiente cuadro nº 3 muestra que este mayor crecimiento comparativo de la economía andaluza permitió mejorar ligeramente su peso en la economía nacional, tanto en lo que se refiere al volumen total de actividad como -y sobre todo- a Renta Familiar Disponible, que en definitiva es la que muestra la mayor o menor capacidad de hacer frente a la necesidad por los ciudadanos.

14. Aunque no es el momento de analizarlo, si se considerase el período año a año, como no hace el BBV, se podría comprobar que la recuperación económica en Andalucía empieza en 1984.

15. Aunque en los últimos años se está generalizando el uso comparativo de los datos de FIES he preferido utilizar en este trabajo del BBV por la mayor amplitud de sus series (que desde luego son difícilmente «encajables» con las de FIES).

De ese mismo cuadro se deduce, sin embargo, que en esos años de crecimiento la diferencia entre el peso de la Renta Familiar Disponible y el Producto Interior Bruto o la Renta Regional Neta ha aumentado, lo que indica que la mayor disposición de recursos familiares se debe, como analizaré después con más detalle, a la mayor abundancia de transferencias netas (prestaciones sociales principalmente) procedentes de la Administración Pública central, hecho que se refleja también en los datos del cuadro.

Eso quiere decir, entonces, que si bien es cierto que se produce un mayor grado de disponibilidad de recursos (aunque habrá de considerarse después la distribución entre los hogares de esas rentas disponibles, pues no todos ellos pueden haber disfrutado por igual de la mejora), eso no ha sido como consecuencia de una mayor capacidad de generación de rentas por la actividad económica que se ha producido en Andalucía.

Destaca también del cuadro nº 3 que a pesar del fuerte ritmo de crecimiento se ha producido una disminución del peso relativo del ahorro empresarial, lo que advierte que las empresas de la región no han sido capaces de utilizar el período de expansión para incrementar su capacidad de autofinanciación y, en consecuencia, para mejorar su aparato productivo.

Pero sin duda la información más relevante proporcionada en ese cuadro es la evolución de las tasas de paro en la región que pasan del 23.48% de la población activa en 1983 al 27.02 en 1989.

El incremento de la población activa no justifica por sí mismo el que a pesar del mayor volumen de población ocupada hayan aumentado las cifras de paro en un período con ritmos de crecimiento superior al 4,5%, lo que claramente indica que la creación de puestos de trabajo no es necesariamente el resultado de una mayor actividad económica.

En conclusión, resulta entonces que el período de crecimiento, ya de por sí extraordinariamente efímero en lo temporal, no ha sido precisamente un motor del bienestar ni ha conseguido modificar la tónica de empobrecimiento que padecen los hombres y las mujeres andaluzas. Pues no debe olvidarse que es su situación social, y no las definiciones contables, lo que debe merecer la atención de quien se proponga con sinceridad modificar esa tendencia.

Puesto que la generación de empleo es precisamente una de las condiciones inexcusables para el bienestar, mientras que la mayoría de la población obtenga de ahí sus ingresos necesarios, resulta obligado plantearse no sólo el problema de producir, sino el de cómo hacerlo; y, sobre todo, cómo garantizar que de ello se derive una disposición de rentas adecuada para todos los agentes sociales.

Distribución de la renta en Andalucía: la ceremonia de la desigualdad

Un primer rasgo distintivo de los ingresos que ha proporcionado el mayor ritmo de crecimiento económico es que éstos han estado muy desigualmente generados en las provincias andaluzas.

El cuadro nº 4 indica que las de Sevilla y Málaga aportaron un 47.80% del crecimiento registrado en el Producto Interior Bruto andaluz entre los años de referencia. Es decir, casi igual que la aportación realizada por la actividad económica del resto de las provincias en su conjunto. Además, el crecimiento del PIB ni tan siquiera fue general en las ocho provincias, pues Jaén, Córdoba y Cádiz crecieron menos que la media andaluza y nacional.

Por lo que hace referencia a la distribución sectorial de la actividad económica es perceptible igualmente la polarización de los focos del crecimiento económico. El cuadro nº 5 indica que la industria fue el único sector con un ritmo de crecimiento del valor añadido bruto menor a la media nacional y, como el correspondiente a la agricultura y pesca, inferior a la media global de Andalucía.

Por el contrario, los sectores de la construcción y los servicios muestran un crecimiento muy notable y prácticamente generalizado en todas las provincias.

Pero conviene situar esta dinámica de crecimiento en el necesario contexto de la naturaleza de los mercados y de la evolución de los precios.

El mayor incremento del VAB de la actividad agraria y pesquera en Andalucía significa también un aumento de su especialización en este sector primario respecto a la economía española, mientras que sucede todo lo contrario en la industria.

De esa forma y si se tiene en cuenta la evolución de los precios sectoriales[16] resulta que la relación real de intercambio de la economía andaluza sigue un proceso de permanente deterioro en tanto que se mantenga esa dinámica de especialización, pues los precios de los productos agrarios (que normalmente son «de exportación») crecen mucho menos deprisa que los de los productos industriales (normalmente, inputs «de importación»).

Además, los más altos índices de precios en la construcción y los servicios constituyen naturalmente un fuerte incentivo para que aumente en ellos la

16. Para considerar un período más largo, se puede estimar que haciendo 100 el nivel de precios en España correspondiente a 1973, cada uno de los sectores alcanzó en 1991 las siguientes magnitudes: 444.1 en el sector primario, 730.7 en la industria, 1.104 en la construcción y 978.1 en los servicios.

asignación de recursos. Pero la naturaleza de esos mercados indica así mismo otro factor desigualitario de la economía andaluza.

Como se sabe, el mercado de la construcción no ha funcionado para tratar de alcanzar el equilibrio entre la oferta y la demanda, sino que su mayor dinámica ha venido provocada por el desencadenamiento de una auténtica vorágine especulativa en este período. Eso significa, por un lado, que no ha contribuido principalmente a mejorar la dotación colectiva de viviendas y, por otro, que los principales beneficiarios de la expansión han sido quienes, disponiendo de alta liquidez, han podido acumular activos inmobiliarios. Y aunque no es fácil que se pueda estimar este proceso de concentración de la propiedad todo parece indicar que ha sido de proporciones gigantescas y no precisamente en beneficio de los más desfavorecidos[17].

Por otro lado, el crecimiento en el sector servicios no es equilibrado. En este período, continuando una tendencia iniciada en 1977, han perdido peso en la generación del valor añadido sectorial los servicios de distribución (comerciales, transportes y comunicaciones), los servicios sociales (enseñanza, sanidad y servicios públicos) y de servicios personales (reparaciones, hostelería, restauración y servicio doméstico) en beneficio de los servicios de producción (créditos, seguros, alquileres,...)[18]. Es decir, los que a pesar del eufemismo de su denominación representan el lado menos productivo de la economía, su dimensión más especulativa y aquellos cuyos ingresos están vinculados de manera más inmediata a los agentes que disponen de liquidez, rentas o patrimonios más elevados.

Desde otro punto de vista, la distribución funcional (que expresa las retribuciones de los diferentes factores que intervienen en la actividad económica) pone de relieve otras manifestaciones de desigualdad de la economía andaluza.

En el cuadro nº 6 se presentan sus resultados para Andalucía y el conjunto nacional.

Son varios los aspectos significativos.

En primer lugar, la disminución de las rentas que retribuyen al factor trabajo, es decir, las que corresponde percibir a los asalariados. Tan sólo se produce un aumento del 4.5% de las rentas del trabajo en los servicios, en todo

17. Naredo, J. M. «Sector inmobiliario y crecimiento económico. 1985-1989». *Revista Española de Financiación de la Vivienda*, nº 10. Se ha llegado a afirmar que «en el período 1984-1991 se ha producido probablemente la mayor concentración de patrimonios de toda la historia moderna». Centeno, R. «Operaciones especulativas y problemas reales de la economía». El País, 8 de octubre de 1992, p. 60.

18. Eseca, ob. cit., p. 256.

caso inferior al crecimiento experimentado por el volumen de asalariados en el sector durante los años considerados.

Aunque se trata de una magnitud escasa, resalta dentro de las rentas del trabajo el aumento correspondiente a las retribuciones de los asalariados no residentes que pasan de significar un 1% del total de rentas del trabajo en 1983 a un 2.54% en 1989.

En segundo lugar, es muy sintomático que entre las rentas mixtas sólo se haya producido un aumento de las relativas a los empresarios y trabajadores independientes, mientras que es bastante fuerte la caída de la renta correspondiente a los empresarios y trabajadores autónomos agrícolas.

Sin duda, eso quiere decir que la actividad empresarial o laboral independiente ha sido una válvula de escape frente al desempleo, lo que permitiría concluir, por un lado, que la obtención de ingresos se hace más inestable e insegura pero también, por otro, que la economía andaluza podría tener una cierta capacidad de generación de rentas endógenas en este tipo de actividades[19].

En tercer lugar, y quizá ello sea lo que puede resultar más significativo, destaca el aumento del 35% de las rentas correspondientes a los intereses y los dividendos. De hecho, son las únicas rentas del capital que aumentan y su evolución contrasta con la caída de un 27% que se produce en los beneficios retenidos por las sociedades.

Y eso no es poco si se considera que representan el 3.87% de la renta regional en 1989 y, en términos absolutos, dos veces más que los beneficios retenidos y 1.7 veces lo que se destina a la retribución del trabajo en Andalucía.

Significaron un volumen de 542.863 millones de pesetas corrientes entre 1983 y 1989 que, en una gran parte, fueron «repatriadas» por las empresas no andaluzas o, en otra, destinadas a otros destinos más lucrativos gracias a los elevados tipos de interés y a la mayor rentabilidad comparativa de los activos financieros.

Naturalmente, esta disminución de la capacidad de autofinanciación del capital andaluz es un problema importante. Disponer de ella hubiera sido muy necesaria en un tiempo de altos tipos de interés, y por tanto de financiación externa cara, para una estructura productiva que está atrasada y que requiere una incorporación masiva de tecnología y recursos humanos cualificados

19. De ser así, resultaría, como recomienda el Informe sobre el Desarrollo Humano ya citado (pp. 46 y ss.), que debería promocionarse la creación de esas pequeñas empresas y protegerse al sector informal de las economías más atrasadas.

siempre costosos. Pero, naturalmente, también era más atractiva colocarla en los mercados financieros o en activos inmobiliarios.

Esto quiere decir que la economía andaluza está fuertemente condicionada por las orientaciones macroeconómicas de la política general (y no sólo la española). Es esencial preguntarse, por tanto, hasta qué punto pueden ser efectivas las políticas de oferta de la administración andaluza tendentes a atraer capitales si la lógica impuesta por la financierización de la economía y la relocalización favorecida por la regulación global del comercio internacional incentiva con mucha más fuerza la extraversión de las rentas que finalmente generan.

Por eso, que la política monetaria defendida con tanto ardor por el Gobierno central, en apariencia para combatir la inflación[20], haya sido una de las fórmulas más adecuadas (y por cierto con menor control democrático que la política fiscal tradicional) para lograr una retribución más favorable a los poseedores del liquidez, como en este caso han demostrado ser los propietarios de capital en Andalucía.

Como es lógico, estos fenómenos tienen una repercusión notable en el nivel de ingresos de los que finalmente disfruta la población.

Podemos seguir su evolución atendiendo a la magnitud Renta Familiar Disponible que, como su propio nombre indica, refleja los ingresos de los que pueden disponer las familias para destinarlos directamente al consumo o al ahorro.

Como mostró el cuadro nº 3 y ahora el nº 7 la RFD y la RFD per cápita de los andaluces mejoró durante estos años, destacando ésta última, pues ha aumentado 3,8 puntos (de ser el 78.08% de la correspondiente a la media nacional al 81.89%).

Por provincias, sólo Almería y Málaga superaron la media regional en todos los años considerados, mientras que en 1989 lo hacían Málaga, Almería y Huelva.

Sin embargo, el aspecto más destacable de esta variable es que, aumenta porque se incrementan las transferencias procedentes de la Administración Central[21].

---

20. Digo en apariencia porque es de todo punto evidente que con ella no se alcanzan los problemas estructurales (falta de competencia, reparto desigual, etc.) que provocan el alza de los precios. Un análisis de la política económica española durante estos años en Torres, J. (dir.) «La otra cara de la política económica. España 1982-1994». Los libros de La Catarata. Madrid. 1994.
21. Un análisis más detallado de esta cuestión en Torres López, J. «La distribución de la renta» en Martín, M., ob. cit.

Sin perjuicio de reconocer que eso significa una mayor inyección de recursos para Andalucía deben considerarse las consecuencias de un fenómeno de esa naturaleza.

Antes, es preciso hacer referencia a la distribución de la renta entre las personas y los hogares andaluces para conocer qué categorías se han beneficiado en mayor grado de la renta disponible y, en general, la desigualdad final que presenta la sociedad andaluza.

La última Encuesta de Presupuestos Familiares ofrece datos relativos a 1990-1991. En ella se incluye una pregunta a los cabeza de familia encuestados acerca de cómo estiman que ha cambiado su nivel de vida en el año anterior, en los cinco y en los diez anteriores y cuyas respuestas se presentan en el cuadro nº 8. D.

Es sin duda significativo que en una época de fuerte crecimiento (la que aproximadamente se puede decir que corresponde con los cinco años anteriores a la realización de la Encuesta) tan sólo el 32.73% de los andaluces declare que su situación económica ha mejorado mucho o bastante, mientras que el 39.52% afirma que sigue igual y un 25.89% que ha empeorado mucho o bastante.

Estas opiniones podrían corresponder efectivamente con la distribución por decilas del ingreso que indica el cuadro nº 8. A.B.

A pesar de las limitaciones de la encuesta[22] se puede deducir que afectivamente el 30% de los hogares con menores ingresos mejoró su participación en el total de la renta en los últimos diez años[23].

También la Encuesta confirma la tendencia apuntada anteriormente en el sentido de la mayor presencia de las transferencias sociales en los ingresos de las familias, pues de ella se deduce que en la fecha de referencia el 27.49% de los ingresos de los hogares era de esa procedencia, porcentaje que en el conjunto nacional fue del 24.23%.

Además, es también destacable que la mejora relativa en la distribución de la renta por decilas se ha producido limitando muy escasamente la proporción

22. Se suele considerar que los datos de la Encuesta responden a una infravaloración por las familias de sus ingresos, especialmente en el caso de las de renta más alta. Los análisis sobre distribución personal y pobreza en Andalucía realizados por el Equipo EDIS muestran una mayor concentración y niveles más altos de pobreza. Según esta fuente un 36.40% de la población andaluza estaría bajo el umbral de pobreza en 1990. Vid Torres López, J. «La distribución de la renta», ob. cit., pp. 612 y ss.

23. Si se pudiese aceptar que en términos generales los cabezas de familia de esas tres decilas son los que afirman que su nivel de vida ha mejorado no dejaría de ser significativo que ganar entre un 4% y un 10% de participación en la renta total sea considerado como mucho o bastante y que la pérdida entre el 0,5% y el 0,8% merezca los mismos calificativos a las decilas más altas.

de la renta total de la que disfrutan los estratos superiores. Si se compara con el caso español, se observa claramente que en Andalucía ha mejorado la distribución pero también que las decilas intermedias (4ª a 8ª) pierden, a diferencia de lo que ocurre en el conjunto del Estado. Esto podría ocasionar un efecto perverso, pues posiblemente (y esto se confirmará o no en explotaciones sucesivas de la Encuesta) sean esas decilas las que constituyen el grueso de la demanda interna de bienes-salario y servicios colectivos en Andalucía, que son aquellos cuya intensificación puede permitir una mayor creación de empleo[24].

Desgraciadamente, y para terminar, hay que hacer notar, sin embargo, que a pesar de las mayores inyecciones de gasto social, e incluso a pesar también del esfuerzo que ha podido realizar la Administración Autonómica para paliar la situación de los colectivos sociales más desfavorecidos, un 20.36% de sus hogares y un 24.49% de sus ciudadanos están por debajo del nivel que convencionalmente se considera de pobreza (menos de la mitad del ingreso medio nacional).

Y, como puede verse en el cuadro nº 8, esa situación es mucho más aguda en los colectivos más indefensos: parados (52.59%), pensionistas (24.55%) o habitantes de núcleos no urbanos (29.46%).

La desigual situación que afecta a los andaluces en función incluso de su ubicación física que refleja este último dato ha sido también puesta de relieve por un estudio reciente de ESECA que atribuía a la distribución de la renta por comarcas una «fortísima asimetría»[25].

Así, la población residente en comarcas que tienen una renta per cápita inferior al 75% de la media regional ha pasado de ser el 4.2% en 1981 al 14% en 1989[26], de manera que también desde el punto de vista espacial empeora la distribución pues, en palabras de dicho Informe, «se produce un aumento de la concentración y de la desigualdad de la distribución de la renta per capita en Andalucía durante 1981-1989 tomando a la comarca como unidad de análisis[27].

Crecimiento con equidad: no hay excusas que valgan

Del análisis realizado de la pauta distributiva en la economía andaluza se derivan cuatro grandes características de las que me importa poner de relieve

24. Curbelo, J. L., ob. cit.
25. Eseca, ob. cit., p. 265.
26. Ibídem., . 268.
27. Ibídem., p. 270.

que actúan como rémoras del progreso económico. Son la desigualdad, en todos los niveles, la subsidiarización, el protagonismo de la renta del capital como motor del crecimiento y la dependencia que tienen tanto el crecimiento como la distribución en Andalucía respecto a las estrategias político económicas predominantes en el contexto en el que se encuentra.

La primera de ellas, la existencia de una enorme concentración de rentas y la asimetría con que se producen y reparten los ingresos, originarios y finales, no es sólo una cuestión que deba preocupar desde el punto de vista ético y propia, como suele achacarse, de quienes anteponen los objetivos de equidad al sacrosanto de eficiencia. Además de eso, que no es poco, la desigualdad constituye hoy día uno de los más importantes factores limitativos del crecimiento y retardatarios de la propia eficiencia en la asignación de recursos.

Hay que tener en cuenta que los ingresos de las familias son la componente principal de la demanda interna gracias a la cual es posible realizar la producción. Si se tiene en cuenta que la propensión al consumo es mayor en los niveles más bajos del abanico de rentas resulta que toda limitación en ellas ocasiona efectos multiplicadores más elevados sobre la demanda final, de manera que, como demuestra la experiencia, los periodos de fuerte restricción salarial, por ejemplo, suelen ser el inicio de crisis de demanda que propician el endeudamiento y la propia crisis de las empresas suministradoras de los bienes finales de consumo más extendido[28].

Si se tiene en cuenta además que la composición de la demanda de consumo es diferente según los diferentes estratos de renta, es preciso considerar que cuanto más reducido es el ingreso relativo de los niveles más bajos es menor la demanda, y por tanto menos atractiva la oferta de los bienes cuya capacidad de generación de empleo es mayor en las economías atrasadas. Es por ello que la insuficiencia de demanda para la oferta interna potencial coadyuva a la caída de la producción interna, impidiendo que se produzcan economías de escala cuando se trata de productos con demanda externa, y al aumento del paro en la región atrasada.

Por demás, la desigualdad está en el origen de la mayor pobreza y de la generación de bolsas de marginación[29] que constituyen un peligro algo más que potencial de desestabilidad y deslegitimación social que anuncia, de manera

28. Con lamentable frecuencia, cuando se propone la limitación salarial como fórmula apropiada de recuperar los beneficios perece desconocerse el sabio criterio que permitió a Henry Ford constituir su imperio: cuando multiplicó por cinco los salarios de sus empleados después de una huelga y sus competidores le preguntaban cómo conseguiría así beneficios les respondía que a quiénes pensaban ellos venderle sus automóviles.

29. Tortosa, J. L. *La pobreza capitalista*. Tecnos. Madrid 1994.

más o menos evidente para los gobernantes, la posibilidad de legítimas convulsiones sociales que, como también es sabido, no son precisamente el mejor caldo de cultivo para dinamizar el crecimiento y la actividad económica.

La segunda característica mencionada es la generalización del subsidio como componente principal de los ingresos de amplias capas de la población y como fórmula de mantener la demanda que el sistema requiere.

En cualquier sistema productivo, como el andaluz, se pueden distinguir entre las rentas primarias y las secundarias. Las primarias son el resultado de las actividades que responden a las transacciones económicas habituales que se llevan a cabo. Las secundarias provienen de un determinada redistribución de las primeras que principalmente lleva a cabo el Estado.

Son muy diversas las razones que pueden llevar a esta redistribución (como la que realiza el Estado español transfiriendo de hecho rentas originadas en otras comunidades autónomas a Andalucía) y van desde el rechazo de la desigualdad hasta la necesidad de evitar la inestabilidad social, pasando por la legitimación de Estado como un primus interpares que neutraliza los efectos perversos de la distribución generada en el mercado.

La magnitud de esta redistribución, por su parte, depende de la fuerza de cada una de estas razones pero también de las propias capacidades financieras del Estado y de los agentes o regiones más ricas[30].

Es satisfactorio, sin duda, que el Estado español asuma la tarea, mandatada constitucionalmente, de equilibrar la renta de las regiones y que, en consecuencia, redistribuya procurando paliar las deficiencias en la generación de rentas endógenas de las comunidades más pobres.

Pero es igualmente evidente que todo ello tiene límites muy precisos y que se manifiestan más tarde o más temprano.

En primer lugar, el que se deduce del hecho cierto de que las posibilidades financieras de los estados no son infinitas. Por lo tanto, el mantenimiento de un sistema de transferencias generalizado como garantía de la demanda y del ingreso final de los ciudadanos sólo puede abocar al endeudamiento que puede terminar desequilibrando fatalmente las cuentas públicas si no se garantiza la capacidad de generación de rentas endógenas de los espacios pobres[31].

---

30. Por supuesto, también de la fuerza política de cada agente para influir en las decisiones redistributivas.
31. Sobre la magnitud y el papel del endeudamiento de la Junta de Andalucía vid. Aurioles, J. «La economía andaluza en 1991. Nuevo cambio de rumbo hacia un futuro incierto». *Papeles de Economía Española*, nº 51, 1992.

En segundo lugar, porque no puede descartarse el efecto perverso de que una fuerte redistribución desincentive la actividad en los agentes o regiones con mayor capacidad de creación de riqueza. Como tampoco sería extraño augurar que se genere en ellas una cierta repulsa más o menos potente del mecanismo de reparto, lo que llevará a fomentar una tendencia insolidaria para proteger sus intereses de privilegiados, al igual que sucede en términos de la redistribución personal.

Por último, no es menos importante que todo mecanismo de subsidio genera costes de oportunidad más elevados para quien los recibe, lo que provoca una mayor aversión al riesgo y a la adopción de actitudes positivas frente a la búsqueda de empleo o a la puesta en uso de los factores productivos.

Independientemente de ello, los propios antropólogos han puesto de manifiesto que las actividades redistributivas que suplantan el disfrute cooperativo de los recursos implican una degeneración del liderazgo social, actitudes de sojuzgamiento y conductas paternalistas que socaban la personalidad de los seres humanos y los pueblos y dan lugar a una pérdida de vitalismo y energía creadora[32].

La tercera característica que señalé es la de hacer descansar el crecimiento económico en la retribución de las rentas privadas del capital.

Como se ha puesto de manifiesto reiteradamente, los efectos reales de las políticas económicas sobre el bienestar están ligadas, como es lógico, con sus efectos sobre los ingresos que perciben los factores.

Acabo de señalar que la pérdida progresiva de peso de las rentas del trabajo en el total de los ingresos generados constituye una circunstancia que bloquea la demanda e impide consolidar un mercado interno capaz de realizar la oferta potencial. Pero es que la salvaguarda indiscriminada de la renta del capital puede llegar a provocar efectos aún más devastadores.

El presupuesto principal de la política económica española reciente ha consistido en tratar de recuperar los excedentes empresariales para lograr a su través más inversión y mayor empleo[33].

---

32. «Nada caracteriza mejor la diferencia que existe entre reciprocidad y redistribución que la aceptación de la jactancia como atributo del liderazgo. Quebrantando de manera flagrante los preceptos de modestia que rigen el intercambio recíproco el intercambio redistributivo va asociado a proclamaciones públicas de generosidad del redistribuidor y de su calidad como abastecedor». Harris, M. *Jefes, cabecillas, abusones.* Alianza Cien. Madrid 1993, p. 20.
33. «Tiene que recuperarse el excedente empresarial para que haya inversión y para eso también es necesaria la contención salarial, para que los costes sean menores. Por último, si el objetivo fundamental es crear empleo, es evidente que cuanto más moderado sea su precio, más trabajo se creará». Declaraciones a la revista *Tribuna* (21 de marzo de 1994, p. 43) de A. Laborda, Dirección General de Previsión y Coyuntura.

Sin embargo, cuando al mismo tiempo se están facilitando alternativas más rentables que la capitalización empresarial o la simple creación de riqueza productiva, no se logra crear más inversión y empleo, sino más bien todo lo contrario: la descapitalización y el debilitamiento del tejido real de la economía.

Por eso, si no se actúa sobre las condiciones que hacen más rentable el uso especulativo del capital que su uso productivo, como de hecho sucede a consecuencia de las políticas monetarias prevalecientes y de la falta de regulación apropiada de los movimientos financieros[34], lo que resulta es una derivación de los excedentes hacia esos otros destinos, lo que lejos de aumentar la inversión aumenta la inestabilidad financiera, la pérdida de competitividad de las propias empresas (aunque no de ganancias para sus propietarios) y el deterioro de la capacidad de creación de riqueza que, en definitiva, es la base del propio sistema.

La última de las características es la directa determinación que supone para una economía atrasada la naturaleza del contexto en el que se inserta y la orientación prevaleciente de sus políticas económicas.

En el caso andaluz, la capacidad de actuación del gobierno autonómico se limita básicamente a las políticas de oferta tendentes a estimular la actividad económica, mejorar las ventajas comparativas del territorio y reforzar la dotación de recursos autóctonos, lo cual ciertamente no es poco, aunque quizá mucho menos de lo que exigiría aplicar los principios socio-económicos establecidos en el Estatuto de Autonomía.

Hoy día, por ejemplo, se considera fundamental para combatir la desigualdad y la pobreza no sólo actuar sobre las rentas finales, sino también sobre el diseño de las políticas de demanda agregada del sistema[35], las cuales suelen quedar fuera del margen de maniobra de los subespacios empobrecidos.

Incluso, como sucede en virtud de la incorporación de España a la Comunidad Europea, ni tan siquiera una parte fundamental de las políticas de oferta son suceptibles de definirse e instrumentarse desde las regiones más necesitadas.

Y ello, por no hablar de las limitaciones que lleva consigo una regulación de los intercambios mundiales, del comercio y las finanzas internacionales en donde las empresas multinacionales y los flujos de capitales disponen, por su

---

34. «Con el dinero ocurre al revés que con las personas: cuanto más libre, peor», dice E. Galeano, en *Ser como ellos y otros artículos*. Siglo XXI. Madrid 1993, p. 110.
35. Schiller, B. R. *The Economics of Poverty & Discrimination*. Prentice Hall. Englewood Cliffs, N. J., 1989.

propia magnitud y por su capacidad hoy día ilimitada de establecimiento selectivo, de mucha mayor capacidad de decisión no ya que los gobiernos regionales sino que los propios Estados nacionales.

Si se tiene en cuenta que los sistemas en donde se integran los espacios más pobres asumen con frecuencia orientaciones globales ajenas a sus intereses de desarrollo, como es el caso paradigmático de la Comunidad Europea[36] (que mientras que con la mano de la solidaridad subsidia y con la de la producción empobrece[37]), resulta que una estrategia de desarrollo no puede cuestionarse como principio la integración en un sistema reproductor de la desigualdad, sino que debe basarse, por el contrario, en un posicionamiento efectivo tendente a interferir sobre las inercias dominantes. Lo que, naturalmente, se producirá más fácilmente en la medida en que aumenta la disparidad interregional o en tanto que los ciudadanos perciban en la naturaleza de ese contexto la causa de sus problemas económicos y sociales[38].

Y es precisamente por ello que para hacer frente al atraso y al subdesarrollo sea necesario fortalecer la capacidad de incidencia política de la región/nación pobre propiciando su cohesión social y favoreciendo la concertación de los intereses ciudadanos que anidan en su territorio.

Precisamente porque se adivina que la tendencia a la disparidad será cada vez más acusada si se sostienen el actual tipo de relaciones económicas basadas en la asimetría y las políticas económicas que sólo miran de soslayo la desigualdad que provocan, no es arriesgado aventurar que los subespacios empobrecidos, como es el caso de Andalucía, se convertirán en un futuro más o menos inmediato en uno de los componentes más relevantes del conflicto social.

En consecuencia, podríamos decir que el estado de cosas actual tiene una clara limitación: lo que podríamos llamar los límites del empobrecimiento.

---

36. Hasta ahora, el objetivo central de las políticas económicas comunitarias ha sido mejorar la competitividad global de la economía comunitaria que permitiera fortalecer la posición comercial de las empresas europeas en el contexto mundial y ello «aunque como efecto lateral aumenten las diferencias regionales y sociales». Nam, Ch. W. y Reuter, J. (IFO-Institut für Wirtschaftsforschung). *El impacto de 1992 y la legislación asociada sobre regiones menos favorecidas de la Comunidad Europea.* Parlamento Europeo. Bruselas 1991, p. 12.

37. Torres López, J. «Las desigualdades en la Europa Comunitaria: ¿qué destino para las naciones, las regiones y los ciudadanos pobres». Ponencia en el Congreso Internacional *Las periferias europeas frente al nuevo siglo.* Santiago de Compostela, 1993.

38. Los recientes conflictos de las multinacionales Suzuki y Gillette en tierras andaluzas han sembrado posiblemente en la población, entre otras cosas, un sentimiento de impotencia y frustración que los gobernantes deberían percibir como una expresión, de momento primitiva, de grave deslegitimación socio-política.

Resulta, por tanto, que la equidad no es que deba ser un simple añadido más o menos deseable de la competitividad sobre la que se quiere hacer descansar la buena marcha de la actividad económica, sino que constituye un prerequisito a largo plazo de esta última pues, como señaló la CEPAL, «la falta de un vínculo positivo entre competitividad y equidad termina tarde o temprano por afectar al crecimiento»[39].

No puede haber, ni tan siquiera desde el punto de vista de la eficiencia, excusas para considerar que la distribución equitativa de las rentas es la base en que debe fundamentarse el crecimiento si es que se quiere evitar que la injusticia de un reparto desigual lo haga inalcanzable e insostenible.

39. Ibídem., p. 80.

Cuadro 1

Principales magnitudes de la economía andaluza 1973 y 1991

	1973	1991
Producto Interior Bruto cf (1)	12.63	12.41
Renta Familiar Disponible (1)	14.01	14.61
PIBcf per capita (2)	73.21	69.52
RFD per capita (2)	79.19	81.84
Población activa (1)	15.68	16.40
Población ocupada (1)	15.14	14.55
Población desempleada (2)	37.84	25.90
Tasa de paro en Andalucía	5.72	25.81

(1) Andalucía/España

(2) En números índices, España= 100.

FUENTE: BBV. Renta Nacional de España y su distribución provincial. Instituto de Estadística de Andalucía. Indicadores Económicos de Andalucía.

Cuadro 2

Tasas de crecimiento de la economía andaluza y la española según diferentes fuentes y periodos

	1983-1985		1985-1989		1983-1989	
	And.	Esp.	And.	Esp.	And.	Esp.
Contabilidad Nacional	3.30	3.51	4.00	5.81	3.77	5.04
Fundación FIES	3.00	1.90	4.9	4.77	4.26	3.76
Banco Bilbao Vizcaya	2.82	1.94	5.56	5.71	4.63	4.44

Cuadro 3

Magnitudes de la economía andaluza en relación con la española

	1983	1985	1987	1989
		(Andalucía/España)		
PIB c.f	12.21	12.45	12.44	12.38
Renta Regional Neta	12.21	12.66	12.65	12.44
Renta Familiar Disponible	13.63	14.10	14.45	14.55
Renta Familiar Disponible (antes de impuestos)	13.05	13.45	13.67	13.78
Rentas Directas	12.41	13.00	13.02	13.01
Rentas Indirectas	16.48	15.64	16.94	17.97
Impuestos directos (s/familias)	10.22	10.19	9.60	9.67
Prestaciones sociales	16.34	15.55	16.87	17.94
Ahorro empresarial	8.15	7.55	6.03	5.28
Cotizaciones sociales	10.73	11.23	11.14	11.90
Impuestos directos (s/empresas)	9.16	8.30	11.51	8.11
Rentas directas/ RFDai	80.35	80.44	79.60	79.91
	(% España)			
Población activa	14.15	15.40	15.96	16.30
Población ocupada	13.13	13.80	13.90	14.38
Población desempleada	19.22	21.11	23.80	25.50
Tasa de paro	23.4 8	0.04	30.80	27.02

FUENTE: BBV. Renta Nacional de España y su distribución provincial. Varios años.

Cuadro 4

Aportación provincial al crecimiento del PIB cf andaluz (1983-1989)
(% sobre el total regional)

Sevilla	25.37
Málaga	22.43
Cádiz	13.52
Granada	10.05
Córdoba	7.82
Almería	7.71
Huelva	7.10
Jaén	6.00

FUENTE: BBV. Renta Nacional de España y su distribución provincial. Varios años.

Cuadro 5

Tasas de crecimiento del VAB (ptas. ctes.) de los sectores productivos
(datos interanuales y acumulativos). Base 1980=100
1983-1989

	Agric. y pesca	Industria	Construcción	Servicios
Almería	4.19	5.37	1.52	5.96
Cádiz	2.29	5.18	3.79	3.34
Córdoba	1.14	2.36	4.81	3.67
Granada	2.31	3.67	6.72	4.11
Huelva	9.43	1.89	8.62	4.51
Jaén	-0.53	3.06	5.72	3.63
Málaga	-1.49	2.21	7.74	5.80
Sevilla	7.75	1.38	6.39	4.87
Andalucía	2.78	2.8	5.79	4.60
España	2.61	3.7	5.47	4.00

FUENTE: BBV. Renta Nacional de España y su distribución provincial. Varios años.

Cuadro 6

Distribución funcional de la renta en Andalucía (Datos de España entre paréntesis)

	1 983	1985	1987	1989
Remuneración del trabajo en la agricultura	6.98 (2.11)	5.67 (2.07)	5.41 (1.97)	3.83 (1.67)
Remuneración del trabajo en la pesca	1.27 (0.74)	1.32 (0.79)	1.26 (0.77)	0 .94 (0.57)
Remuneración del trabajo en la industria	28.22 (36.43)	26.44 (35.42)	27.13 (36.16)	27.50 (35.43)
Remuneración del trabajo en los servicios	57.66 (55.93)	59.84 (57.51)	60.03 (57.01)	60.28 (57.39)
Otras rentas del factor trabajo	4.88 (4.79)	4.23 (4.21)	4.06 (4.09)	4 .91 (4.94)
Suma ingresos del factor trabajo	99.00 (100)	97.50 (100)	97.89 (100)	97.46 (100)
Rentas de trabajo de los no residentes	1.00 (0.00)	2.50 (0.00)	2.11 (0.00)	2.54 (0.00)
SUMA RENTAS DE TRABAJO	**63.32 (63.34)**	**59.42 (60.35)**	**57.80 (57.75)**	**57.30 (56.13)**
Beneficios de los empresarios y trabajadores				
Autónomos agrícolas	25.10 (18.34)	33.42 (18.60)	23.72 (14.84)	22.49 (14.90)
Rentas de profesiones liberales y servicios	16.01 (18.44)	13.48 (17.65)	14.80 (17.41)	15.26 (18.74)
Beneficios de otros empresarios y trabajadores				
Independientes	58.89 (63.22)	53.10 (63.75)	61.48 (67.75)	62.25 (66.36)
SUMA RENTAS MIXTAS (Trabajo y Capital)	**25.69 (23.25)**	**27.86 (23.12)**	**28.34 (24.51)**	**28.79 (25.21)**
Beneficios Retenidos por las Sociedades y Empresas	23.35 (29.14)	19.94 (26.61)	20.15 (31.64)	17.00 (31.21)
Intereses y dividendos	26.77 (28.24)	37.20 (38.37)	37.45 (35.42)	36.29 (34.61)
Rentas de alquileres	49.88 (42.62)	42.85 (35.02)	42.40 (32.93)	46.71 (34.18)
SUMA RENTAS DE CAPITAL	**9.31 (11.17)**	**10.62 (13.34)**	**10.61 (14.17)**	**10.69 (13.73)**
RENTAS DEL SECTOR PUBLICO (Impuestos directos				
a cargo de las empresas y Rentas del Estado)	1.68 (2.24)	2.09 (3.19)	3.25 (3.57)	3.22 (4.93)
RENTA NETA	100 (100)	100 (100)	100 (100)	100 (100)

FUENTE: BBV. Renta Nacional de España y su distribución provincial. Varios años.

Cuadro 7

Renta Familiar Disponible per capita
(en porcentajes sobre media nacional)

	1983	1985	1987	1989
Almería	78.85	82.92	96.64	86.14
Cádiz	76.20	78.43	79.07	77.75
Córdoba	77.44	81.22	82.55	81.46
Granada	72.21	70.45	76.75	77.59
Huelva	71.63	75.79	79.39	84.76
Jaén	84.29	83.65	78.25	80.85
Málaga	82.12	84.49	86.09	87.34
Sevilla	78.70	81.77	83.22	81.45
Andalucía	78.08	80.23	81.77	81.45
España	100.00	100.00	100.00	100.00

FUENTE: BBV. Renta Nacional de España y su distribución provincial. Varios años.

Cuadro 8
Distribución personal de la renta

A. Porcentajes de ingresos totales correspondientes a las decilas de hogares

EPF 80-81

	1ª	2ª	3ª	4ª	5ª	6ª	7ª	8ª	9ª	10ª
Andalucía	2.54	4.12	5.39	6.62	7.79	9.18	10.85	12.79	15.41	25.26
España	2.47	4.07	5.42	6.68	7.94	9.23	10.68	15.26	15.52	25.37

EPF 90-91

	1ª	2ª	3ª	4ª	5ª	6ª	7ª	8ª	9ª	10ª
Andalucía	2.79	4.38	5.64	6.76	7.86	9.12	10.59	12.43	15.29	25.14
España	2.76	4.33	5.62	6.77	7.95	9.26	10.71	12.60	15.54	24.45

B. Cambios porcentuales correspondientes a las decilas entre los dos periodos

	1ª	2ª	3ª	4ª	5ª	6ª	7ª	8ª	9ª	10ª
Andalucía	+9.8	+6.3	+4.6	+2.1	+0.8	-0.7	-3.4	-2.8	-0.8	-0.5
España	+11.7	+6.3	+3.6	+1.34	+0.1	+0.3	+0.2	+0.3	+0.1	-3.6

C. Promedio de hogares y personas bajo el umbral de pobreza en 1990 (ingresos inferiores al 50% del ingreso medio nacional)

	Hogares	Personas
Andalucía	20.36	24.49
España	12.96	15.16

D. Opinión sobre la variación experimentada por el nivel de vida de todos los hogares

	Desde hace					
	1 año		5 años		10 años	
	And.	Esp.	And.	Esp.	And.	Esp.
Ha empeorado mucho	2.71	1.71	4.23	3.12	7.43	5.45
Ha empeorado bastante	13.67	14.89	21.66	22.03	23.18	22.89
Ha permanecido igual	68.53	68.03	39.52	39.20	28.53	28.06
Ha mejorado bastante	13.20	13.19	30.11	30.76	30.35	32.51
Ha mejorado mucho	0.83	0.46	2.63	2.10	6.32	5.58
No sabe, no contesta	1.06	1.72	1.84	2.76	4.19	5.51

FUENTE: I.N.E. Encuesta de Presupuestos Familiares.

Cuadro 9

La pobreza en Andalucía

Porcentajes de personas pobres:

A: Por nivel de estudios del sustentador principal

	Andalucía	España
Analfabetos/sin estudios	32.92	25.13
Primaria (EGB-FP-1)	23.90	15.03
BUP/COU/FP-2	9.01	5.46
Diplomado univ. o equivalente	1.03	1.94
Estudios Superiores o equiv.	0.89	2.19

B: Por actividad del sustentador principal

	Andalucía	España
Ocupado	19.15	12.17
Parados	52.59	43.57
Pensionistas	24.55	15.48
Rentistas	25.00	21.19
Otros inactivos	39.18	38.46

C: Por fuente principal de ingresos del hogar

	Andalucía	España
Trabajadores por cuenta ajena	17.40	10.60
Trabajadores por cuenta propia (no agrícola)	19.26	12.36
Trabajadores por cuenta propia (agrícola)	33.87	26.34
Pensionistas (jubilación, incapacidad)	29.30	18.29
Perceptores de otros subsidios (desempleo, salario social,...)	55.88	44.07
Rentas de la propiedad	19.30	19.85
Otros (sin ingresos regulares)	58.42	47.32

D: Por hábitat y tamaño del municipio de residencia

	Andalucía	España
Urbano	19.11	11.90
No urbano	29.46	18.72
Hasta 10.000 habs.	30.92	18.74
10.000-50.000 habs.	28.19	17.22
50.000-100.000 habs.	28.20	14.33
Más de 100.000 habs.	17.37	11.46

Opinión sobre la variación experimentada por el nivel de vida de los hogares pobres

	Desde hace					
	1 año		5 años		10 años	
	And.	Esp.	And.	Esp.	And.	Esp.
Ha empeorado mucho	3.52	3.47	6.21	6.04	12.33	9.23
Ha empeorado bastante	14.93	18.36	25.12	28.19	25.55	29.02
Ha permanecido igual	70.93	65.98	39.90	37.66	29.62	27.48
Ha mejorado bastante	8.54	9.75	24.95	24.09	24.35	24.97
Ha mejorado mucho	0.55	0.31	1.77	1.18	4.38	3.71
No sabe, no contesta	1.53	2.13	2.02	2.83	3.76	5.59

FUENTE: I.N.E. Encuesta de Presupuestos Familiares

INDICE